高职经管类精品教材

消费心理理论与实务

主 编 李早华
副主编 崔 郁
编写人员（以姓氏笔画为序）
　　　　肖之兵　李早华　陈　楠
　　　　赵莎莎　袁祖黔　崔　郁

中国科学技术大学出版社

内 容 简 介

本书按照应用型人才培养的目标,将心理学的基本理论和市场营销理念与实践相结合,从心理学角度研究消费者的心理特点及规律,并以任务项目形式构建内容和体系。本书结合高职学生的学习特点,借鉴同类教材的长处,吸收消费心理学研究的最新成果,打破单一叙述型的教材模式,尝试建立复合型教材模式,以适应教师精讲、学生参与、师生互动以提高技能的新型教学理念和教学方法。

本书既可作为高等职业技术院校市场营销专业学生的教材,又可作为成人教育和企业营销人员的培训教材和参考读物。

图书在版编目(CIP)数据

消费心理理论与实务/李早华主编. —合肥:中国科学技术大学出版社,2016.10
ISBN 978-7-312-03955-3

Ⅰ.消… Ⅱ.李… Ⅲ.消费心理学—高等职业教育—教材 Ⅳ.F713.55

中国版本图书馆 CIP 数据核字(2016)第 139901 号

出版	中国科学技术大学出版社
	安徽省合肥市金寨路 96 号,230026
	http://press.ustc.edu.cn
印刷	合肥华星印务有限责任公司
发行	中国科学技术大学出版社
经销	全国新华书店
开本	787 mm×1092 mm 1/16
印张	15.75
字数	390 千
版次	2016 年 10 月第 1 版
印次	2016 年 10 月第 1 次印刷
定价	38.00 元

前　言

"消费心理理论与实务"是高职高专院校市场营销相关专业的基础课程。通过本课程的学习,学生可在掌握消费心理基本理论的基础上,提高解决实际问题的能力。

本书是编者多年教学与研究的积累,在编写过程中,按照高等职业教育突出"以职业活动为导向,以职业能力为核心"的培养思路,通过对消费心理学基本概念、基本理论、经典案例的解读,全面阐述了消费心理理论的内容及其在市场经营领域中的应用。在基础理论方面,以必要、够用为度,以讲清概念、强化应用为重点;在实务方面,本书设置了大量的典型案例和训练项目,对培养学生的实践操作能力具有一定的指导作用。

本书具有以下几个特点:

(1) 定位准确。本书专门针对高职高专院校市场营销及相关专业。根据高职高专教育的特点和学生的知识结构,设置了相关内容和实训,满足了学生的需要。

(2) 内容全面。本书共10章,包括绪论、消费者的心理活动过程、消费者个性和自我概念、消费者购买过程中的心理活动、群体与消费心理、商品与消费心理、价格与消费心理、促销与消费心理、购物环境与消费心理以及网络购物的消费心理等内容。

(3) 实用性强。依据每章的内容,配套相应的案例讨论和训练项目。本书除了引用大量的经典案例外,还紧紧把握消费者的消费习惯发展趋势引入一些案例,如麦当劳的发展秘诀案例、2014年楼市降价促销但收效甚微的案例、苹果手机案例、通过"双十一"分析当前网购的消费心理的案例等。训练项目的设计更是紧扣课程特点和学生特点,如组织学生开展观察活动并撰写观察报告、通过看电影迟到的表现分析消费者的气质、根据马斯洛的需要层次论设计不同的推销方式等训练项目。

本书由宣城职业技术学院李早华任主编、宣城职业技术学院崔郁任副主编。具体分工如下:第一章由李早华撰写,第二章由李早华和安徽广播影视职业技术学院陈楠共同撰写,第三、第四章由宣城职业技术学院肖之兵撰写,第五、第七章由崔郁撰写,第六、第八章由宣城职业技术学院袁祖黔撰写,第九章由崔郁、陈楠共同撰写,第十章由宣城职业技术学院赵莎莎撰写。

在本书的编写过程中,参阅了大量国内外消费心理学的优秀教材、专著、论文、网络资料,在此谨向其作者表示诚挚的谢意。由于编者水平有限,加上编写时间仓促,本书难免存在不足和错讹,恳请广大读者和专家批评指正。

编　者
2016年2月

目　次

前言 ··（ⅰ）

第一章　绪论 ··（1）

模块一　消费心理的基本概念 ··（2）
项目一　消费与消费者 ···（2）
项目二　心理与消费心理 ···（5）

模块二　消费心理学的发展历程与研究意义 ···（6）
项目一　消费者心理学的发展历程 ··（6）
项目二　消费心理学的研究意义 ···（9）

模块三　消费心理学的研究对象、内容和方法 ·······································（11）
项目一　消费心理学的研究对象和内容 ···（11）
项目二　消费心理学的研究方法 ··（12）

第二章　消费者的心理活动过程 ··（21）

模块一　消费者的认知过程 ··（22）
项目一　消费者的感觉 ···（22）
项目二　消费者的知觉 ···（25）

模块二　消费者的情绪情感过程 ··（30）
项目一　情绪情感的基本含义 ···（30）
项目二　影响情绪情感的因素 ···（36）
项目三　情绪情感的应用 ···（38）

模块三　消费者的意志过程 ··（40）
项目一　消费者意志过程的基本含义 ··（40）
项目二　消费者意志的培养 ··（43）

第三章　消费者个性与自我概念 ··（49）

模块一　消费者的个性 ··（50）
项目一　个性的含义 ··（50）

项目二　个性的相关理论 …………………………………………（51）
　　项目三　个性与消费行为 …………………………………………（53）
　模块二　消费者的气质、性格与能力 …………………………………（54）
　　项目一　消费者的气质 ……………………………………………（54）
　　项目二　消费者的性格 ……………………………………………（57）
　　项目三　消费者的能力 ……………………………………………（60）
　模块三　消费者的兴趣与态度 …………………………………………（62）
　　项目一　消费者的兴趣 ……………………………………………（62）
　　项目二　消费者的态度 ……………………………………………（64）
　模块四　消费者的自我概念与生活方式 ………………………………（67）
　　项目一　消费者的自我概念 ………………………………………（67）
　　项目二　消费者的生活方式 ………………………………………（69）

第四章　消费者购买过程中的心理活动 ……………………………（77）
　模块一　消费者的需要与动机 …………………………………………（78）
　　项目一　消费者的需要 ……………………………………………（78）
　　项目二　消费者的动机 ……………………………………………（83）
　模块二　消费者的购买决策 ……………………………………………（90）
　　项目一　消费者购买决策概述 ……………………………………（90）
　　项目二　消费者购买决策过程及营销任务 ………………………（92）
　　项目三　购买行为的类型及营销对策 ……………………………（95）

第五章　群体与消费心理 ………………………………………………（99）
　模块一　参照群体与消费心理 ………………………………………（100）
　　项目一　消费者群体的概念 ………………………………………（100）
　　项目二　参照群体的概念及其对消费心理的影响 ………………（104）
　模块二　文化因素与消费心理 ………………………………………（108）
　　项目一　文化与亚文化 ……………………………………………（108）
　　项目二　文化因素对消费心理的影响 ……………………………（111）
　　项目三　消费习俗和消费流行 ……………………………………（114）
　模块三　主要消费群体与消费心理 …………………………………（119）
　　项目一　年龄与消费心理 …………………………………………（119）
　　项目二　家庭与消费心理 …………………………………………（124）
　　项目三　性别与消费心理 …………………………………………（126）

第六章　商品与消费心理 (133)

模块一　商品因素与消费心理 (134)
- 项目一　商品名称与消费心理 (134)
- 项目二　商标与消费心理 (137)
- 项目三　品牌与消费心理 (141)
- 项目四　商品包装与消费心理 (144)

模块二　新产品推广中的消费心理 (150)
- 项目一　新产品的概念与分类 (150)
- 项目二　新产品的推广 (153)

第七章　价格与消费心理 (159)

模块一　消费者的价格心理 (160)
- 项目一　商品价格的心理功能 (160)
- 项目二　消费者的价格心理表现及其影响因素 (161)

模块二　价格的社会心理 (164)
- 项目一　消费者的价格心理判断 (164)
- 项目二　影响价格的社会心理因素 (166)

模块三　定价与调价的心理策略 (170)
- 项目一　定价的心理策略 (170)
- 项目二　调价的心理策略 (173)

第八章　促销与消费心理 (179)

模块一　促销及促销组合 (180)
- 项目一　促销的基本含义及对消费者的心理作用 (180)
- 项目二　促销组合 (181)

模块二　各促销组合要素与消费心理 (182)
- 项目一　人员推销与消费心理 (182)
- 项目二　广告与消费心理 (188)
- 项目三　公共关系与消费心理 (191)
- 项目四　营业推广与消费者心理 (195)

第九章　购物环境与消费心理 (201)

模块一　物理环境与消费心理 (202)
- 项目一　营业场所外部环境与消费心理 (202)
- 项目二　营业场所的内部设计与消费心理 (206)

模块二　销售服务与消费心理 (214)

项目一　销售服务的内涵 …………………………………………………… (214)
　　项目二　销售服务的心理策略 ……………………………………………… (216)
　　项目三　销售人员素质的培养 ……………………………………………… (219)

第十章　网络购物的消费心理 ………………………………………………… (225)

模块一　网络购物基础知识及消费者的行为 ………………………………… (226)
　　项目一　网络购物基础知识 ………………………………………………… (226)
　　项目二　消费者网络购物的行为 …………………………………………… (229)

模块二　网络购物心理策略 …………………………………………………… (231)
　　项目一　网店设计心理 ……………………………………………………… (231)
　　项目二　产品与网络购物心理 ……………………………………………… (233)
　　项目三　网络购物服务心理 ………………………………………………… (234)

参考文献 ………………………………………………………………………… (241)

第一章 绪 论

内容简介

本章主要概述了消费心理的基本概念,分析了消费心理学的发展历程及研究意义,介绍了消费心理学的研究对象和研究方法。

目标规划

1. 学习目标

知识目标:了解消费心理的基本概念;了解消费心理学的发展历程和研究意义;了解消费心理学的研究对象。

重点掌握消费心理学的研究内容。

2. 能力训练目标

能结合消费实际理解消费心理学的研究内容;能够灵活运用消费心理学于实践活动中。

模块一 消费心理的基本概念

项目一 消费与消费者

1. 消费

消费是社会再生产过程中的一个重要环节,也是最终环节,是人类社会通过消耗物质资料和非物质资料来满足其欲望的行为。随着社会生产的发展,人们生活水平的提高,心理活动日益多样化和复杂化,人们的消费活动也发生了翻天覆地的变化。

消费行为伴随着人的一生,是人赖以生存和发展的最古老的社会活动和社会行为。消费可以分为广义消费和狭义消费。

广义消费是指人们通过消耗物质资料和精神产品来满足生产和生活需要的过程,主要包括生产消费和生活消费两大类。生产消费是指在生产过程中,工具、原材料、燃料、人力等生产要素的使用和耗费。它包含在生产之中,是维持生产过程连续进行的基本条件和保证,如某食品厂采购面粉来生产饼干,然后出售给顾客。生活消费是指人们为了满足自身的需要而消耗的各种产品,包括物质产品的消耗、精神产品的消耗以及服务的消耗,如某家庭采购面粉自制饼干给家庭成员享用。

狭义消费则是指生活消费。本书主要研究狭义消费。

【训练项目1—1】

不同时期消费商品的汇总

【训练目标】 厘清不同时期的消费品。

【训练材料】 根据日常生活知识,你认为哪些商品的消费伴随人的一生,哪些商品只在特定时间的内消费。请将结果列于表1-1。

表1-1

时　期	商　品
婴幼儿	
青少年	
中年	
老年	

2. 消费者

消费者与消费既紧密联系,又有区别。如上所述,消费是人类社会通过消耗物质资料和非物质资料来满足其欲望的行为,而消费者则是消费活动的实施者——人。消费者是指为了满足生产或生活的需要,获取、使用、消耗各种产品或服务的个人或组织。消费者可以根据以下几个方面进行分类:

(1) 按消费过程分类

按消费过程,可以把消费者分为倡议者、影响者、决策者、购买者和使用者。

① 倡议者。首先想到或提出要购买某种商品的家庭成员。

② 影响者。提供商品信息和购买建议,从而影响商品挑选的家庭成员。

③ 决策者。决定最终购买商品与否的家庭成员。

④ 购买者。实施购买商品的家庭成员。

⑤ 使用者。使用所购商品的家庭成员。

(2) 按对商品的态度分类

① 现实消费者。现实消费者是指对某种商品有现实需求,并实际从事购买或使用活动的消费者。如在炎热的夏天,某家庭对空调有需求,并实施了购买行为。

② 潜在消费者。潜在消费者是指当前尚未购买或使用某种商品,但在将来的某一时间有可能转变为现实消费者的消费者。它的表现形式有以下几种:

第一种是具有明确消费意识,但目前缺乏足够支付能力的那部分消费者;第二种是支付能力允许,但由于目前消费意识不太明确而未进行消费的那部分消费者;第三种是指受国家政策影响,在未来将出现的消费者。

【案例讨论1-1】

曾经有一家美国制鞋公司寻找国外市场,公司总裁派了一名推销员到非洲某个海岛上的国家,让他了解一下能否向该国卖鞋。这个推销员到非洲后给总部发回一封电报说:"这里的人都习惯赤脚,不穿鞋,这里没有市场。"随即这名推销员就离开了那里。总裁随后又派去另一个推销员。第二名推销员到非洲后也给总部发回一封电报说:"在这里的发现让我异常兴奋,因为这里的人都是赤脚,还没有一人穿鞋,这里市场巨大。"于是他开始在岛上卖鞋……

该公司觉得情况有些蹊跷,于是总裁派出了一名业务员。他到非洲待了3个星期,发回一封电报:"这里的人不穿鞋,但有脚疾,需要鞋。不过不需要我们目前生产的鞋,因为我们的鞋太窄,我们必须生产宽一些的鞋。这里的部落首领不让我们做买卖……我们只有向他的金库进一些贡,才能获准在这里经营。我们需要投入大约1.5万美元,他才能开放市场……因此我建议公司应开辟这个小岛市场。"该公司董事会采纳了这名业务员的建议,并通过适宜的营销组合,最终成功地开拓了这个小岛市场。

(资料来源:http://f8cn.blog.hexun.com/26559559_d.html.)

【讨论】 以上小岛卖鞋的故事说明了什么?

【讨论记录】 _____

_____

_____

③ 永不消费者。即现在或将来都不会对某种商品产生消费需要和购买愿望的消费者。

(3) 按消费主体分类

按消费主体可以把消费者分为个体消费者、家庭消费者和集体消费者。

【训练项目1-2】

如何对消费者进行分类

【训练目标】 能够根据所学知识对消费者进行分类。

【训练材料】

第一部分：

1. 李明在大学期间,为了更好地学习,准备购买一台某品牌电脑,但由于考驾照花费了不少钱,只好等钱存够了再购买电脑。
2. 张武从小害怕毛毛虫,对外形似毛毛虫的食品从来不购买。
3. 天气寒冷,王丽购买了35元某品牌暖手宝。
4. 潘霞看中了一条新款裙子,准备打特价时再购买。

第二部分：

1. 某单位准备采购一批空调。
2. 家里的电视机坏了,通过家庭会议,决定购买一台三星牌液晶电视机。
3. 王华的手机丢了,准备买一台新手机。

第三部分：

1. 奶奶说："我大孙子要上大学啦,给他买台电脑吧。"
2. 姑姑说："对呀,现在上大学的都有电脑,咱买台好的。"
3. 妈妈说："不买,买电脑就知道玩啦,天天在寝室打游戏,没有什么用,那么贵,不买,有能力,自己打工挣钱自己买。"
4. 爸爸说："有道理,让他自己挣钱买去吧,让他好好锻炼锻炼,不能惯着他。"
5. 小明说："爸妈说的有道理,我自己会好好锻炼锻炼的。"
6. 最后,奶奶偷偷地把钱给了姑姑,姑姑去给小明买了一款配置较高的IBM电脑。

(资料来源:百度文库.走进消费者心理.)

【训练记录】 试分析材料中的人物分别属于哪种类型的消费者。

第一部分：

序号1:＿＿＿＿＿＿＿＿＿＿＿＿＿＿＿＿＿＿＿＿＿＿＿＿＿＿＿＿＿

序号2:＿＿＿＿＿＿＿＿＿＿＿＿＿＿＿＿＿＿＿＿＿＿＿＿＿＿＿＿＿

序号3:＿＿＿＿＿＿＿＿＿＿＿＿＿＿＿＿＿＿＿＿＿＿＿＿＿＿＿＿＿

序号4:＿＿＿＿＿＿＿＿＿＿＿＿＿＿＿＿＿＿＿＿＿＿＿＿＿＿＿＿＿

第二部分：

序号1:＿＿＿＿＿＿＿＿＿＿＿＿＿＿＿＿＿＿＿＿＿＿＿＿＿＿＿＿＿

序号2:＿＿＿＿＿＿＿＿＿＿＿＿＿＿＿＿＿＿＿＿＿＿＿＿＿＿＿＿＿

序号3:＿＿＿＿＿＿＿＿＿＿＿＿＿＿＿＿＿＿＿＿＿＿＿＿＿＿＿＿＿

第三部分：
倡议者：_____
影响者：_____
使用者：_____
决策者：_____
购买者：_____

项目二　心理与消费心理

1. 心理

心理学认为，心理是人脑对客观现实的主观反映。心理现象包括心理过程和个性心理，人的心理活动都有一个发生、发展、消失的过程。主要从以下两方面来认识心理：

(1) 心理是人脑的机能

研究表明，心理活动和人脑的活动密不可分，心理活动是人脑高级机能的表现，任何心理活动都产生于脑。如果人脑受到损害，人的心理就会出现异常，甚至精神失常。总之，人脑是进行心理活动的器官，心理是人脑机能的反映。

(2) 心理是对客观现实的主观反映

人脑是进行心理活动的器官，是产生心理不可缺少的物质基础，但人的心理并不是大脑先天固有的，也不是大脑自动产生的，而是客观物质世界在人脑中的反映，所以客观现实是心理产生的源泉。

【案例讨论1-2】

　　1920年，一位牧师在印度发现了两个由狼养大的孩子。小的起名叫阿玛拉，约两岁，第二年就死了。大的起名叫卡玛拉，当年她已经8岁，不会说话，用四肢行走，喜欢夜间活动，午夜嚎叫，舔食流食，不吃人手里拿着的肉，不吃素食，不穿衣服，嗅觉特别灵敏，除了饥渴时，一般不接近主人。其8岁时的智力只相当于6个月正常婴儿的智力。经过悉心照料和耐心教育，卡玛拉2年后学会站立，6年后学会独立行走，但快跑时仍四肢并用。4年后，她学会了6个词，7年后，学会了45个词。17岁时，卡玛拉死去，当时她的智力仅相当于正常3～4岁的儿童。

(资料来源：谢忠辉.消费心理学及实务.北京：机械工业出版社，2010：2-3.)

【讨论】　是什么导致卡玛拉的非正常行为？
【讨论记录】_____
_____
_____

2. 消费心理

消费心理是指消费者在进行消费活动时所表现出的心理特征和心理活动的过程。消费心理一般经过以下过程：首先是接触商品，产生注意；然后经过了解和比较，产生兴趣，激发购买欲望；条件成熟时做出购买决策；购买商品后，通过使用形成使用感受，考虑以后是否再次购买。

不同性别、年龄、收入、受教育程度的消费者会产生不同的消费心理。另外，消费心理还受到性格、气质、购物环境的影响。

【训练项目1-3】

不同类型消费者的接待方法

【训练目标】 针对不同类型的消费者，采取不同接待方法。

【训练材料】 以小组为单位，分析表1-2中不同类型的消费者，并提供不同类型的接待方法。

表1-2

消费者类型	消费心理	接待要点
亲自考察型	现场考察，搜集信息，随机购买	
替人考察型	搜集资料，回去报告，影响购买	
携子考察型	产品、孩子，一心二用，搜集资料，受子影响	
杀价考察型	选好款式，坚持打折，当场购买	
结伴考察型	心存疑虑，旁观者清，当场决定	
特价考察型	直奔特价，现场购买	
赠品考察型	相信质量，喜欢赠品，当场购买	
退换货型	心情烦躁，心存烦恼，迫切退货	

（资料来源：梁清山.消费心理学.北京：北京交通大学出版社，2008：8-9.）

模块二 消费心理学的发展历程与研究意义

项目一 消费者心理学的发展历程

无论是东方还是西方，国内还是国外，消费心理学研究都有着漫长的历史。我国春秋末期著名的经济学家范蠡从消费需要入手，提出"计然七策"的商业经营模式；战国时期的荀子则提出"养人之欲，给人之求"的生产观点；古希腊哲学家亚里士多德提出"欲望是心理运动的资源,一切情感、需要、动作和意志均为欲望所引发"的观点。然而,消费心理学作为一门独立的学科,却只有一百多年的历史。它的发展过程大概经历了以下四个阶段:

1. 萌芽期(19世纪末~20世纪20年代)

19世纪末20世纪初,西方主要资本主义国家科学技术发展突飞猛进,各种新技术、新发明层出不穷,并被迅速应用于工业生产。这大大促进了经济的发展,从而使生产力增长的速度渐渐超过市场需求的增长速度,致使市场上涌现出大量商品,买方市场逐渐代替了传统的卖方市场。为了在激烈的竞争中能够取得一席之地,许多企业的生产经营者开始注重商品的推销和刺激消费者的需求,如通过广告、推销等手段引诱消费者购买,慢慢把心理学引入了市场营销领域。这是消费心理学的萌芽时期。

1895年,美国明尼苏达大学的盖尔首先采用问卷调查的方式,调查消费者对商品广告及广告中商品的态度和看法。

1899年,美国经济学家凡勃伦出版的《有闲阶级论》一书,提出了炫耀性消费(Conspicuous Consumption)的概念,认为炫耀性消费是富裕的上层阶级通过向他人炫耀物品的超出实用和生存所必需的浪费性、奢侈性以展示自己的金钱财力及社会地位,以享受其所带来的荣耀、声望和名誉,否定了传统经济学中消费者具有理性消费心理的说法,并提出研究消费者心理对企业的经营发展十分重要。

1901年,美国心理学家斯科特在美国西北大学做报告,提出了广告应作为一门学科,认为心理学可以在广告中发挥重要作用,并第一次提出消费心理学的概念。之后,他又在西北大学建立心理实验室,开始研究广告心理学。随后,斯科特陆续发表了12篇论文,经过整理汇编成《广告论》,于1903年出版。

1912年,德国心理学家闵斯特伯格出版了《工业心理学》一书,书中阐述了商品销售过程中,橱窗陈列和广告对消费心理的影响。

在发展的萌芽时期,消费心理学受到了经济学家、管理学家和社会学家的关注,但其研究的核心在于如何促进产品销售——重点是广告和推销,而不是满足消费者的需求。另外,大部分研究只限于理论,而没有具体应用到企业营销活动中来,导致这些研究在当时并没有受到重视。

2. 起步期(20世纪30年代~50年代)

1929年,美国爆发了资本主义历史上规模最大的一次经济危机,生产过剩,消费紧缩,商品严重积压,并且导致了世界性经济大萧条,使得消费品需求问题成为西方企业面临的首要问题。企业为了在困境中继续生存,促进销售,提高竞争力,对广告和促销等方面的投入进一步加强,而且越来越关注消费者的需求和市场的需要。同时,越来越多的心理学家、经济学家、社会学家开始关注消费心理,大大推动了消费心理学的发展。

第二次世界大战爆发后,战争波及的亚洲、欧洲、非洲、大洋洲各地百废待兴,深受战争伤害的人们缺乏安全感,对消费活动变得异常敏感。在此情况下,企业和专家对消费者的心理现象及活动更感兴趣。

1943年,美国心理学家马斯洛在《人类激励理论》一文中提出需求层次论,认为人的需求呈金字塔形,从低到高依次为生理需求、安全需求、社交需求、尊重需求以及自我实现的需求,认为只有满足低层次的需求后,较高层次的需求才会出现并要求得到满足。

1950年,美国社会学家梅森·海尔(M. Haire)做了"家庭主妇为什么不愿购买速溶咖啡"的研究,将大家的注意力集中在购买动机上,进而将研究者的注意力转移到消费者购买决策背后的深层动机方面。

【知识小卡片1-1】

海尔与速溶咖啡购买动机的研究

20世纪40年代,速溶咖啡作为一种方便饮料在美国市场问世。让生产者和经营者始料不及的是,速溶咖啡的上市并没有被消费者所接受,大家对这种省事方便的产品并不感兴趣。

美国心理学家海尔被请来找出问题的症结。开始用问卷法直接调查,结论是消费者不喜欢速溶咖啡的味道。显然,这个结论是没有依据的,因为速溶咖啡与新鲜咖啡的味道是一样的。为了深入了解消费者拒绝购买速溶咖啡的真实原因及背后动机,海尔采用了角色扮演法,编制了两种购物清单(表1-3),一张上写速溶咖啡,另一张上写新鲜咖啡,其他都一样。

表1-3 海尔编制的两组购物清单

A	B
1听朗福德发酵粉	1听朗福德发酵粉
2片沃德面包	2片沃德面包
1捆胡萝卜	1捆胡萝卜
1磅雀巢速溶咖啡	**1磅麦式新鲜咖啡**
1.5磅汉堡牛排	1.5磅汉堡牛排
2听狄尔桃子罐头	2听狄尔桃子罐头
5磅土豆	5磅土豆

把这两种购物清单分发给两组妇女,请她们描述不同购物清单对应的家庭主妇的特征。测试结果发现,两组妇女对家庭主妇的评价截然不同。购买速溶咖啡的主妇被看作是贪图方便的、差劲的、不称职的主妇,而购买新鲜咖啡的主妇被评价为勤快的、有经验的、会持家的主妇。

这个实验揭示了主妇们拒绝购买速溶咖啡的深层原因。在当时的社会背景下,美国妇女认为担负繁重的家务是家庭主妇的天职,她们不接受速溶咖啡是因为害怕别人说她们是懒惰、不称职的主妇。所以,速溶咖啡宣传的易煮、省事、方便等特点完全偏离了消费者的心理。

速溶咖啡的生产者和销售者利用这一结果"对症下药",改变广告宣传策略,不再强调速溶咖啡的便捷,而是强调它的味道醇美,速溶咖啡很快打开销路。

(资料来源:杜淑琳.消费者心理与行为.合肥:中国科技大学出版社,2015:19-20.)

3. 成长成熟期(20世纪60年代~90年代)

随着世界各国经济的快速发展，企业数量增加且规模扩大，导致企业间的竞争更加剧烈。消费者收入的增加及消费观念的改变，使企业不得不改变传统的营销策略以满足消费者的需求。

1960年，美国心理协会成立了消费者心理分会，与会人员大概400人。1969年，顾客协会消费者分会成立，标志着消费心理学作为一门独立学科从此诞生了。

1967~1980年，关于消费心理学的论文、报告、专著的数量剧增。1967~1977年，美国国内发表有关消费心理学文章近万篇。1968~1972年，消费心理学研究成果的数量超过了1968年以前研究成果数量的总和。

80年代后，消费心理学随着社会的发展而不断深化，门类不断增加，已成为市场营销等相关专业的必修课。著名消费者行为研究专家雅各比将这一阶段的发展总结为：

第一，理论性更强、更科学。

第二，研究的重点转变为消费者，并注重宏观方面的探索。

第三，从单纯记述量变和关系转向解释性的研究和对因果关系探讨的方向。

第四，行为科学的概念、方法的运用越来越精确，学科间的渗透与交叉更为鲜明。

4. 广泛应用期(21世纪)

21世纪是经济快速发展的时期，商品种类日益丰富，更新换代的时间不断缩短。80后、90后、00后等新生代消费群体的崛起，使消费行为日益复杂化和多样化。此种情境下，企业和众多学者对消费心理的关注达到了前所未有的高度。市场导向、顾客是上帝、以消费者为中心的营销理念充斥着企业生产者和经营者的头脑。

消费心理学的发展趋势，将会是研究角度多元化、因素多样化、学科体系完善化、研究成果在实践中的应用广泛化。

项目二　消费心理学的研究意义

消费心理学作为一门新兴学科，目的是研究人们在生活消费与日常购买商品的心理活动规律及其个性心理特征，这里涉及商品和消费者两个方面。与前者有关的研究包括广告、商品特点、市场营销方法等，与后者有关的研究内容包括消费者的气质、性格、态度、情感、爱好以及决策过程等。学习和研究消费心理的意义有：

1. 有助于企业制定营销策略，提高营销活动效果，增强市场竞争力

营销专家认为，企业要想取得最大利润，必须预测和满足消费者的需求，了解消费者产生购买行为的原因、过程以及影响因素。世界著名的管理学大师彼得·德鲁克指出，企业的目标就在于创造并保留满意的消费者。由此可见，消费者就是企业的衣食父母。

通过研究消费心理，可以有效地帮助企业制定市场营销策略，提高营销活动效果，增强市场竞争力。根据消费者的特点(如地域、性别、年龄、收入、职业等因素)来细分市场，企业研究本企业特点及产品特色后，选取相关目标市场，制定相应营销策略，如投放广告、设计包

装、设计商标、制定价格、选择零售渠道等。这一切营销策略的制定与执行都是由消费者的需要以及产品特点所决定的。

2. 有助于消费者提高自身素质，科学做出消费决策

消费是以个人为主体进行的经济活动，消费活动的效果受到社会经济发展水平、市场供求状况、企业营销策略的影响，更多取决于消费者个人的决策水平和消费模式。消费者的个性特点、兴趣爱好、认知能力、价值取向、生活方式等对消费者的决策水平与行为方式会产生不同程度的影响。在现实生活中，消费者由于对自己的消费行为认识不足、素质水平不高，再加上受到许多不良消费习惯的影响，攀比消费、过度消费、挥霍消费甚至有害消费比比皆是。

研究消费心理，传播和普及有关消费心理的知识，可以帮助消费者提升自身素质，正确认识自己的消费行为，科学做出消费决策，促使消费行为更加合理化。

3. 有助于政府协调国民经济的发展和引导正确消费

我国幅员辽阔、人口众多，不同地方的消费者消费方式和消费习惯千差万别，如北方人喜爱面食，南方人喜欢米饭。由于地理位置或其他方面的原因，地区间经济发展水平悬殊，消费水平和消费结构参差不齐，如沿海发达地区的人们已经拥有汽车、高档时装等消费品，而某些边远地区的人们仍然在温饱线上挣扎。所以，政府有关部门深入了解、研究我国人民的消费状况，有助于根据国民的不同消费水平引导生产、流通，协调整个国民经济的发展。

同时，政府相关部门可通过各种宣传方式引导人们正确消费（如通过播放公益广告、光盘，提倡人们不要浪费、不要过度包装产品等），有利于构建节约型社会。

【训练项目1-4】

如何进行合理消费

【训练目标】 了解消费者行为的研究意义，指导消费者合理消费。

【训练材料】 虽说有钱人花钱大方、出手阔绰是意料中事，但有些人一掷千金、豪气干云的"壮举"还是不能不令人惊诧莫名，这里的几桩新鲜事均可为证：

广东增城盛产荔枝，其中极品出自名曰"西园桂绿"的百年古树，此树每年仅结果数十颗，甚为稀罕。于是便有人献策为这些"珍果"举行专场拍卖会。果不其然，拍卖会上数十颗荔枝换得131.5万元，其中一号"珍果"拍得55.5万元的高价。

刚结束的北京车展也爆新话题，初次亮相的宾利超豪华特长轿车售价高达888万元，但居然也求购甚众，展车上也已贴出"已售出"的标签。

而新近推出的上海紫园别墅售价之高同样令人咋舌。最低售价在两三千万元以上，其中号称"别墅之王"的一幢更是亮出1.15亿元的天价。

英国广播公司（BBC）日前报道称，最近在英国佳士得拍卖会上，一瓶葡萄酒卖出13.5万英镑（约145万元人民币）的高价，买主则是一名神秘中国人。

（资料来源：http://business.sohu.com/33/75/article202157533.shtml.）

以上的案例说明高消费在我们身边比比皆是，请每名同学访问班上的5名同学，记下发生在自己或周围的高消费情况。

【训练记录】
同学1：＿＿＿＿＿＿＿＿＿＿＿＿＿＿＿＿＿＿＿＿＿＿＿＿＿＿＿
同学2：＿＿＿＿＿＿＿＿＿＿＿＿＿＿＿＿＿＿＿＿＿＿＿＿＿＿＿
同学3：＿＿＿＿＿＿＿＿＿＿＿＿＿＿＿＿＿＿＿＿＿＿＿＿＿＿＿
同学4：＿＿＿＿＿＿＿＿＿＿＿＿＿＿＿＿＿＿＿＿＿＿＿＿＿＿＿
同学5：＿＿＿＿＿＿＿＿＿＿＿＿＿＿＿＿＿＿＿＿＿＿＿＿＿＿＿
你如何看待他们的高消费？请提出解决方案。
【解决方案】＿＿＿＿＿＿＿＿＿＿＿＿＿＿＿＿＿＿＿＿＿＿＿＿

模块三　消费心理学的研究对象、内容和方法

项目一　消费心理学的研究对象和内容

1. 消费心理学的研究对象

消费心理学是研究消费过程中消费者心理现象的产生、发展及其规律的科学，是心理学在消费领域中的应用，所以其研究对象为消费者在消费活动中的心理和行为。

2. 消费心理学的研究内容

消费心理学的研究内容是研究对象的具体化，主要包括以下几方面：
(1) 影响消费者购买行为的内在条件
① 消费者的心理活动过程。消费者的心理活动过程是指消费者从接触商品到购买商品的过程中心理活动的产生、发展和变化的全过程，是消费者进行消费活动的基本心理要素，这一过程包括消费者的认知、情感和意志。消费者认知过程又包括感觉、知觉、注意、记忆、想象、联想和思维等；情感过程主要通过消费者的神态、表情、语气、行动等表现出来；意志过程是消费者在认知过程、情感过程的基础上，做出购买决策、采取购买行动的过程。通过对消费者心理活动过程各要素的分析，可把握其心理活动的一般规律，进而引导消费。
② 消费者的个性心理特征。个性是指在先天因素的基础上，在社会生活实践中形成的相对稳定的心理特征的总和，包括个性心理特征和个性心理倾向。个性心理特征是一个人身上经常、稳定地表现出来的心理特征的总和，体现为消费者的气质、性格、能力；个性倾向是人所具有的意识倾向，决定着人对现实的态度以及对认识活动对象的倾向和选择，包含需求、动机、兴趣、态度、理想、信念、生活方式等。通过了解消费者的个性心理特征，能够更深

入地了解消费者产生不同消费心理与消费行为的内部原因,有利于企业制订营销活动方案。

③ 消费者购买决策和行为。消费者购买决策是指消费者为了满足某种需求,在一定购买动机的支配下,在可供选择的两个或者两个以上的购买方案中,经过分析、评价、选择并且实施最佳购买方案,以及购后评价的活动过程。它是消费者心理活动的集中表现,也是消费活动中最具有意义的部分。

(2) 影响消费者心理的外部条件

① 社会因素对消费者心理的影响。消费者生活在一定的社会环境中,一切消费活动都是在相关的社会环境背景下进行的。一方面,消费活动受到社会环境的影响,文化、民族、种族、群体、宗教、家庭会影响消费者的消费行为,如朝鲜族喜欢穿颜色鲜艳的服装。另一方面,消费者在适应环境的同时,也会以不同的方式影响着环境,如随着时间的发展,少数民族的饮食、穿着等消费习惯越来越汉化。

② 商品因素对消费者心理的影响。商品的设计、包装、商标、命名、原料工艺、质量以及价格等因素影响着消费者的消费活动。例如,我国消费者喜欢购买价格尾数为"8"的商品,商品名字简单且具有美好寓意的"金利来"深受消费者欢迎等。

③ 市场因素对消费者心理的影响。企业研究消费心理的目的在于更好地了解消费者的心理,以尽量满足消费者的需求,同时针对消费者的心理特点制定相应营销策略,刺激消费。企业通过商店布局、广告宣传、销售服务、营业人员、经营方式、企业形象等措施来影响消费者的消费心理。

④ 自然因素对消费者心理的影响。自然因素也会影响消费者的消费心理。北方沙尘暴较多,防沙空调市场空间大;南方气候潮湿,消费者喜欢购买具有防潮功能的商品。

项目二　消费心理学的研究方法

研究消费者心理,在遵循客观性、发展性、联系性和应用性等四大原则的同时,还要根据任务的需要,选择适当的研究方法。研究消费者心理的方法主要有观察法、实验法、调查法、投射法等。

1. 观察法

观察法是指观察人员在自然条件下有目的、有计划地观察消费者的语言、行为、表情等,分析其内在原因,进而发现消费者心理活动规律的研究方法。观察法是科学研究中最一般、最方便、最常用的研究方法,也是一种最基本的研究心理学的方法,是收集一手资料最直接的手段。观察法一般运用在广告、商标、包装和柜台设计的效果,价格对购买行为的影响,企业营销状况等方面。观察法主要有直接观察法、仪器观察法和实际痕迹测量法。

(1) 直接观察法

观察人员在消费者未意识到的情况下进入现场,以视和听为主要手段对消费者的行为进行观察,并将观察情况记录在案。例如,商店通过观察进入商店的顾客的穿着打扮、年龄、购买商品情况等来调整商品的陈列和布局。

(2) 仪器观察法

使用各种电子设备对消费者进行观察。例如,某服装公司为了了解消费者对商品广告的关注情况,选择在灯箱广告牌内放置照相机,拍摄消费者注视广告时间的长短、目光停留广告的具体位置等。若消费者注视广告中模特所拎手提包的时间较长,则广告的内容设计有待改进。

(3) 实际痕迹测量法

不直接观察消费者行为,而是根据消费者留下的消费痕迹进行观察。例如,饮料公司去垃圾回收站进行统计,看哪种空饮料瓶更多,以分析消费者的口味与爱好。

观察法的优点是保持被观察对象的自然流露和客观性,能获得比较真实的资料。缺点是观察者处于被动地位,只能消极等待被观察者的某些行为表现,进程比较缓慢,且难以区分事物出现的偶然性和规律性,很难全面深入地了解和掌握消费者心理活动过程。

【训练项目 1-5】

熟悉观察法

【训练目标】 培养学生应用观察法研究消费心理的能力。

【训练操作】 以小组为单位开展观察活动,收集一手资料,在此基础上,对数据进行分析,得出观察结论。

1. 首先让学生复习观察法的三种具体方法,了解它们的操作程序。
2. 将全班学生分组,并选出小组负责人。教师说明训练内容及成果要求。
3. 每个小组根据自己的兴趣围绕消费者消费过程中的某个环节设计观察内容。
4. 根据观察内容做出详细的观察计划,要包括观察对象、观察目的、观察时间、观察地点、观察方法,并且提前做好观察准备工作。
5. 小组长带领小组成员完成观察任务。
6. 对学生在观察活动中的表现进行分析、总结。

【训练要求】

1. 每个小组撰写出观察分析报告,得出消费活动中规律性的结论。
2. 每人写出观察体会。
3. 根据小组报告与个人的观察体会为每位学生评估打分。
4. 每位学生的成绩由小组的分析报告分数与个人体会分数综合组成。

(资料来源:http://wenku.baidu.com/link? url = ABA7Y7q1c0EPp9Im5DBI5rdckO7Tnf-2XhigzWH9L8Xoak4I49TW7HBst7uUbQKymkJpQKymkJpGKt1H9sKxpzaOKe2jDi1TkyRWIW9mn TZKiL9u2O.)

2. 实验法

实验法是指在控制条件下对某种心理现象进行观察的方法。在实验中,实验者可以积极干预被试的活动,创造条件使某种消费心理现象得以产生并重复出现。实验法可以分为自然实验法和实验室实验法两种。

(1) 自然实验法

自然实验法是指在企业营销活动的实际环境下,有目的地创造某些条件或变更某些条件,从而刺激或诱导消费者的心理,进而观察其心理表现的实验法。有目的地创造或更变条件,使研究具有一定的主动性和目的性,能够获得准确、有效的一手资料。自然实验法主要适用于企业通过改变商品的价格、广告、促销、包装设计等变量,来测量其对消费者的吸引力,从而探讨消费者的消费心理。

(2) 实验室实验法

实验室实验法是指借助专门的实验设备,在对实验条件严加控制的情况下,研究消费者消费心理的一种方法。实验室实验控制严格,结果往往比较准确。同时由于许多实验都是在人为的特殊条件下进行的,所以实验结果常常受到人为条件的影响,致使结果机械化。所以此方法只适用于研究比较简单的心理现象,如测定消费者对广告的记忆率以及被记住的广告特点等。

【案例讨论 1-3】

> 某饭店外卖两种一模一样的凉菜,平时都是 6.8 元,但是每天的一个时期,一种凉菜就会降价,降到 4.8 元,于是这个服务员就在这边喊,降价销售啦,降价啦,大家一围过来,看到同样的凉菜一种卖 4.8 元,另一种一样的居然卖 6.8 元,于是纷纷去买 4.8 元的。过了一段时间后,4.8 元的凉菜价格又回升到 6.8 元,而原来卖 6.8 元的凉菜价格开始降到 4.8 元,于是大家就都围到另一种凉菜那里去买。
>
> (资料来源:http://wenku.baidu.com/link? url=ABA7Y7q1cOEPp9Im5DBI5rdckO7Tnf-2XhigzWH9L8Xoak4I49TW7HBst7uUbQKymkJpGKt1H9sKxpza0Ke2jDi1TkyRWIW9mnTZKiL9u2O.)
>
> 【讨论】 此案例是用何种方法来了解消费者的心理的?利用了消费者的何种消费心理?
>
> 【讨论记录】_____
> _____
> _____

3. 调查法

调查法是指为了达到设想的目的,制订某一个计划,以全面或比较全面地收集研究对象的某一方面情况的各种材料,进而分析、综合,得到某一结论的研究方法。调查法是消费心理学中运用得最多的一种方法,调查方式可以根据调查目的而灵活采用。常用的调查法有访谈法和问卷法两种。

(1) 访谈法

访谈法是研究人员通过与消费者直接交谈,以口头信息传递和沟通的方式来了解消费者的动机、态度、个性和价值观念等心理状态的一种研究方法。可以分为面对面访谈法和电话访谈法。

面对面访谈法的优点是调查者与被试面对面沟通,调查者可以通过直接观察被试的表情变化来了解其心理变化,针对性较强、灵活、真实、可靠;缺点是费用较高、费时费力、调查范围较窄,且对调查者的专业素质、心理素质、身体素质要求较高。

电话访谈法是指研究人员通过电话向被试进行询问，了解所需情况的一种调查方法。调查者和被试彼此之间没有面对面而是利用电话作为媒介进行交流，属于间接调查。电话访谈法的优点是费用少、时间短、调查范围较宽；缺点是误解较多、对问题较难深入细致地讲解，并且不能及时了解被试的心理变化。

都是方言惹的祸

【笑话1】

有两个云南人到北京去玩，听说北京烤鸭很出名，就决定去吃。刚坐下，其中一个就对服务员说："去拿只烤鸭来甩甩！"等了一会，他们见那个服务员提了一只烤鸭在他们面前晃了晃，就走了。有一个等不及了，就把服务员叫来问为什么不给他们上烤鸭，那个服务员说："你不是叫我提只烤鸭来甩甩的吗？"

（注："甩甩"在云南方言中指的是"吃"。）

【笑话2】

两个四川人到北京旅游，在公车上看地图："我们先杀（玩）到天安门，然后再杀到中南海……"不幸被首都群众举报，下车后即被扭送公安机关，讲清了情况后才被放出。

站在天安门广场上，看着人来人往两人无语。甲忍不住："你咋不开腔喃（说话）？"乙："你都不开腔我咋敢开喃？"话音刚落，又被扭送进了局子……

(2) 问卷法

问卷法是调查者采用书面提问的方式进行的调查，也可以根据预先编制的调查表，请消费者口头回答、由调查人员记录。问卷法的优点是标准化程度高、收效快，在短时间内可以调查很多研究对象，取得大量的资料，对资料进行数量化处理，经济省时。其缺点是被试由于各种原因（如自我防卫、理解和记忆错误等）可能对问题做出虚假或错误的回答，且对问卷的设计要求较高。

4. 投射法

投射法也称投射测试，就是让被试通过一定媒介，建立起自己想象的世界，在无拘束的情景中，显露出其个性特征的一种个性测试方法。其优点是能够探究人的内心世界和潜意识，得到有价值的心理活动资料。缺点是技术性很强，实际操作难度大。投射法主要有以下几种：

(1) 罗夏(墨渍)测验

罗夏(墨渍)测验是瑞士精神科医生罗夏于1921年创设的人格投影测定技术。通过向被试呈现标准化的由墨渍偶然形成的模样刺激图版，让被试自由地看并说出由此所联想到的东西，然后将这些反应用符号进行分类记录，加以分析，进而对被试人格的各种特征进行诊断。这种测验的材料是将墨水涂在纸上，折叠而成对称的浓淡不一的墨渍图，所以它被称为墨渍(或墨迹)测验，又称罗夏测验。

(2) 主题统觉测验

主题统觉测验(Thematic Apperception Test，简称TAT)是默里于1935年为性格研究而编制的一种测量工具。全套测验共有30张比较模糊的人物图片,其中有些图片分别用于男人、女人、男孩和女孩,有些是共用的。测验时让被试根据图片内容按一定要求讲一个故事,被试在讲故事时会将自己的思想感情投射到图片中的主人公身上,通过这种方法了解被试的心理。

比起墨渍测验来,TAT的长处在于呈现的刺激更有结构性,要求用更复杂、意义更明显的言语表达;同时可在不限制被试的状况下,任其随意反应。但是TAT的缺点也很明显:首先,缺乏标准化的施测规程;其次,整套测试时间过长,且被试往往根据自己关心的问题来选择图片;最后,缺少客观的评分标准和方法。

(3) 完成法

完成法也称造句测验法,是指由调查者提出某些未完成的句子,要求被试填上几个字,将句子完成。例如,给出被试"我喜欢吃＿＿＿＿"、"＿＿＿＿让人很愉快"等句子,要求其完成,从而通过被试的回答,了解其兴趣爱好,从而了解到其对商品品牌的认知和看法。

另外,投射法还包括角色扮演法、选择或排列法、表露法等。

【小测试】

TAT属于投射法个人测验,是美国心理学家亨利·默里于1935年发明的。TAT通过素描图像激发被试投射出内心的幻想和精神活动,无意中成为呈现被试内心和自我的X光片。目前,TAT也是我们在心理咨询和心理治疗工作中比较常用的测试量表之一,对我们鉴定诊断起到了重要的辅助作用。下面这个测试就是利用TAT的原理进行的内心X光测试,请凭第一感觉回答问题,选A计1分、选B计2分、选C计3分。

1. 图中的女人为何掩面?她的情绪是怎样的?
   A. 悲伤,女人发现丈夫的婚外情
   B. 忧虑,丈夫酒醉在床上
   C. 关心,丈夫病重躺在床上,可能即将死去

2. 床上女子状态怎样?
   A. 身患重病
   B. 沉睡
   C. 已死去

题1图

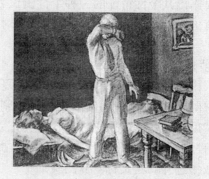

题2图

3. 图中戴领结的男子是女子的什么人?
   A. 秘密情人
   B. 老板或者顶头上司
   C. 可以帮助她的有权有势的人
4. 图中老妇人的眼神流露出怎样的情绪?
   A. 邪恶,她们之间可能隐藏着冲突
   B. 同情
   C. 焦虑,关心

题 3 图

题 4 图

5. 图中的女子正在打开房门,她打算做什么?
   A. 男友的房间,她一直很想看看房间里的布局陈设
   B. 下班,刚刚回家
   C. 拿东西,然后回厨房做饭
6. 图中这个人物打扮成这样是为什么?
   A. 打扮成别人认不出来的样子去袭击仇人
   B. 抢劫商店
   C. 参加万圣节假面舞会

题 5 图

题 6 图

7. 图中这个女子化妆是为什么?
   A. 遮掩已经衰老的面容,并希望能够挽救婚姻危机
   B. 以更加饱满的精神状态去见大客户
   C. 去和男朋友约会

题7图

【测试结果分析】 11分以下:你非常善于隐藏自己,没人知道你心里到底在想什么。同时你防御心理较强,对事物怀着消极的态度,不愿意轻易相信别人,大多时候宁愿自己独处也不愿意和其他人在一起。也许你的魅力就在于神秘吧,很多人都想接近你,但你内心与外界的距离感始终存在。你只有摆正对生活的态度,才能过上正常的快乐生活。朋友的建议对你影响很大,你需要对这些建议进行过滤,有选择地采用,不要被这些建议搞得焦头烂额。

12~16分:能想到就能做到,恐怕是你的人生信条。你属于现实主义者,浪漫色彩非常淡薄,对金钱较执着。头脑清晰,有很强的独创能力。踏实、勤奋是你的一贯风格,但缺乏挑战新事物的勇气,对人情世故不太精通,再加上你平时比较少言,给人感觉比较冷漠,往往需要一段时间才能融到团体中。建议不要凡事都顾及眼前,要学会规划人生。过分谨慎也会错过很多机会。

17~21分:你性格开朗、乐观、平易近人,和朋友交往能设身处地地为他人着想,另外善于在公众面前提升自己的形象,因此深受大家的信任,在群体中是个受欢迎的中心人物。你做事很慎重,谦恭有礼,即使再棘手的事情也能处理得恰到好处。诚信是你重要的处事原则,你具有压抑自己为别人着想的品质。不过此类型的人难以做出特别大的成就。建议适当学会拒绝,这会让你更快乐。

(资料来源:http://wenku.baidu.com/link?url=HxLjHfjZo9A7hQ-4TGvcq8kw03yV89naMlEpVi2BNIPOcINNgsr7SSXKdqNPItvBx89wxLO25g0vclxAtCsN0cIwCeqllvEDu5YbFvD9K3.)

课后练习

一、选择题

1. (　　)是指在自然条件下有目的、有计划地观察消费者的语言、行为、表情等,分析其内在的原因,进而发现消费者心理现象的规律的研究方法。
   A. 实验法　　　B. 投射法　　　C. 观察法　　　D. 调查法
2. 心理学家(　　)提出需要层次论的观点。
   A. 马斯洛　　　B. 凡勃伦　　　C. 海尔　　　D. 盖尔
3. 消费者心理学的发展历程经历了(　　)阶段。
   A. 五个　　　B. 四个　　　C. 三个　　　D. 两个

4. 1899年,美国经济学家凡勃伦出版的(　　　)一书,提出了炫耀性消费的概念。
   A.《有闲阶级论》　　　　　　B.《广告论》
   C.《人类激励理论》　　　　　D.《工业心理学》
5. 按对商品的态度进行分类,消费者可以分为现实消费者、潜在消费者和(　　　)。
   A. 倡议者　　B. 决策者　　C. 购买者　　D. 永不消费者

二、判断题

1. 心理是人脑的机能,只要是人一定能够产生心理。（　　）
2. 研究消费心理只对企业具有意义。（　　）
3. 消费者心理与行为学是一门紧密联系营销实践、为营销决策提供理论指导的应用性学科。（　　）
4. 倡议者、决策者、购买者和使用者可以是同一人。（　　）
5. 潜在消费者在将来的某一时间有可能转变为现实消费者。（　　）

三、名词解释

1. 消费者。
2. 实验法。
3. 消费心理。

四、简答题

1. 简述消费心理的研究内容。
2. 简述研究消费心理学的意义。
3. 简述消费心理的研究方法。

五、案例探讨

消 费 心 理

【案例1】 2014年,"降价"的字眼不时出现在各大媒体头条,更有不少楼盘开发商打出"零首付、特价房"口号。但是开发商的这些动作并没有引起购房者的共鸣,5月即将收尾,省城楼市依然冷清。记者采访发现,很多人都有购房的需求,但害怕"买后降价"成为大家继续观望的主要原因。上周,济南市商品房成交跌至"冰点",创造马年以来最差成绩。但是记者采访发现,济南市购房者依然活跃,不过他们不是活跃在买房的现场,而是活跃在看房的路上。不少市民有购房需求,但是却迟迟不肯出手。"我就怕(房价)突然跌下来啊,现在形势这么不好,我万一要是买贵了,那不亏大了嘛,别人都不买,干脆我也不买。"购房者刘女士告诉记者。

不仅仅刘女士表达了怕降价的想法,长期从事房地产行业的小张也同样怕买房后降价:"我也感觉济南可能会迎来大面积的降价,我从事这一行业却也看不清未来形势,还是随大流吧。"

有业内专家表示,怕降价是应该的,大多数购房者买房前都怕买错了,担心未来会降价。虽然现在楼市确实不太稳定,但是在未来形势不明朗时,还是该出手时就出手,看好了房子就买,大家都认为会降价的时候,反而涨上去也不是不可能。

【案例2】 在伦敦西区主要购物中心牛津大街的塞尔福里奇百货大楼,来自全球各地的消费者从25日深夜就开始排队,等待商场开门抢购各种商品,尤其是折扣力度巨大的奢侈品。塞尔福里奇的一名发言人称,这些抢货者从25日晚11点半就开始排队,为了确保安全,商场还专门派遣了保安人员管理并指挥排队的抢货者们。

商场9点开始营业后,人们大量拥入,又在古驰、普拉达等奢侈品牌的商铺前排成长队。《每日邮报》记者在现场看到,在这些队伍当中,中国游客占了不小的比例。

商场零售部负责人苏·韦斯特说:"中国市场对塞尔福里奇来说十分重要,是公司拥有的增长速度最快的国际市场之一。"

一家名为Global Blue的免税购物咨询公司宣称,预计中国消费者是今年最大的海外消费者群体,平均单次消费额接近1400英镑(约1.4万元人民币)。

(资料来源:http://epaper.xiancn.com/xawb/html/2013-12/28/content_266189.htm;http://sy.haofz.com/news/a/20140530/4577.shtml.)

【思考与训练】

1. 以上两个案例说明商品特点和消费心理有何关系?
2. 你对本市房地产公司有何建议?

第二章 消费者的心理活动过程

内容简介

本章首先介绍消费者认知过程的相关内容，接下来分析了情绪情感过程的含义、表达方式、影响因素等，最后介绍了意志过程的概念、特征以及培养等知识。

目标规划

1. 学习目标

知识目标：了解消费者的认知过程；掌握消费者的情感过程；了解消费者的意志过程。

重点掌握消费者的情感过程。

2. 能力训练目标

能结合实际分析消费者的认知活动；能够准确抓住消费者的情绪情感的变化；能制订培养消费者意志的方案。

模块一 消费者的认知过程

项目一 消费者的感觉

1. 感觉的含义

感觉是人脑对直接作用于感觉器官的外界客观事物个别属性的反映,是最简单的心理现象。消费者对商品世界的认识是从感觉开始的。

2. 感觉的分类

根据信息的来源,可以把感觉分成外部感觉和内部感觉两类。

(1) 外部感觉

外部感觉是指人的外部感觉器官接受外界事物刺激时所产生的感觉,主要包括视觉、听觉、嗅觉、味觉和触觉等。例如,人们对苹果的印象是用眼睛看是红色或青色圆形体的,用鼻子闻有清香气味,用手触摸有光滑印象,放到嘴里感到或甜或酸,从而产生对苹果颜色、形状、气味、口感等方面的感觉。有关研究表明:正常情况下,人们获取的信息一般来源于外部感觉,其中,80%左右的信息是通过视觉渠道获取的,10%左右的信息是通过听觉渠道获取的。

(2) 内部感觉

内部感觉又称机体觉,相对于视觉、听觉等这些反映外部环境的感觉而言,它是由人体内部刺激所引起的感觉,是反映人的身体位置、运动及内脏器官不同状态的感觉,一般包括运动觉、平衡觉和内脏觉。运动觉是对身体各部分的位置及相对运动进行反映的感觉,如在昏暗的地方,人们常会伸出手摸索前进,以触摸觉补偿视觉;平衡觉是反映头部位置和身体平衡状态的感觉;内脏觉是对机体饥、渴、痛、温等状态的感觉。

【案例讨论2-1】

> 麦当劳发现,随着经济的发展,生活节奏的加快,快餐热一定会兴起。但怎样让百姓快速接受自己的汉堡包呢?经过长期的实践和研究,他们发现,汉堡包在17厘米高的时候咬起来最方便,可口可乐在4摄氏度时和汉堡包配起来味道最鲜美,除此之外,他们还针对不同国家人民身高情况设计交款台,目的是让顾客掏钱最方便。就是抱着这种"急顾客之所急,想顾客之所想"的侠义和古道热肠,麦当劳传遍了世界,不仅打下了"江山",而且守住了"江山"。

麦当劳进入中国前,最大的担忧是怎么让吃惯了几千年馒头的中国人接受洋人的汉堡,为此他们进行了长达8年的深入研究(研究俄罗斯更长,14年)。研究什么?从国家政策到市场环境、原料产地、饮食习惯、文化习俗、收入水平、家庭结构等,无所不包,最后才下决心进入中国市场。为什么麦当劳敢下这个决心?因为他们最后将研究视线聚焦到了中国独生子女的身上。他们研究后的结论是:中国小孩4～7岁时是味觉形成期,7～12岁时是味觉固定期。如此一来,决策就有了科学的依据:中国小孩4～7岁吃什么都是一个味道,不管是馒头还是汉堡,不管是土豆泥还是炸薯条。靠什么吸引小孩子呢?红红黄黄的标志、各种尺寸的小旗、各种玩具以及游戏区让中国小孩"乐不思蜀"、"流连忘返"。大部分小孩只要去了一次麦当劳就天天闹着爸爸妈妈再去。

(资料来源:百度知道.麦当劳的秘诀.)

【讨论】 麦当劳是如何利用消费者的感觉的?

【讨论记录】_____

3.感觉的特点

(1) 感受性

感受性是感觉器官对外界刺激物的感受能力。感受性的大小一般用感觉阈限来衡量,感觉阈限可以分为绝对感觉阈限和差别感觉阈限。

正好能引起感觉的最小刺激量称为绝对感觉阈限,与之相应的感觉能力称为绝对感受性,二者成反比关系。绝对感受阈限是感觉能力的下限,当刺激物没有达到绝对感觉阈限时,人们无法感受到刺激物。例如,人们看不到几十里(1里=500米)外的烛光,听不到空气中灰尘的坠落声,感觉不到商场中弥漫的水汽,消费者感受不到持续时间少于3秒的电视广告等。

刺激物引起人们的感觉后,刺激发生微小变化,人们不一定都能辨别其变化,只有变化量增加到一定程度时,才能被人们感受到。例如,一件定价为965元的衣服,价格下降至954元,消费者不会有明显的感觉,但是如果下降至865元,消费者可能产生明显的感觉,这就是差别阈限,即能觉察到的刺激物的最小差异量。消费者对不同商品感受的差别阈限有所不同,如空调的价格由3878元上升到3893元,很难被消费者察觉,但是消费者却能明确感受到一瓶矿泉水由原来的1.2元增至1.25元的变化。

掌握消费者对商品价格、质量、重量的感觉阈限,合理调节刺激物的刺激量,对企业具有重要意义。对消费者熟知价格的商品(如柴、米、油、盐、水、电以及蔬菜水果等)一般不轻易提高价格,相反可以适当降低价格,从而刺激消费者的感觉器官,促使消费者购买活动的产生,并带动其他消费。若消费者熟知商品的成本上涨,不应轻易涨价,可以适当减少商品含量,如消费者很难察觉到牙膏由原来的150克减少到140克的变化。

【知识小卡片2-1】

阈下广告的实验

很多年前,一个"阈下广告实验"曾轰动一时。实验是在美国新泽西州的电影院进行的,在电影中,每隔5秒钟就有一个以3/1000秒的时间闪现的"吃爆米花、喝可口可乐!"的广告,广告词呈现得非常短暂,一闪而过,低于正常感觉阈限,因此观众是意识不到的,但是这个广告连续放映6个星期后,商家声称,爆米花销售量上升了58%,可口可乐销售量上升了18%。这一实验结果一经公布,便引起了人们的惊恐,美国一些州迅速通过有关法案,禁止使用"不可见广告"来控制人的行为。

其实,这种阈下广告并没有那么可怕。当时就有心理学家指出,这一实验的结论存在严重的问题,因为该实验并没有控制可以增加销售的其他条件,如气温的变化、季节、放映电影的内容和观众类型等条件的作用都没有被提及;同时,街头快餐招牌和其他形式的广告也同样有着宣传作用。几年后,阈下广告的内幕终于真相大白。报道者承认,他们的实验从头到尾都是编造的,目的是夸大自己广告的影响作用,同时使人们加深对"吃爆米花、喝可口可乐!"的印象。后来,研究者做过多次实验,证明所谓的阈下广告基本上无效。

(资料来源:江林.消费者心理与行为.4版.北京:中国人民大学出版社,2011:40.)

(2) 适应性

感觉的适应性是指外界刺激物强度不变,但持续作用时间发生变化,从而引起消费者的感受性发生变化的现象,适应是一种普遍的感觉体验。俗语"入芝兰之室,久而不闻其香;居鲍鱼之肆,久而不闻其臭"就是对感觉适应性的最好描述。例如,消费者购买香水时,连续闻十几种香味,对香味的反应会变得迟钝。人们从亮处进入暗处,最初眼前一片漆黑,稍后才能看到某些东西;反之,若在暗处待久了,突然到强光照射的地方,刚开始看不清外界的东西,稍后才能逐步看清东西。

感觉的适应性对消费者影响极大,不利于刺激消费者的购买欲望。例如,对一成不变的广告或者商品的包装,消费者会视而不见。所以,企业应通过不断调整商品的外观、变换广告的内容等来削弱消费者的感觉适应。

(3) 关联性

人体各种感觉器官对刺激物的感受并不是彼此独立、彼此分开的,而是相互作用、相互影响的。刺激物对一种感觉器官的刺激作用会触发另一种感觉的现象就是感觉的关联性。例如,消费者看到红色商品会觉得温暖,看到蓝色商品会感觉清爽;颜色漂亮的食物会增强人的味觉感受。

企业应充分利用感觉的关联性开展营销活动。例如,商场、超市在客流量多的时候,播放快节奏音乐,促使消费者快速完成购买活动;在客流量少的时候,播放慢节奏音乐,给消费者宁静之感,使其放慢脚步,慢慢挑选,从而增加商场、超市人气。

(4) 对比性

感觉的对比性是指同一感觉器官接受不同刺激物而使感受发生变化的现象。感觉的对比性可以分为同时对比和先后对比两类。

① 同时对比。几个刺激物同时作用于同一感觉器官时产生的对比现象。例如,黑色在白色背景中更容易被消费者感受到,红色在绿色中更容易被识别。

② 先后对比。刺激物先后作用于同一感觉器官时产生的对比现象。例如,将放在热水中的手再放入温水中,会觉得温水很热,若把放入冰水中的手再放入温水中,会觉得温水很凉;吃了糖之后再喝水,觉得水也是甜的。

【训练项目2-1】

感觉的适应性

【训练目标】 了解感觉的适应性,并回答企业如何对其进行刺激。
【训练材料】 搜索德芙巧克力的广告,分析其广告内容的变化。
【训练记录】
广告1:＿＿＿＿＿＿＿＿＿＿＿＿＿＿＿＿＿＿＿＿＿＿＿＿＿＿＿＿＿＿
＿＿＿＿＿＿＿＿＿＿＿＿＿＿＿＿＿＿＿＿＿＿＿＿＿＿＿＿＿＿＿＿＿＿
广告2:＿＿＿＿＿＿＿＿＿＿＿＿＿＿＿＿＿＿＿＿＿＿＿＿＿＿＿＿＿＿
＿＿＿＿＿＿＿＿＿＿＿＿＿＿＿＿＿＿＿＿＿＿＿＿＿＿＿＿＿＿＿＿＿＿
广告3:＿＿＿＿＿＿＿＿＿＿＿＿＿＿＿＿＿＿＿＿＿＿＿＿＿＿＿＿＿＿
＿＿＿＿＿＿＿＿＿＿＿＿＿＿＿＿＿＿＿＿＿＿＿＿＿＿＿＿＿＿＿＿＿＿
广告4:＿＿＿＿＿＿＿＿＿＿＿＿＿＿＿＿＿＿＿＿＿＿＿＿＿＿＿＿＿＿
＿＿＿＿＿＿＿＿＿＿＿＿＿＿＿＿＿＿＿＿＿＿＿＿＿＿＿＿＿＿＿＿＿＿

项目二　消费者的知觉

1. 知觉的含义

知觉是人脑对直接作用于感觉器官的客观事物整体属性的反映。知觉与感觉既有紧密联系,同时又有区别。两者的联系是感觉和知觉都是客观事物在人脑中的反映,两者的区别有以下几点:

第一,知觉是在感觉的基础上,对感觉到的信息进行综合整理,进而形成对事物的完整印象。由于知觉受到经验的制约,所以并不是对感觉的简单相加,而是在知识和经验的参与下,通过人脑加工,形成对感觉到的信息正确加工和解释的过程。因此知觉是比感觉高一级并带有主观色彩的认识活动,是更为复杂的心理活动。

第二,感觉是感觉器官对客观事物个别属性的反映,而知觉是感觉器官对客观事物整体属性的反映。

第三,感觉是单一器官活动的结果,而知觉却是各种感觉器官共同活动的结果。

第四,知识和经验对感觉和知觉的作用不同,感觉不依赖于人的知识和经验,而知觉却受人的知识和经验的影响。

在现实生活中,消费者不是孤立感觉商品的某些属性的,而是以知觉的形式感觉商品的整体属性的。所以,研究知觉的特性对企业制定营销策略意义重大。

2. 知觉的特性

(1) 整体性

知觉的组成对象是不同属性的许多部分,但人们并不会把知觉分成个别的、孤立的部分,而是依据经验整体感知,这就是知觉的整体性。例如,消费者在购买食品时,并不仅看重食品的外观,同时也注意食品的味道、制作材料、生产日期等。

知觉的整体性表明,具有整体形象的事物(图2-1)比部分的、零散的事物更具有吸引力。企业应该重视商品及经营的整体效果,如不能只提高商品质量,而对商品的包装、款式、价格等不予关注,因为如果这样,久而久之,企业会面临困境。

图2-1

【案例讨论2-2】

1865年,诺基亚诞生于芬兰,是一家木工厂。1987年,推出移动电话,成功转型。在数字手机的大潮中,诺基亚于1998年超过摩托罗拉成为全球最大的手机制造商。在如今的智能手机浪潮中,诺基亚手机市场份额不断被侵蚀,2012年第一季度,三星超越诺基亚,14年霸主地位终结。在技术上,诺基亚并不是没有远见。二十多年前,诺基亚公司就提出移动互联网概念。1996年,诺基亚推出智能手机的概念机,比苹果公司的iPhone早了10年以上。2004年,诺基亚内部已经开发出触控技术、3D技术。2007年,诺基亚宣布开始转型为互联网公司,称"我们的未来在于软件而非硬件"。2007年诺基亚达到顶峰阶段,全球市场份额占40%。

(资料来源:http://tech.sina.com.cn/t/2012-07-05/09557351608.shtml.)

【讨论】 利用知觉的整体性,分析诺基亚公司失败的原因。

【讨论记录】 _____
_____
_____

(2) 选择性

客观事物多种多样,丰富多彩,而人的感觉器官接受能力有限,只能有选择地注意某些刺激或属性,从而忽略其他刺激或属性,这就是知觉的选择性。被注意到的刺激或属性称为知觉对象,而被忽略的刺激或属性称为知觉背景。一般情况下,人们越熟悉的事物越容易从其他事物中突显出来,且知觉对象与知觉背景相差越大,越容易被人注意。如图 2-2 中的(a)和(b)都为双关图,其中有几个图形,人们根据自己的经验或爱好对其中一个图产生知觉。

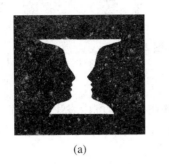 

(a)   (b)

图 2-2

影响消费者知觉选择性的因素有很多,首先是消费者自身的感觉阈限和大脑信息加工能力;其次是消费者自身知识经验、需要、欲望、偏好、价值观念、情绪和个性特征;最后是消费者的防御心理,如趋利避害心理。

企业在营销活动中,应充分利用知觉的选择性。在商品陈列、摆放等方面,应注意背景对商品的衬托。例如,在珠宝专卖店,用紫色的底布更能显得珠宝贵重。在商品包装方面,应注意突出知觉对象,尽量与知觉背景形成鲜明对比。

(3) 理解性

人们在对某一客观对象产生直知觉时,往往会以生活中积累的知识经验为基础来理解和解释,并用词语把它们表示出来,这就是知觉的理解性。知识经验主要是利用概念和词语来发挥其在知觉理解性中的作用。

影响知觉理解性的因素主要有:

① 知识经验。知觉的理解性是以知识经验为基础的,一般情况下,相关的知识经验越丰富,人们对知觉对象的理解也就越深刻、越全面,知觉速度加快,正确率提高。

② 言语提示。言语对人的知觉具有指导作用。在环境错综复杂、外部标志不突出的情形下,言语提示能唤起人们的回忆,借助经验对知觉对象来进行知觉。人们对知觉的理解程度和言语提示有关,越具体、越准确的言语提示,能使人们对知觉对象的理解越具体、越广泛。

根据知觉的理解性,企业在设计广告时,要针对消费者的接受能力和理解能力,设计广告内容、选择广告媒体、确定播放时间等。在商品的营销活动中,消费者往往只注意自己能够理解的商品,而对不太理解的商品则选择忽视,如手机刚开始投入市场时,消费者从未接触过甚至没有听说过,面对手机,消费者对其功能和作用很难判断,但是销售员生动地介绍和展示产品,会引起消费者的兴趣,刺激其购买欲望。如图 2-3 为斑点图,人们通过已有的知识和生活经验,利用画面不完整的信息,对图进行理解,通过知觉判断其为具有一定意义的整体图像。

图 2-3

(4) 恒常性

知觉对象没有发生变化,而其客观条件在一定范围内发生改变时,人们的知觉印象却能保持不变,这就是知觉的恒常性。知觉的恒常性主要有大小恒常性、形状恒常性、颜色恒常性和方向恒常性四种。

① 大小恒常性。在一定范围内人们对物体大小产生的知觉不完全随距离变化而变化,也不因视网膜上视像大小的变化而变化,这就是知觉大小恒常性。例如,客人告别离去时,身影随着距离越来越小,但是我们仍然知道其高矮。

② 形状恒常性。人们在观察熟悉的物体时,在视网膜的影像随着观察角度的变化而发生改变,但是在人们头脑中的印象却保持相对不变。例如,观察一枚硬币,不管你从正上方看还是从斜上方看,从左还是从后看,给人的印象都是圆形的。下图中的物体,不管是关闭还是打开,人们都认为它是门(图2-4)。

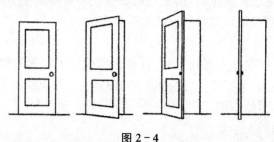

图 2-4

③ 颜色恒常性。由于照明等条件发生改变,物体的颜色随之改变,但人们对该物体表面颜色的知觉仍然保持不变,即颜色恒常性。例如,煤球不管是用红光还是白光照射,我们都认为它是黑色的。

图 2-5

④ 方向恒常性。当人们身体各部位的位置发生变化时,知觉对象在视网膜上的成像会发生改变,但人们对环境中知觉对象的方位知觉仍保持相对稳定,即并不随着身体部位或视像方向改变而改变,这就是知觉的方向恒常性。例如,当人们倒立看别人时,知觉对象在视网膜上的位置上下颠倒,但是人们仍然认为嘴巴和眼睛并没有倒过来(图2-5)。

消费者知觉的恒常性对企业意义重大,有利于消费者排除外界干扰,保持对其商品、品牌或企业形象等方面的认知,而忽视其他企业或产品的诱惑,连续购买它的某种商品,具有较高的忠诚度。例如,消费者认为某种品牌化妆品的质量好,即使它的价格上涨幅度大,仍会一如既往地购买该产品。

知觉的恒常性可以增加消费者选择商品的安全系数,减少购买风险,对保持消费者的忠诚度具有积极意义。但是,也容易导致消费者对传统产品形成心理定势,对新产品持怀疑态度,影响和阻碍新产品的推广和渗透。

(5) 误差性(错觉)

错觉是人们对客观事物产生的不正确的感觉或知觉,是对客观事物产生歪曲知觉的反映。错觉不同于幻觉,幻觉是在没有相应客观刺激时出现的知觉体验,而错觉则是在客观条件的刺激下对知觉对象产生的主观歪曲的知觉。错觉可以发生在视觉、听觉方面,也可以发生在其他知觉方面。刺激物的性质、人们所处的环境、个人的性格特征都容易使人产生错觉,如"草木皆兵"、"杯弓蛇影"等。错觉主要有几何图形错觉、形重错觉以及视听错觉等。例如,在大圆边和小圆边放入同样的两个圆,人们会觉得放在大圆边的小,放在小圆边的大;肥胖的人穿竖条的衣服显瘦,偏瘦的人穿横条衣服显丰满;1千克棉花看起来比1千克铁重等。

企业利用消费者的错觉,能取到较好收益。在装修装潢、设计橱窗、商品包装、商品摆放等方面,适当利用消费者的错觉,在空间狭小地方利用镜子、灯光,可以使空间看起来变得宽敞。

【训练项目2-2】

错觉的利用

【训练目标】 了解错觉在商品销售中的作用。

【训练材料】

错觉故事1:

浙江黄岩市长潭水库大坝的码头附近有一家切糕摊,店老板卖切糕时,故意少切一点儿,过秤后见分量不足,切一点添上,再称一下,还是分量不足,又切下一点添上,最终使秤杆尾巴翘得高高的。如果你是一位顾客,亲眼见到这过秤的一切,就会感到确实量足秤实,心中也踏实,对卖切糕人很信任。如果卖切糕人不这样做,而是切一大块上秤,再一下两下往下切,直到秤足所要的分量,你的感觉就会大不一样,眼见被一再切小的糕,总会有一种吃亏的感觉——这就是运动错觉对顾客的影响效果。聪明的卖切糕人正是巧妙地利用了顾客的这种极其微妙的心理活动变化,并实实在在地做到了童叟无欺,使糕摊处地利、人和之优而终日生意红火。可见,总是"一刀准"、"一抓准"也不见得就是好事,不见得就是良好服务的标志。

错觉故事2：

有这样一个令人深受启发的笑话：一位老太太领着孙子去买拖鞋，结果，买了一双"大"拖鞋回来。孩子穿着不合适，挂不住脚，老太太却兴奋地说：大拖鞋与小拖鞋价格一样，当然买大的了，划算——这就是形重错觉产生的销售效果。有些商家把大小（包括体积、重量、尺寸、厚薄等）不一，但价格相等的商品放到一起销售，人们就会觉得买大的比买小的合适，这样，商家的"愚蠢"就使消费者"占了便宜"，从而也就促进了商品的销售。

（资料来源：http://baike.baidu.com/subview/1790/5136099.htm? fr = aladdin.）

【讨论】 联系上述两则故事，分析实际生活中对错觉的利用。

【训练记录】

记录1：_____

记录2：_____

记录3：_____

记录4：_____

模块二 消费者的情绪情感过程

项目一 情绪情感的基本含义

1. 基本概念

与认知过程一样，情绪情感过程也是人的心理活动之一。认知过程是对客观事物本质属性的反映，而情绪情感过程则是对客观事物与人的需要之间的关系的反映。情绪是人们判断客观事物是否符合自己需要时所产生的一种短时间的主观体验，而情感则是人们判断客观事物是否符合自己需要的长时间的主观体验。

2. 情绪与情感的联系和区别

(1) 联系

在日常生活中,人们并没有对情绪和情感做严格区分,它们可以通用,由此可见,情绪和情感关系密切。情绪是情感的表现形式,其表现受到情感的影响,情感是情绪的本质内容,情感的变化在情绪中得到体现。

(2) 区别

情绪与情感之间存在着千丝万缕的关系,但又有区别。区别主要表现在以下几个方面:

① 赖以产生的需要不同。情绪通常是与生理需要相联系的较低级的心理体验,是一种自发的、原始的心理体验,如感觉与知觉相关的内心体验。具有较大的情境性、激动性和暂时性。情感则是与社会需要相联系的较高层次的心理体验,如理智感、道德感、美感、荣誉感等。具有深刻性、稳定性和持久性。

② 稳定性不同。情绪由某一特定的条件引起,条件发生改变,情绪也会发生变化,如破涕为笑、乐极生悲等,人们某一情绪的持续时间一般较短且不稳定。但是,人们一旦形成某一情感,则在短时间内不会发生改变,如对某种品牌的热爱,不会在一朝一夕发生变化,所以说,人们的情感持续时间较长且具有较强的稳定性。

③ 表现的强度不同。情绪表现更多的是外在的且具有冲动性,如暴跳如雷、号啕大哭、哈哈大笑等,某种情绪一旦发生,一般很难得到控制。情感的表现则具有较大的内隐性,往往不轻易表现出来,如深藏不露、不露声色等,人们能够较好控制自己的情感。

3. 情绪与情感的表达方式

通过观察消费者的表情动作,有利于了解消费者的情绪和情感,能够帮助企业或营销人员更好地掌握消费者心理。情绪情感的表达方式主要有:

(1) 面部表情

面部表情是消费者表达情绪和情感最丰富的地方,许多细微复杂的情感,一般都能通过面部表情来演绎。面部的光泽、颜色、肌肉的收缩与舒张以及脸部不同的纹路组合,构成了喜、怒、哀、乐等各种复杂的表情。

① 眼睛。在所有的面部表情中,眼睛传递出的信息最丰富。人们常说眼睛是心灵的窗户,能够最直接、最完整、最深刻、最丰富地表现人的精神状态和内心活动。例如,高兴时"眉开眼笑",愤怒时"横眉瞪眼",看到自己喜欢的商品时"眼前一亮"。人们的眼睛不但能够传递信息,而且能够交流思想。销售人员应该抓住消费者的眼部表情,从而了解其内心的真实想法和内心感受,进而推测出消费者对商品的看法,以有针对性地进行商品介绍,帮助其解决购买疑虑,引导其产生消费行为。

【知识小卡片2-2】

王顾左右而言他

孟子对齐宣王说:"你有一个臣子把妻室儿女托付给朋友照顾,自己到楚国去游玩,等他回来的时候,他的妻室儿女却在挨饿受冻。对待这样的朋友,应该怎么办?"齐王说:"和他绝交。"孟子又说:"假如管刑法的长官不能管他的下级,那应该怎么办呢?""撤销他的职位。""假如一个国家的政治搞得很不好,那又应该怎么办?"齐王回过头来左右张望,把话题扯到别的地方去了。

"王顾左右而言他"并不是齐宣王在满世界找东西,而是齐宣王觉得这个问题不好回答了。国家治理不好,自然国君要负责任,这话在大庭广众之下说出来,将来万一给人抓住把柄,就不好办了,所以只有用眼睛四处看看,表明自己不愿意回答这个问题。如果孟子再穷追不舍,恐怕齐宣王就要恼羞成怒了。

(资料来源:黄甜,等.沟通技巧与团队建设.北京:人民邮电出版社,2013:42.)

由以上知识小卡片可以推出,销售人员在销售过程中,如果消费者的眼睛没有看你,或者也不在你介绍的产品上,那就说明消费者对你所说的话题或者商品不感兴趣,销售人员应该转移话题。

② 眉毛。消费者的情绪情感也可以通过眉毛来传递。当消费者双眉上扬时,表示非常欣喜或极度惊讶,单眉上扬时,表示对别人所说的话、做的事不理解或有疑问;眉毛迅速上下活动,则表明消费者心情十分好,内心赞同或对你表示亲切;眉毛倒竖或眉角下拉,表明极端愤怒或异常气愤,若消费者做出此类动作,销售人员需要马上安抚消费者的情绪,如转移话题。

③ 嘴巴。嘴巴也是反映消费者心理的一个重要部位,其表情的变化主要体现在口型变化上。例如,嘴巴肌肉紧张,则表明消费者对商品或销售人员的拒绝,有较强的防备和抗御心理;嘴巴微微张开,且嘴巴两角朝两边拉开,脸上肌肉比较放松的微笑,则表明消费者态度友好;嘴巴呈小圆形开口张开,脸部肌肉稍微紧张,表明产品给消费者带来了惊喜,销售人员应适当介绍产品特点。

④ 鼻子。鼻头冒出汗珠时,就表明对方心理焦躁或紧张,想尽快完成交易;交谈中,对方的鼻子稍微胀大时,通常意思就是得意或对你说不满,或情感有所抑制;皱鼻子表示对商品或销售人员感到厌恶;歪鼻子表示不相信商品的质量和销售员的话语;抖动鼻子是紧张;哼鼻子是排斥。鼻子有明显的伸缩动作时,是有异味和香味刺激,或者整个鼻体微微地颤动,接下来就是打喷嚏。销售人员应及时掌握鼻子折射出的心理信息,调整销售策略,激起消费者购买欲望,促使其发生购买行为。

【知识小卡片2-3】

如是我闻:古代测谎有方

自从人变得聪明以后,说谎似乎就成了一件不可避免的事。生活中,人们时不时会善意地说句谎话:"你长得真漂亮。"即使明知自己并不怎么"漂亮"的女子也会心花怒放。诸如此类的谎话当然无可厚非,但世间有善意的谎话,也就有恶意的谎话。为了对付有些恶意的说谎者,世界上出现了种种测谎的方法。

嚼米法:17世纪的测谎方法带有一些生理科学色彩。印度人发现说谎的人总是嘴发干,因而发明了东方国家普遍使用的"嚼米审判":让嫌疑人每个人放一把炒米在嘴里,嚼两下吐出来。说谎者由于唾液分泌少,吐出的米明显比诚实者少。

圣猴法:印度传说有一种圣猴,说谎者一摸它的尾巴,它就会叫。而诚实者一摸再摸,圣猴都会安安静静。实际上这是利用心理学原理让说谎者"中招"。法官审案时将尾巴上涂了炭粉的猴子置于黑屋,让嫌疑人逐一进入摸猴子尾巴。说谎者心虚不敢摸,而诚实者则十分坦然,照摸不误,结果手上有炭粉的人自然是君子了。

生理参数法:随着时间的推移,一些国家已经开始利用人的生理变化推测其心理。希腊有个王子得了怪病,很多医生都治不好他,国王请了奥地利一位著名心理医生来看病。医生边把脉边和王子聊天,当聊到他的继母——年轻美丽的王后——时,王子的脉搏突然加快,于是心理医生准确地诊出王子所患的怪病——单相思。

(资料来源:http://www.ycwb.com/gb/content/2004-03/28/content_665531.htm.)

(2) 肢体语言

肢体语言也称为体态语言,主要是通过身体动作与人进行沟通。当消费者处于不同的情绪和情感状态时,他的肢体语言也会有不同的表现。下面针对消费者心理特点对其进行分析。

① 头部语言。以销售员向顾客介绍某种商品为例,若顾客头部向商品或销售员倾斜,表示对商品感兴趣;若顾客不断点头,表示其赞同销售员的观点,若摇头,则不赞同;若垂头,表明对商品或销售人员不感兴趣。

② 四肢语言:四肢语言主要包括手部语言和下肢语言。手部语言是肢体语言的主要形式,也是使用频率最多、变化形式最丰富的肢体语言。例如,消费者用手触摸商品,表示对商品感兴趣;若销售员向顾客介绍商品时,顾客双手交叉于胸前,表示其防卫心理较强,销售人员要与顾客保持相应的距离,不要侵犯其亲密空间;若发现顾客双手手指并拢置于胸前成塔状,表明顾客对自己所选购的商品信心十足,销售人员不要向其推销其他产品。下肢语言:消费者进店后,若发现其脚尖朝向门口,说明其不想逗留,想离开,销售员不应强制推销商品;消费者在等待销售人员取相应尺寸商品时,可能会摇动足部,或用脚尖拍打地板,或者抖动腿部,他可能不耐烦,准备离开,销售人应加快取商品的速度,同时安排其他销售人员安抚

消费者的情绪。

(3) 声音语调

消费者的情绪和情感还可以通过声音语调来表达。一般情况下,如果消费者说话声音比较急促,说明他赶时间;如果消费者的声调比较柔和,表示其坦率和友善,原意听你介绍商品;如果介绍商品时,消费者用鼻音哼声来回应你,则往往是傲慢、冷漠、恼怒和鄙视的表示。

【训练项目2-3】

了解情绪情感的表达方式

【训练目标】 了解消费者情绪情感的表达方式。

【训练内容】 选一名学生扮演销售人员,另选四名学生扮演消费者,销售人员分别向每位消费者介绍某一商品,其他学生观察消费者的情绪情感的变化,并做好记录,从而推测其消费心理。

【训练记录】

消费者1：_____
_____
_____

消费者2：_____
_____
_____

消费者3：_____
_____
_____

消费者4：_____
_____
_____

4. 情绪和情感的分类

现代心理学从不同的角度对情绪和情感进行分类。

(1) 情绪的分类

情绪的分类主要是依照情绪产生的时间、速度以及持续的时间等因素来划分。

① 心境。心境是一种微弱但又比较持久的情绪状态,具有弥散性、感染性以及持续性等特点。在某一时间段,心境会影响消费者的全部生活,使消费者的言行和情绪都染上这种色彩,并会影响其判断。不同的心境会给消费者带来不同的情绪体验,如兴高采烈、郁郁寡欢、心神不宁等。在高兴的心境中,消费者的满意程度高,容易产生愉快的购物过程;心情郁闷时,会感到莫名的烦躁,言语或肢体语言具有一定的攻击性,对商品、服务特别挑剔,只要

稍微不满意便会放弃购买。心境产生的原因很多,如亲朋好友的离开、事业上遇到挫折、人际关系出现危机、身体情况不好等。

由于心境对消费者的购物具有积极或消极的影响,企业应该提供良好的营销环境,营造轻松的购物氛围,销售人员服务态度好,具有乐观、积极的心态,富有感染力,进而引导和帮助消费者产生消费行为。

② 激情。激情是一种爆发式的猛烈而持续时间短暂的情绪体验,如狂喜、暴怒、绝望等都属于这种情绪状态,具有瞬息性、冲动性以及不稳定性等特点。消费者在富有激情的状态下,伴随着内部器官的强烈变化和表情动作的异常明显化,如咬牙切齿、大哭大笑、面红耳赤、手足舞蹈等。当消费者的激情出现时,会对其消费行为产生巨大影响,甚至改变消费者的理智状态,使其做出非理性的冲动购买行为。

对于消费者来说,产生激情的主要原因是在购买活动中受到重大刺激。例如,某消费者对自己的身高比较敏感,而销售员在推销时强调本商品适合矮个子使用,容易引起消费者不悦,可能发生语言攻击行为。

激情也有积极与消极之分,积极的激情能够让消费者快速做出购买决策,消极的激情使消费者突然中止购买行为。对生产商和销售商来讲,应该提供优质商品、恰当的广告宣传以及满意的服务,尽可能地避免对消费者造成强烈的不良刺激,削弱消费者的对抗情绪,引导消费者产生积极的激情,引导购买行为的发生。

③ 应激。应激是在意想不到的事情发生时产生的情绪体验。同激情相比,应激的范围更加狭窄。面对突如其来的事件,或者比较危险的时刻,或者要求必须做出选择时,一般会出现应激的情绪体验。大部分消费者在意想不到的事件中,往往惊慌失措、情绪激动,从而不能做出正确的判断。在营销活动中,应尽量避免不必要的应激状态的出现;如果出现应保持清醒的头脑,确保营销工作的顺利进行。

(2) 情感的分类

根据情感的社会内容,可以将其分为道德感、理智感和审美感三种。

① 道德感。道德感是人们运用一定的社会道德标准,评价自己和他人的言行举止时产生的情感体验,是一种较高级的社会情感。当自己或他人的言行举止符合公认的道德准则时,就会产生积极的情感,如高兴、认可、愉悦、满意。相反,如果违背了公认的道德准则,则会产生消极的情感,如厌恶、反感、痛苦等。消费者在购物活动中,如果感受到销售人员真诚的微笑、热情的接待,就会产生信任感和满意感,从而促使购买活动的产生;若感受到销售人员怠慢、不友好的态度,则会产生不满、厌恶的情绪,导致正在进行的购物活动中止。因此企业应该对销售人员进行严格的职业道德和礼仪培训,让销售人员礼貌上岗、文明上岗。

② 理智感。理智感是由人们认识和追求真理的需要是否得到满足而产生的一种情感体验,与人的求知欲望、认识活动、对真理的探索等相联系,是一种高级性的社会需要。消费者的认识愈深刻,求知欲望愈强,对探索真理的毅力愈强,理智感就越深厚。当消费者在认识商品时,发现有新的用途,就会产生愉快和喜悦的情感。消费者根据已有知识对商品的性能不能做出正确判断时,则会产生疑惑的情感。有研究表明,理智感对消费者在购物活动中的情绪具有重要的影响作用。所以,商品销售员应该充分了解商品的性能、特点,完全消除消费者关于商品知识的疑虑,促使交易的完成。

③ 审美感。审美感是人们根据美的需要,按照个人的审美标准对某一客观事物进行评价时所产生的情感体验。审美感是由一定对象引起的,如人们在欣赏艺术品、艺术活动、自然景物或者美好生活的过程中产生审美感。消费者生活环境、知识水平、社会经历不同,导致审美感受、审美标准、审美能力存在差异。例如,对同一商品,有的消费者认为非常漂亮,有的消费者认为一般,有的消费者认为非常丑陋,这是由审美标准和审美能力不同造成的。一般情况下,处于同一社会阶层的人,具有相同或相近的审美体验,如收入水平较低的消费者,靓丽的色彩符合其审美体验,而灰暗的颜色被认为无生机。在营销活动中,企业应该设计出符合不同消费者审美感的产品,满足其需要,让消费者产生愉悦的购物体验。

【案例讨论2-3】

中国绣花鞋畅销美国

据说近些年来,在美国西部的一些城市流行一种以中国绣花鞋为生日礼物向女性长辈祝寿的活动,而且经久不衰,颇有风行之势。第一次用它作生日礼物的是一位名叫约翰·考必克的美国青年医师。当初,他在中国旅行,出于好奇心理将绣花鞋带回国,分别在母亲60岁寿辰、姑母70岁寿辰、外婆85岁寿辰的时候,各献上一双精美、漂亮的中国绣花鞋作为祝寿的礼品。不想这三位长辈穿上这珍贵的"生日鞋"时,都感到非常的舒服和非凡的惬意,她们称赞约翰·考必克为她们送来的是"长寿鞋"、"防老鞋"、"防跌鞋"。

此事不胫而走,美国西部各地的人们纷纷仿效,争相购买。于是,中国绣花鞋便神话般地成为当地市场的抢手货,绣花鞋上的花色图案更是千姿百态,各显异彩。

现在,绣花鞋已似乎可以献给每一位女性。一些很小的孩子也常常在长辈的教诲下,将绣花鞋献给年轻的女性长辈。有一位6岁的美国小女孩,在她17岁的未婚姑姑生日时,送给姑姑一双绣花鞋,上面绣有17朵颜色不同的花。绣花的特殊意义,由此可见一斑。

(资料来源:冯丽华.消费者行为分析.北京:人民邮电出版社,2012:44.)

【讨论】 中国绣花鞋远销美国,体现了消费者的何种需要?在本案例中,消费者的购买动机有哪些?

【讨论记录】_____

_____

_____

项目二 影响情绪情感的因素

1. 个人因素

消费者的个性特征不同,使情绪情感的体验存在差异。例如,性格开朗的消费者容易产生积极的情感体验,而性格孤僻的消费者则较容易产生消极的情感体验。消费者的需要越迫切,购买动机就越强烈,情绪就越高,越容易发生购买行为。市场上的商品越少,消费者的需要就越强烈,购买活动越迅速。

2. 商品因素

人的情绪和情感总是针对某一对象而产生的。消费者的情绪情感,首先是由消费需要能否被满足而引起的,而消费需要是借助于商品来实现的。例如,天气炎热,有降低温度的需要,而降低温度需要通过空调等商品来实现。因此商品因素是影响消费者情绪情感的重要因素之一,如名称、质量、价格、广告、包装以及数量等。产品命名中的情感作用:如"思念"汤圆、"美加净"洗面奶、"万家乐"热水器等,符合我国消费者对美好事物向往的情感需要。产品包装中的情感作用:如化妆品中的淡蓝色、白色、淡粉色或无色等色系给消费者带来平静、安全、干净的感觉,更受消费者欢迎。广告的情感作用:如"南方黑芝麻糊"的广告策略,深深抓住消费者怀旧的情感需要。

3. 购物环境

消费者的情绪很容易受到购物环境的影响。购物环境由灯光、音乐、空间、温度、销售人员的素质等组成。在门店设计中,灯光向消费者营造光线氛围,从而起到造势的作用,它致力于营造轻松、自由、快乐、舒适、信任的购物环境,吸引消费者的注意力,促使购买行为的发生。音乐能够引起了消费者听觉的共鸣,进而引发情绪共振。适宜的温度能够带给消费者身体的放松与愉悦的情绪体验。销售员热情周到的服务、对产品专业知识的讲解,使消费者产生满意的情绪体验,甚至可改变消费者原来的态度和看法。

【案例讨论2-4】

购物环境颜色的改变

美国人亨利的餐馆设在闹市,服务热情周到,价格便宜,可是前来用餐的人却很少,生意一直不佳。一天,亨利去请教一位心理学家,那人来餐馆观察一遍,建议亨利将室内墙壁的红色改成绿色,把白色餐桌改为红色。果然,前来吃饭的人数大增,生意兴隆起来了。亨利向那位心理学家请教改变颜色的秘密,心理学家解释说:"红色使人激动、烦躁,顾客进店后感到心里不安,哪里还想吃饭,而绿色却使人感到安定、宁静。"亨利忙问:"那把餐桌涂成绿色不更好吗?"心理学家说:"那样,顾客进来就不愿意离开了,占着桌子,会影响别人吃饭,而红色的桌子会促使顾客快吃快走。"色彩变化的结果,使餐馆里的顾客周转快,从而使食物卖得多,利润猛增。

(资料来源:陈峥嵘.消费心理学.北京:冶金工业出版社,2009:39.)

【讨论】 通过本案例,分析肯德基餐厅色彩的运用。
【讨论记录】

【训练项目2-4】

了解情绪、情感的影响因素

【训练目标】 了解消费者情绪、情感的影响因素。

【训练材料】 苹果6于2014年9月19日上市,包括美国、法国、中国香港、加拿大、德国、新加坡、英国、澳大利亚以及日本等九个国家及地区。艾媒咨询公司总经理张毅认为,这次苹果6未能实现在中国内地市场全球同步首发,与重视不重视中国内地市场无关,而是与苹果的营销策略有关。

张毅表示,苹果经过多年的疯狂销售,在全球市场尤其是欧美市场,已经成为名副其实的"街机",在这些市场进行销售,价格上浮空间不大。而在中国内地市场,苹果手机的销售价格一直十分坚挺,但在全球智能机价格普遍下降的大趋势下,苹果为保持销量,必须说服中国内地消费者接受手机的高销售价格。通过销售时间差,苹果手机多次被炒作到1万元以上,而当苹果手机真正进入中国内地市场时,5000~6000元的价格就变得理所应当了。

(资料来源:http://www.jdw001.com/article-11828-1.html.)
请运用所学知识对此现象进行分析。

【训练记录】

观点1:＿＿＿＿＿＿＿＿＿＿＿＿＿＿＿＿＿＿＿＿＿＿＿＿＿＿＿＿＿＿＿
＿＿＿＿＿＿＿＿＿＿＿＿＿＿＿＿＿＿＿＿＿＿＿＿＿＿＿＿＿＿＿＿＿＿＿

观点2:＿＿＿＿＿＿＿＿＿＿＿＿＿＿＿＿＿＿＿＿＿＿＿＿＿＿＿＿＿＿＿
＿＿＿＿＿＿＿＿＿＿＿＿＿＿＿＿＿＿＿＿＿＿＿＿＿＿＿＿＿＿＿＿＿＿＿

观点3:＿＿＿＿＿＿＿＿＿＿＿＿＿＿＿＿＿＿＿＿＿＿＿＿＿＿＿＿＿＿＿
＿＿＿＿＿＿＿＿＿＿＿＿＿＿＿＿＿＿＿＿＿＿＿＿＿＿＿＿＿＿＿＿＿＿＿

项目三 情绪情感的应用

1. 情绪的激发和降低

消费者的情绪可以分为积极情绪和消极情绪。积极情绪是指在某种具体行为中,受外因或内因影响而产生的有利于消费者继续完成购买活动的情绪,消极情绪则会抑制购物活动。

(1) 情绪的激发

人们有追求快乐和逃避痛苦的需求,同样,消费者在购物活动中,希望能够获得积极的情绪体验,为此,他们主动寻找能够激发积极情绪的产品。例如,人们在观看红遍中国的娱乐节目《奔跑吧,兄弟》时,常常被逗得哈哈大笑,快乐的情绪得到淋漓尽致的激发,该节目收视率稳居前列。又如,不管是幼童还是中青年,喜欢去游乐场消费,享受那怀旧、刺激的情绪体验。

(2) 情绪的降低

现实生活中,人们尽量避免消极情绪,很少有人喜欢凄凉、无助、哀伤的情绪体验。针对这一现象,企业设计出许多防止或者缓解消费者不愉快情绪的产品。例如,香蕉被宣传为能够抑制消极情绪、使人高兴的产品;减肥茶定位于有助于消费者消除自我不满情绪的产品。

2. 广告中情绪情感的运用

广告是一门说服艺术,是传播信息最有效的手段之一,商业广告的主要目的是引导消费者、刺激消费者、劝说消费者购买广告宣传的产品,进而获得利润,维持企业的生存和发展。但是,消费者情绪情感直接指引着消费行为的产生。因此在广告的创意设计中,应注重体现出消费者的情绪情感诉求。

(1) 广告中情绪性内容增加商品的吸引力

广告界有句俗语:"能引起人们注意你的广告,你的推销就已经成功了一半。"有关研究发现,对于一幅海报广告来说,消费者的注意力最多维持两秒钟。也有有关部门统计,人们观看4小时电视,大概接收到150则广告,其中,能被记住的只有2~3则。因此在极短的时间内和繁多的广告中,要吸引消费者的注意,需要广告与众不同,并能感染消费者的情绪。在广告的制作过程中,通过色、声、形等刺激消费者的视觉和听觉,引起感情上的共鸣,从而使消费者产生购买行为。

(2) 情绪性广告更能满足消费者的需要

工作压力增大,生活节奏的加快,物质生活飞速发展,但人们的感情生活却日益冷淡,使人们的消费理念和消费方式也在发生着改变,对商品的需求不单单是高质量,更多的是对满足其心理需要的渴望,如商品的审美价值、文化底蕴、亲情友情等。情绪性广告抓住了消费者的情感心理需要,引起他们感情上的共鸣,更能满足消费者的需要。

【案例讨论2-5】

一汽奔腾"让爱回家"这则广告,得到了大家的好评。原因很简单:社会需要这样纯粹的追逐。广告的内容是:一位已婚男子,在年终晚宴的抽奖活动中,幸运地获得了澳洲双人游大奖,夫妻二人狂热欢笑。画面一转,一位大妈在拍打着被子,邻居问道:"是不是强子带老婆回家过年?""是啊是啊,哈哈哈哈。"画面转回来,儿子给家里打电话:"妈,我们过年不回家了。""没事,好好玩,不用担心我们。"晚上,儿子梦见自己的潇洒生活和父母的寂寞生活,潸然泪下。终于决定——回家。最后是一家人欢欢乐乐吃饺子的画面。背景告白:人生,有许多风景是不能错过的,父母的笑容,是世界上最美的风景,让爱回家,一汽奔腾。

(资料来源:张萌.广告创意中的情感营销.华中师范大学硕士论文,2012.)

【讨论】 一汽奔腾抓住了消费者哪些情感需要?

【讨论记录】_____
_____
_____

3. 加强情感营销

情感营销抛弃了传统以商品交换为核心的简单、冷漠的营销方式，通过与消费者心灵的沟通和情感的交流，赢得消费者的信赖，从而使消费者产生购买行为。企业与消费者不再是简单的买卖关系，而是长期的合作伙伴关系。加强情感营销，企业不能一成不变，需要对消费者进行重新定位，并围绕消费者的需求，寻找情感诉求的核心部分，提炼出有针对性的情感主张，进而使商品满足消费者的核心利益。营销活动注重"情感牌"，以情感人，以情动人，以情促销，将消费者使用商品获得的实际价值与情感、心理、精神上的满足进行有机结合，具有独特的魅力和优势，对企业整体营销具有良好的作用。例如，海尔集团第一个向大众推出"3A"服务理念，高喊"只要你拨打一个电话，剩下的事情海尔来做"的服务口号，深受消费者喜欢。

模块三 消费者的意志过程

项目一 消费者意志过程的基本含义

1. 意志过程的基本概念

消费者的意志过程是指消费者在购买活动中有目的、自觉地支配和调节自己的行动，努力克服心理障碍和情绪障碍，实现既定的购买目标的心理活动过程。意志是人特有的品质，消费者在经历认知过程和情感过程后，是否采取实际购买活动，与消费者的意志过程紧密相关。

2. 意志过程的特征

(1) 目的性

消费者的行为一般都是有目的、有意识、有计划的，在购买过程中的意志活动，是以明确的购买目的为基础的。例如，有的学生为了购买漂亮服装而省吃俭用；有的消费者有买书的爱好而把大部分零花钱用于购买书籍；准备旅游的消费者大量购买旅游用品等。以上购买行为有明确的购买目的，并根据购买目的有计划地去支配和调节自己的购买行为，以期实现购买目的。购买目的越明确，调节自身的心理状态和外部动作的自觉性就越高，完成购买活动的速度越快，态度越坚决。

(2) 排难性

在实际生活中，消费者在实现购买目的的过程中，往往会遇到种种困难，而克服困难意味着对行动的预定目的的坚持，其过程就是消费者的意志行动过程。例如，有的消费者喜欢购买名牌商品，但是经济能力有限而导致此需求得不到满足，此时消费者会克服经济上的困难，去实现自己的购买目的。当消费者网购到满意的大件商品又遇到物流公司不提供送货上门的服务时,就要思考如何解决送货问题。

(3) 调节性

意志对行动的调节,主要有发动行为和制止行为两方面。发动行为主要表现为激发消费者的积极情绪,使其购买行为和预期目标相一致;而制止行为则是抑制或阻止消费者,使其购买行为与预期目标不一致。消费者意志对心理的调节,主要是调节消费者的认知活动和情绪情感活动。例如,消费者在购物过程中,排除情绪的干扰而理智购物,就是意志对情绪活动的调节。再如,排除商品精美广告的干扰,则是对认知活动的调节。

2. 消费者意志品质的特点

(1) 自觉性

意志的自觉性是指消费者对购买需求和购买动机有着清醒的认识,根据自身消费需求,运用已有的相关知识,能够主动制订购物计划,并按计划寻找合适的购物目标,使行动达到既定目的。自觉性高的消费者,在购物活动中不随波逐流,不盲从,不易受到广告、购物环境以及商品促销等因素影响。而缺乏自觉性的消费者,易受外界影响,缺乏信心和主见,购买行为缺少计划。

(2) 果断性

意志的果断性是指消费者能够迅速分析购买过程中出现的情况,不失时机地做出决定的品质,其主要以自觉性为前提。富有果断性的消费者在购物过程中能够积极、全面思考所获得的信息,进而迅速做出决定。一旦做出决定,若无特殊情况,不会轻易改变。而缺乏果断性的消费者,在购物过程中往往表现出优柔寡断、犹豫不决、缺乏主见、容易受到外界干扰的状态,因此此类消费者时常错过良好的购物时机。

(3) 坚忍性

意志的坚忍性是指消费者在购物过程中表现出持久的耐力以及顽强的毅力,在消费信念和决心的引导下,能够克服购物过程中出现的各种困难和问题,在整个购物过程中精力充沛,直到实现既定的消费目标。特别是目标远大、持续时间长的购物计划,若没有坚持不懈的意志,很难实现购物目标。缺乏坚忍性的消费者在购物过程中遇到问题就退缩,虎头蛇尾,三分钟热情,容易半途而废。

(4) 自制性

意志的自制性是指消费者在购物过程中善于控制自己的感情,能够完全约束自己的言行、支配自己的行动,理智地完成购物过程。自制性强的消费者在购买活动中,不会受到外界无关诱因的干扰,能控制自己的情绪,坚持按照既定目标完成购物过程,同时还能制止自身不利于达到购物目的的行动。缺乏自制性的消费者自我约束力差,不能有效地调节自己的行为举止,不善于控制自己的情绪,消费行为常常被情绪所控制。有时胆小怕事,遇到困难或情况突变时惊慌失措,畏缩不前,易放弃正在发生的购买活动。

3. 消费者意志过程的基本阶段

(1) 做出购买决策阶段

做出购买决策阶段是购买前的准备阶段,也是消费者意志活动的初始阶段,主要包括购买动机的取舍、购买目的的确定、购买方式的选择以及购买计划的制订等四个阶段。

① 购买动机的取舍。在同一时间,消费者可能有多种需求,导致其同时产生多种购买动机。但是,大部分的消费者不能在同一时间内满足自己的所有需求,必须对购买动机做出相应的取舍,按照需要的重要程度和急迫程度,最后做出购买决定。

② 购买目的的确定。消费者的购买目标也许很明确具体,如对商品的质量、价格、样式、颜色等都有着具体的要求;但是有时候又比较模糊,在形形色色的商品中,还需要进行比较、选择。例如,消费者想购买衣服,但是对衣服的款式、颜色、价格等并没有具体要求,需要消费者经历比较商品的品牌、质量、款式、原材料等过程,即确定购买目标的过程。

③ 购买方式的选择。确定购买目标之后,需要选择购买方式,如是选择网上购买,还是去实体店购买。

④ 购买计划的制订。购买动机、目标、方式确定后,消费者会制订相应的购买计划,如何时购买、何地购买等。

(2) 执行购买决策阶段

执行购买决策就是将购买决策转为实际的购买行动,也就是采购自己计划中需要的商品,把主观意识转化为实现购买目的的实际行动,是消费者意志活动的中心环节。在这个过程中,消费者虽然做出购买决策,但是仍然可能遇到各种困难和障碍。例如,原计划购买某品牌的羽绒大衣,到了商场后,却发现其他品牌的呢子大衣正在做促销;原计划购买长款,但是今年的流行趋势却是短款。这些外界干扰因素可能会动摇消费者原有的购买决定。此过程需要消费者做出更大的意志努力,自觉排除干扰,或者调整原有目标,做出新的购买决策,从而实现购买。

(3) 买后感受阶段

买后感受阶段是指通过商品的使用,体验执行购买决策的效果的阶段,是意志行动过程的最后阶段。通过对商品的使用或者旁人的评价,消费者还要体验执行购买决策的效果,检验自己的购买行为是否正确,检验商品是否达到预期的效果。买后感受将直接影响到消费者是否重复购买,是鼓励周围朋友购买还是阻止别人购买。

【知识小卡片2-4】

意志活动的运行程序

意志是人对自身行为的价值关系的主观反映,具体而言,就是人脑对自身行为的价值率高差的主观反映。其客观目的在于引导主体根据各种行为的价值收益率的多少(即行为价值率高差的大小)来选择、实施、评价和修正自身的行为活动,使主体能够以最低的代价取得最高的收益。

意志活动的运行程序大致可分为五个阶段。

① 价值目标的确立。人在某一时期内通常会有若干价值需要,并会在大脑中形成相应的主观欲望。这些欲望的满足具体表现为某一种价值事物(如食物、金钱、地位或爱情)的获取或价值目标的实现。其生理机制是:某一种价值目标(或价值需要的目标物)在大脑皮层中所对应的兴奋得到锁定和激发。

② 整体规划的设计。人能够针对已经确定的价值目标,设计出一个整体规划,并对各个阶段、各个环节的工作进行安排。某一种价值目标在大脑皮层中相应区域得到激发后,会使人产生强烈的情感体验,从而使各个复杂行为能够协调一致,并产生具有极大值价值率的超复杂行为。这一过程往往会反复多次,最后消费者会确定一个具有最大值价值率的超复杂行为作为实现这一价值目标的整体规划。

③ 实施细则的制定。整体规划确定以后,对于每一个阶段、每一个环节的工作就需要进行具体安排,这就是实施细则的制定。实际上是每一个复杂行为的设计过程。

④ 具体行为的落实。实施细则确定以后,对每一个具体行为需要进行落实。对于构成复杂行为的每一个具体的简单行为,通常需要多个本能动作(无条件反射或一级条件反射)按照一定的结构方式来协调完成,因此具体动作的落实过程实际上就是每一个简单行为的设计过程。

⑤ 意志动力特性的修正。人对每个自身的行为动作(超复杂行为、复杂行为、简单行为和本能行为)都有一个意志,由于意志是人对其行为价值率高差的一种主观估计,因此必然存在着或多或少的误差,需要进行不断的修正。

(资料来源:李滨,秦素香.消费心理学.长沙:湖南师范大学出版社,2013:46-47.)

项目二 消费者意志的培养

1. 从产品的角度培养消费者的意志

(1) 提高产品质量

意志的最后阶段为买后感受阶段,所购产品质量的好坏直接影响到消费者是否重复购买。只有过硬的高质量产品,才能真正在消费者的心目中树立起"金字招牌",从而受到人们的爱戴。因此企业应严把质量关,使消费者感到物有所值,拒绝出售残次、瑕疵物品,更不能以次充好欺骗消费者。

(2) 制定合理价格

合理地制定产品价格也是培养消费者意志的重要手段。企业经营的主要目的是获取利润,但应该以正常利润为定价目标,而不应追求短期暴利。产品价格尽量接近或稍低于消费者的"预期价格",让消费者觉得产品物超所值;如果定价超出"预期价格",消费者会认为价格过高,名实不符;如果定价远远低于消费者的"预期价格",会致使消费者怀疑产品的真伪。

(3) 根据产品设计包装

包装是无声的推销员,产品质量的高低与包装直接相连。企业应根据产品的档次、特点设计包装。高档产品采用精美包装,中档产品采用一般包装,低档产品采用简单包装。

2. 从购物环境的角度培养消费者的意志

(1) 创造温馨的购物环境

消费者的意志还会受到购物环境的影响,良好的购物环境对培养消费者意志具有积极作用,促使购买行为的发生。因此购物场所应卫生、干净、明亮、宽敞等,室内的温度、湿度以消费者感到舒适为宜。

(2) 提高服务质量

企业提倡微笑服务,平等对待每位消费者。销售人员应熟悉产品的特点、性能,并根据消费者的特点采用相关推销技巧。

3. 建立消费者数据库

建立消费者数据库,能够经常保持与老客户的沟通与交流,拉近与消费者的距离,增加消费者的忠诚度,培养消费者的意志。例如,当消费者过生日时,系统自动给消费者发送祝福短信、祝福贺卡等。企业可以根据数据库中消费者以往的消费记录和消费习惯来制定营销策略,从而提高消费者对策略的接受程度。

【案例讨论2-6】

顾客于先生在第一次入住泰国东方饭店时,饭店就给他留下了良好的印象,当他第二次入住时,几个细节更使他印象深刻。在他走出房门准备去餐厅的时候,服务生恭敬地问道:"于先生是要用早餐吗?"于先生很奇怪:"你怎么知道我的姓?"服务生说:"我们饭店规定,晚上要背熟所有客人的姓名。"这令于先生大吃一惊。他高兴地来到餐厅,餐厅的服务生就说:"于先生,里面请。"于先生很疑惑,因为服务生并没有看到他的房卡。服务生答:"上面的电话说您已经下楼了。"于先生刚走进餐厅,服务小姐微笑着问:"于先生还要老位置吗?"于先生的惊讶再次升级。服务生主动解释说:"我刚查过电脑记录,您在去年的6月8日在靠近第二个窗口的位子上用过早餐。"于先生听了很兴奋:"老位子!老位子!"小姐接着问:"老菜单?一个三明治,一杯咖啡,一个鸡蛋?"于先生兴奋到了极点:"老菜单!就要老菜单!"三年后,在于先生生日的时候突然收到了一封东方饭店发来的贺卡:"亲爱的于先生,您已经有三年没有来我们这儿了,我们全体人员都非常想念您,希望能再次见到您。今天是您的生日,祝您生日快乐。"于先生激动得热泪盈眶,发誓要说服所有的亲友去泰国,并且一定要选择令他终生难忘的东方饭店!

(资料来源:http://www.linkshop.com.cn/club/dispbbs.aspx? rootid=131095.)

【讨论】 此案例中饭店是用何种方法来了解消费者的心理的?利用了消费者的何种消费心理?

【讨论记录】 _____

_____

消费者的心理活动过程是感知过程、情绪情感过程和意志过程的统一,这三者之间相互联系,相互影响且相互渗透,共同影响着消费者的购物活动。其中,感知过程是情绪情感过程和意志过程的基础,情绪情感和意志过程使感知过程进一步发展和深化;情绪情感过程决定了意志过程的坚决程度,意志过程有赖于情绪情感过程,同时,在一定程度上调节了情绪情感过程的发展和变化,是认知过程和情感过程的保证。

【小测试】

下列各题中,每题都有5个备选答案,根据你的实际情况,选择一个最适合你的答案:
A. 很符合自己的情况
B. 比较符合自己的情况
C. 介于符合与不符合之间
D. 不大符合自己的情况
E. 很不符合自己的情况

1. 我很喜爱长跑、远足、爬山等体育活动,但并不是因为我的身体条件适应这些,而是因为这样能够锻炼我的体质和毅力。( )
2. 我给自己订的计划常常因为主观原因不能如期完成。( )
3. 没有特殊原因,我每天都按时起床,从不睡懒觉。( )
4. 我的作息没有什么规律性,经常随自己的情绪和兴致而变化。( )
5. 我信奉"凡事不干则已,干则必成"的信条,并身体力行。( )
6. 我认为做事情不必太认真,做的成就做,做不成便罢。( )
7. 我做一件事情的积极性主要取决于这件事情的重要性,即该不该做;而不在于对这件事情的兴趣,即想不想做。( )
8. 有时我躺在床上,下决心第二天要干一件重要的事情,但到第二天这种劲头又消失了。( )
9. 在学习和娱乐发生冲突的时候,即使这种娱乐很有吸引力,我也会马上决定去学习。( )
10. 我常因读一本引人入胜的小说或看一档精彩的电视节目而忘记时间。( )
11. 对于我下决心办成的事情(如练长跑),不论遇到什么困难(如腰酸腿疼),我都会坚持下去。( )
12. 我在学习和工作中遇到了困难,首先想到的是问问别人有什么办法。( )
13. 我能长时间做一件事情,即使它枯燥无味。( )
14. 我的兴趣多变,做事时常常是这山望着那山高。( )
15. 我决定做一件事时,常常说干就干,决不拖延或让它落空。( )
16. 我办事喜欢挑容易的先做,难做的能拖就拖。( )
17. 对于别人的意见,我从不盲从,总喜欢分析、鉴别一下。( )
18. 凡是比我能干的人,我不大怀疑他们的看法。( )

19. 我喜欢遇事自己拿主意,当然也不排除听取别人的建议。（　　）
20. 生活中遇到复杂的情况时,我常常举棋不定,拿不定主意。（　　）
21. 我不怕做我从来没有做过的事情,也不怕一个人独立负责重要的工作,我认为这是对自己很好的锻炼。（　　）
22. 我生来胆怯,没有十二分把握的事情,我从来不敢去做。（　　）
23. 我和同事、朋友、家人相处时,很有克制能力,不无缘无故发脾气。（　　）
24. 在和别人争吵时,我有时虽明知自己不对,却忍不住要说一些过头话,甚至骂对方几句。（　　）
25. 我希望做一个坚强的、有毅力的人,因为我深信"有志者事竟成"。（　　）
26. 我相信机遇,很多事实证明,机遇的作用有时大大超过个人的努力。（　　）

【评分规则】

单数题号：A 计 5 分,B 计 4 分,C 计 3 分,D 计 2 分,E 计 1 分。

双数题号：A 计 1 分,B 计 2 分,C 计 3 分,D 计 4 分,E 计 5 分。

各题得分相加,统计总分。

【测试结果分析】

111 分以上,说明你意志很坚强。

91～110 分,说明你的意志比较坚强。

71～90 分,说明你的意志一般。

51～70 分,说明你的意志比较薄弱。

50 分以下,说明你意志很薄弱。

（资料来源：百度文库.消费者的情绪、情感和意志.）

课后练习

一、选择题

1. 在消费者购买行为中,对商品的认识过程一般是由（　　）和理性认识所组成的。
   A. 情绪　　　　B. 意志　　　　C. 注意　　　　D. 感性认识

2. 消费者的内部感觉有运动觉、内脏觉和（　　）。
   A. 视觉　　　　B. 听觉　　　　C. 平衡觉　　　D. 触觉

3. 俗语"入芝兰之室,久而不闻其香;居鲍鱼之肆,久而不闻其臭"就是对感觉（　　）的最好描述。
   A. 适应性　　　B. 关联性　　　C. 感受性　　　D. 对比性

4. 人们在观察熟悉的物体时,其在视网膜上的影像随着观察角度的变化而发生改变,但是在人们头脑中的印象却保持相对不变,这是消费者知觉的（　　）。
   A. 大小恒常性　B. 颜色恒常性　C. 方向恒常性　D. 形状恒常性

5. 依照情绪产生的时间、速度以及持续的时间等因素将情绪分为心境、激情和（　　）。

A. 审美感　　　　B. 道德感　　　　C. 理智感　　　　D. 应激

二、判断题

1. 认知过程是心理活动的初级阶段。　　　　　　　　　　　　　　（　　）
2. 营销人员可以完全操纵消费者的情感。　　　　　　　　　　　　（　　）
3. 正好能引起感觉的最小刺激量称为差别阈限。　　　　　　　　　（　　）
4. 知觉是人脑对直接作用于感觉器官的客观事物个别属性的反映。　（　　）
5. 红色的餐布会减慢顾客进食的速度。（　　）

三、名词解释

1. 感觉。
2. 情绪。
3. 意志。

四、简答题

1. 简述知觉的特性。
2. 简述情绪与情感的联系和区别。
3. 简述消费者意志品质的特点。

五、案例探讨

错觉的运用

气象生财。在澳大利亚的一个超级市场上，就有一位靠商业气象学发了横财的经理，名叫约·道尔顿。早年，道尔顿做瓜果经营，发现销售额居然与天气变化有极大的关系。于是，他求教于统计学家，一起分析了西瓜销售与气象的关系，发现二者符合概率论的某种分布函数。他还与气象台签订合同，以便及时得到长、中、短期天气预报与气象要素情报。头两年，道尔顿的公司每年都在酷热的月份到来之前，根据天气情况和气象预报，和瓜农签订大批的买卖合同，并购进大量西瓜存放在冷库里。由于那两年夏季高温持续时间长，西瓜十分畅销，该国各大城市瓜果紧缺，唯独道尔顿公司货源充足，到了第三年，由于道尔顿事先获得了夏季将出现长期阴雨的天气预报，正当未掌握天气情况的人按惯例争先恐后对西瓜囤积时，他却大批削价处理西瓜。结果，阴凉天气形成"马拉松"后，同行中只有道尔顿不为西瓜大批腐烂而苦恼。接下来，道尔顿不仅因此变成了资本雄厚的大亨，还成了澳大利亚著名的商业气象学家。在我国，也有不少懂得利用气象预报把握时机做活生意而取得可观效益的精明人。据报载，湖南省一家皮鞋厂的厂长，在看到荧屏上映出"长沙，雪，－4℃"时，随即在地图上圈出怀化、宁乡等20多个地区，并要办公室发出20多封电报，结果收到不少要货的回电，一下子推销掉毛皮鞋几千双！

音乐生财。美国的市场研究人员曾在该国西南部的一个超级市场，在音乐是否影响顾客购买心理问题上做过一些有趣的实验。实验结果表明：顾客的行为往往会同音乐合拍，当音乐节奏加快每分钟达108拍时，顾客进出商店的频率也加快，这时，商店的日平均营业额为12000美元，当音乐节奏降到每分钟60拍时，顾客在货架前选购货物的时间也就相应延长，商店的日均营业额竟增加到16740美元，上升39.5%。有的人还在饭店进行过实验，在营业时间播放轻快的音乐,顾客会不知不觉地加快用餐速度,从而提高了餐座的利用率。更为奇妙的是,在瑞士苏黎世歌剧院的对面有个餐馆,听完歌剧进馆的人数与上演的节目密切相关:上演瓦格纳的《漂泊的荷兰人》时,那沉重的音乐往往使人疲惫不堪,剧终后,人们都匆匆回家休息,谁都没有闲情逸致光顾餐馆了;当上演《茶花女》后,感动至极的人们为了平复情绪,都要进餐馆待一会儿,吃点东西;上演《乡村骑士》后,餐馆酒的销量大增。根据音乐与商业经营的微妙关系,精明的美国奥尔良商人罗纳德先生在自己经营的商场里从早到晚总是播放着轻柔舒缓的慢节奏音乐,从而使他的营业额猛增10%以上。他高兴地说:"商场里的音乐节奏,对营业额的影响实在太大了!"

(资料来源:http://www.rs66.com/a/5/22/5411.html.)

【思考与训练】 通过以上两个案例说明消费者的感知觉、情感对消费的影响。

第三章 消费者个性与自我概念

内容简介

本章主要介绍了消费者个性和自我概念的内涵,以及探讨了个性、自我概念与营销的关系。

目标规划

1. 学习目标

知识目标:了解个性的内涵及其特征;掌握消费者的气质、性格与能力;熟悉消费者的兴趣与态度;了解消费者的自我概念与生活方式。

重点掌握消费者的气质、性格与能力。

2. 能力训练目标

能结合实际分析消费者的气质;能够分析消费者的兴趣和态度;能根据消费者的生活方式制作广告。

模块一 消费者的个性

项目一 个性的含义

1. 个性的定义

个性是指一个人在一定社会条件下形成的具有一定倾向且比较稳定的心理特征的总和。可以说,个性是相对持久的个人素质,这种素质使我们能对周围世界有所应对和反应。个性包括消费者的兴趣、爱好、理想、能力、气质、性格等方面。

2. 个性的心理结构

(1) 个性倾向性

个性倾向性是指人对周围环境的态度,是个性心理结构中最活跃的成分,包括需要、动机、兴趣、理想、信念、世界观等。在个性心理倾向中,需要是个性积极的源泉。信念、世界观居最高层次,决定着一个人总的思想倾向。自我意识对个性发展具有重要的调节作用。

(2) 个性心理特征

个性心理特征包括气质、性格、能力等,这些特征都能突出表现消费者的心理个别差异。个性对心理活动有积极的引导作用,使心理活动有目的、有选择地对客观现实做出反应。

3. 个性的特征

(1) 自然性与社会性共存

消费者在先天自然素质的基础上,通过后天不断地学习,在一定教育与社会环境的作用下,逐渐形成人的个性,故个性具有自然性。个性形成的物质基础与前提条件是人们与生俱来的感觉器官、知觉器官、运动器官、神经系统,等等。人的自然属性是个性形成的物质基础,影响着个性的发展。

同时,人们生活在特定社会环境中,受到社会风俗习惯和道德准则的约束,这使得个性具有社会性。

(2) 稳定性与可塑性共存

个性的稳定性是指消费者由个人精神面貌经常表现出来的心理倾向和心理特点稳定不变的倾向。个体生活中一时的、偶然表现出的心理特征,不能被认为是一个人的个性特征。例如,平常比较热心的人在某种场合偶然对他人表现出冷淡、缺乏关心,则不能说明他的个性是冷漠的。只有经常的、在绝大多数情况下都得以表现的心理现象才是个性的反映。

但是,个性并不是一成不变的。随着社会现实和生活条件、教育条件的变化及年龄的增长,受到主观的努力和重大的意外事件等影响,个性也可以发生某种程度的改变,也就是个性具有可塑性。可塑性是指个性的心理特征随着主体的经历而发生不同程度的变化,从而在每一阶段都呈现出不同的特征。

(3) 独特性与共同性共存

个性的独特性是指在某一具体、特定的消费者身上,由独特的个性倾向以及个性特征组成独有的、不同于他人的精神风貌。构成个性的各种因素在每个人身上的侧重点和组合方式不同,如消费者因为在认知、情感、意志、能力、气质、性格等方面存在一定差异,所以有人观察事物细致、全面,并且善于分析问题;有人观察事物较粗略,但是善于概括问题。

虽然个性具有独特性,但并不排除个性的共同性。个性的共同性是指某一群体、某个阶级或某个民族在一定的群体环境、生活环境、自然环境中形成的共同的、典型的心理特点。

【案例讨论3-1】

> 如果你的身边,有一个人,有17个名字、17种不同的装扮、17种不同的发式、17种不同的声调和面孔、17种不同的性格、17种不同的生活,您会有怎样的感觉?我想,你一定会感到非常惊异和迷惑。您首先的反应可能是不信,这太超乎我们的想象了,这能是真的吗?可是,这恰恰就是纪实体的心理分析小说《人格裂变的姑娘》中主人公西碧尔的现实。这部小说除了人名是假的,其他事实几乎都是真实、未加修饰的。她就是存在着17种不同的装扮、声调、面孔、性格和生活的那个人,活生生的人。心理学上把这种一个人具有多种人格的现象称作"多重人格"。
>
> (资料来源:http://wenku.baidu.com/view/0a177275763231126fdb1153.html.)
>
> 【讨论】 周围的朋友有没有具多重人格的?其是如何表现的?
>
> 【讨论记录】 _____
>
> _____
>
> _____

项目二 个性的相关理论

1. 大五人格理论

多年前,人们发现大约有18 000个词可以描述人格,即使对这些词进行同义归纳后,仍有171个词来描述人格特质。再进一步精简,研究者最终概括出5个词语反映人们的核心人格特质,称为大五人格理论。大五人格理论是目前最主要的人格理论,它用外向性、宜人性、谨慎性、神经质和开放性五种表达描述人的人格。

外向性的显著标志是个体对外部世界积极投入。外向者乐于和人相处,充满活力,常常怀有积极的情绪体验。内向者往往安静、抑制、谨慎,对外部世界不太感兴趣,喜欢独处,他们的独立和谨慎有时会被错认为不友好或傲慢。

宜人性反映了个体在合作性与社会和谐性方面的差异。宜人的个体重视和他人的和谐相处，因此他们体贴友好，大方乐于助人，愿意谦让。不宜人的个体更加关注自己的利益，不关心他人，有时候怀疑他人的动机。

谨慎性是指人们控制、管理和调节自身冲动的方式。冲动的个体常被认为是快乐的、有趣的、很好的玩伴。但是，冲动的行为常常会给自己带来麻烦，虽然能够给个体带来暂时的满足，但却容易导致不良的后果，比如攻击他人、吸食毒品等。谨慎者容易避免麻烦，能够获得更大的成功，更加聪明和可靠，但是极端谨慎的个体让人觉得单调、乏味、缺少生机。

神经质是指个体具有消极情绪的倾向。神经质维度得分高的人更容易体验到愤怒、焦虑、抑郁等消极情绪。他们对外界刺激反应比一般人强烈，对情绪的调节能力比较差，经常处于不良的情绪状态，他们的思维、决策以及有效应对外部压力的能力比较差。相反，神经质维度得分低的人较少烦恼，较少情绪化，比较平静。

开放性用于描述一个人的认知风格。开放性得分高的人富有想象力、创造力、好奇、艺术欣赏力，对美的事物比较敏感，偏爱抽象思维，兴趣广泛。封闭性的个体讲求实际，偏爱常规，比较传统和保守。

2. 弗洛伊德的人格结构理论

弗洛伊德认为，完整的人格结构由三大部分组成，即本我、自我和超我。

本我，就是本能的我，完全处于潜意识之中。本我是一个混沌的世界，它容纳一团杂乱无章、极不稳定的状态，本能性压抑个体的欲望，隐匿着各种人类社会伦理道德和法律规范所不容的、未开发的本能冲动。本我遵循"快乐原则"，它完全不懂价值、善恶和道德，为了满足自己的需要不惜付出一切代价。

自我，是现实的我，它是通过后天的学习和与环境的接触发展起来的，是意识结构的部分，自我是本我和外界环境的调节者，它奉行现实原则，既要满足本我的需要，又要制止违反社会规范、道德准则和法律的行为发生。

超我，是道德化了的我，也是从自我中分化和发展起来的，是人在儿童时期对父母道德行为的认同，对社会典范的效仿，是受文化传统、价值观念、社会理想的影响而逐渐形成的。它由道德理想和良心构成，是人格结构中专管道德的司法部门，是一切道德限制的代表，是人类生活较高尚行动的动力，它遵循理想原则，通过自我典范（即良心和自我理想）确定道德行为的标准，通过良心惩罚违反道德标准的行为，使人产生内疚感。

弗洛伊德认为，本我、自我和超我三者之间相互作用、相互联系。本我不顾现实，要求满足欲望、寻求快乐；超我按照道德准则对人的欲望和行为多加限制；而自我则活动于本我和超我之间，它以现实条件实现本我的欲望，又要服从超我的强制规则，它不仅寻找满足本我需要的事物，而且还考虑到所寻找的事物不能违反超我的价值观。因此在人格的三方面中，自我扮演着难当的角色：一方面设法满足本我对快乐的追求，另一方面使行为符合超我的要求。所以，自我的力量必须强大，能够协调其他两者之间的冲突和矛盾，否则，人格结构就会处于失衡状态，导致不健全人格的形成。

项目三 个性与消费行为

1. 个性与购买行为预测

研究个性的主要目的是预测消费者的消费行为。许多学者都认为,个性特征研究一般有助于预测消费者对品牌以及店铺的偏好等方面,同时,个性与产品的选择、使用之间也存在一定关系,如个性张扬的消费者喜欢购买夸张服饰,个性保守的消费者则偏向于购买传统服饰。

2. 个性与产品选择

不同个性的消费者可能在不同的产品领域形成自己独特的偏好,进而在特定产品的选择、使用等行为上表现出明显差异。例如,阿尔斯伯(1986)利用埃克森的个性调查表进行研究,发现个性外向的消费者通过酒馆饮酒寻找刺激比个性内向的消费者可能性更大。

另外,不同个性的消费者对新产品、新服务、新消费活动的接受程度也具有明显差异。例如,教条主义的消费者拒绝变化,喜欢过一成不变的生活,对新鲜事物持防御态度。因此对企业来说,针对教条主义的消费者,推销新产品非常有效的途径是在广告中聘请名人或专家来承担形象代言人。

3. 个性与购买决策

消费者购买决策是指消费者谨慎地评价产品、品牌或服务的属性并进行选择、购买的过程。相关研究表明,不同个性的消费者具有不同的作用,下面主要从认知需要和风险承担进行说明。

(1) 认知需要

认知需要认为消费者常常被描绘成(或是接受或者是主动)搜寻满足他们需求和丰富他们生活的产品与服务。例如,高认知需要的消费者更容易受到广告内容和陈述质量的影响,而低认知需要的消费者更容易受到陈述者的吸引力等边缘刺激的影响。

(2) 风险承担

是否愿意承担风险,直接影响到消费者对新产品的推广和目录销售等营销活动的反应。如乐天派和开放型的消费者对风险具有乐观估计,风险承受能力较高,对新产品的购买决策时间较短;沉闷型和保守型的消费者对风险具有悲观估计,风险承受能力低,对新产品的购买决策慢。

4. 个性与品牌选择

品牌个性是指消费者所感知到的品牌所表现出来的个性特征,是品牌形象的一部分,如消费者对品牌是新潮还是老气,是富有活力还是死气沉沉,是保守还是激进等方面的感受和评价。因此品牌个性的形成具有一定的主观性,一旦形成,便会与其他刺激因素共同作用于信息处理的过程,使消费者感觉到这一品牌是否符合自己的个性。当某个品牌的个性与消费者的个性取得并保持一致时,这个品牌将会更受欢迎。例如,红豆衬衣产生相思的情怀;

麦当劳总令人联系起"罗纳尔德·麦当劳"的特色:以年轻人和小孩为主的顾客群、开心的感受、优质的服务、金黄色的拱门标志、快节奏的生活方式乃至炸马铃薯条的气味;万宝路香烟则体现出西部牛仔的豪放形象;金利来——男人的世界,是成功男人的象征,容易被成功或渴望成功的消费者认同。消费者倾向于购买与自己具有相似个性的产品或能让自己某些个性弱点得到弥补的产品。

【训练项目3-1】

消费者个性的不同表现

【训练目标】 依据消费者的个性特征,采取相应的营销手段。

【训练材料】 当遇到产品质量问题时,不同个性的消费者处理方式不同。

(1)耐心诉说。尽自己最大努力,慢慢解释退换商品的原因,直至到解决。

(2)自认倒霉。认为向商店申诉也没用,商品质量不好又不是商店生产的,自己吃点亏,下一回长经验。

(3)灵活变通。找好说话的其他售货员申诉,找负责人求情,只要有一人同意退换就可解决。

(4)据理力争。绝不求情,脸红脖子粗地与售货员争到底,不行就向报纸投诉曝光,再得不到解决就向工商局、消费者协会投诉。

上述四种答案各自反映出消费者的哪些气质特征?并讨论其个性心理特征。

【训练记录】

小组A:_____

小组B:_____

小组C:_____

小组D:_____

小组E:_____

模块二 消费者的气质、性格与能力

项目一 消费者的气质

1. 气质的内涵

气质是人类所特有的个性心理特征之一。气质源于拉丁语,原意是混合、掺和的意思,后被用于描述人们兴奋、激动、喜怒无常等心理特性。气质是表现在人们心理活动和行为方面典型的、稳定的动力特征。一个人的气质具有极大的稳定性,它与先天因素有关,与人的神经系统的类型有关。

2. 气质的类型及其行为特征

(1) 气质的类型

① 体型说。体型说由德国精神病学家克雷奇默(E. Kretschmer)提出。他根据对精神病患者的临床观察,认为可以按体型划分人的气质类型,并且把人分成三种类型,即肥满型、瘦长型、筋骨型。肥满型易产生躁狂气质,行动倾向为善交际、表情活泼、热情、平易近人等。瘦长型容易产生分裂气质,行动倾向为不善交际、孤僻、神经质、多思虑等。筋骨型易产生黏着气质,行动倾向为迷恋、认真、理解缓慢、行为较冲动等。

② 血型说。血型说是日本学者古川竹二等人的观点。他们认为气质是由不同血型决定的,血型有A型、B型、AB型、O型,与之相对应的气质也可分为A型、B型、AB型与O型四种。A型气质的特点是温和、老实稳妥、多疑、顺从、依赖他人、感情易冲动。B型气质的特点是感觉灵敏、镇静、不怕羞、喜社交、好管闲事。AB型气质的特点是上述两者的混合。O型气质的特点是意志坚强、好胜、霸道、喜欢指挥别人、有胆识、不愿吃亏。

③ 体液说。体液说是古希腊著名医生希波克拉底提出的。他认为体液是人体性质的物质基础。他还认为,人体中有四种性质不同的液体,它们来自于不同的器官。其中,黏液生于脑,是水根,有冷的性质;黄胆汁生于肝,是气根,有热的性质;黑胆汁生于胃,是土根,有温的性质;血液生于心脏,是火根,有干燥的性质。人的体质不同,是由四种体液的比例不同所致。

A. 胆汁质。胆汁质气质类型的人兴奋度高,精力旺盛,反应迅速,直爽热情,表里如一,情绪体验强烈,有顽强拼劲和果敢性。但缺乏耐心,灵活性不够,抑制能力差,易冲动,脾气暴躁,整个心理活动笼罩着迅速而突发的色彩。

B. 多血质。多血质气质类型的人情绪兴奋度高,感情易表露,活泼好动,思维灵活,反应迅速,动作敏捷,外部表现明显,易适应环境,喜欢交往,乐观开朗,兴趣广泛,可塑性强,但往往不求甚解,注意力易转移,情绪不稳定,体验不深,做事粗枝大叶。

C. 黏液质。黏液质气质类型的人情绪兴奋度低,安静沉稳,喜欢沉思,注意力稳定,善于克制忍耐,做事富有理性,慎重细致,具有韧性。但反应缓慢,灵活性不足,比较刻板且执拗,不易习惯新环境、新工作,情绪不易外露。

D. 抑郁质。抑郁质气质类型的人情绪兴奋度低,敏锐稳重,情感体验深刻、持久,行动缓慢,敏感。但胆小、孤僻、谨小慎微,不善交往,遇困难或挫折不够灵活,易畏缩,过于敏感,容易体察到一般人不易觉察的事件且很少外露。

在生活中,大多数人的气质类型表现为"混合型"。在生活中,我们可以遇到以上四种气质的典型代表人物,但只是少数。多数人往往以一种气质为主兼有其他类型气质的特点。气质类型本身没有好坏之分,每种气质类型都有积极的一面,也有消极的一面,具有两重性。我们要注意发展气质积极的一面,而抑制其消极的一面。

(2) 气质与消费行为

① 胆汁质。这种气质类型的消费者在购买商品时,情绪反应热烈,直率表达对商品和服务是持肯定态度还是否定态度,同时喜欢挑毛病、提意见,经常表现出脾气急、行动草率的状态。这类消费者的另一显著特征是冲动,容易被商品的某一特点所吸引,激情涌起,立即

产生购买行为,而事后又经常后悔。

② 多血质。这类消费者在购买活动中的特点是情绪比较外露,适应环境的能力很强,喜欢与服务人员或其他消费者交换意见,对各种新的营销方式和新奇的商品都比较感兴趣,喜欢时尚的东西。他们是服务人员最喜欢接待的顾客。虽然他们很容易与服务人员相处,但对商品和企业的忠诚度不高。

③ 黏液质。这种气质类型的消费者在购买活动中动作平缓,情绪稳定,对商品和服务的好坏不轻易下结论,他们自信心较强,善于控制自己,不轻信他人意见,也不易受售货场所环境的影响,甚至不喜欢服务人员的过分热情。

④ 抑郁质。这类顾客在购买商品时,情绪变化慢,观察商品仔细、认真,而且体验深刻。他们经常能发现商品的细微之处,对商品和服务不轻易评论,决策过程比较缓慢,经常犹豫反复,既不相信自己的判断,又对商品持怀疑态度,风险知觉较强,一旦有外界因素的干扰,会立即中断购买行为。

【训练项目3-2】

如何区分不同气质

【训练目标】 了解不同气质消费者针对同一事情的不同表现。

【训练材料】 苏联的心理学家以一个人去电影院看电影迟到为例,对人的几种典型的气质做了说明。假如电影已经放映了,门卫又不让迟到的人进去,不同气质类型的人会有不同的表现:

① 第一种人匆匆赶来之后,对门卫十分热情,又是问好又是感谢,急中生智,想出许多令人同情的理由,如果门卫坚持不让他进门,他也会笑哈哈地离开。

② 第二种人赶来之后,对于自己的迟到带着怒气,想要进去看电影的心情十分迫切,向门卫解释迟到的原因时,让人感到有些生硬,如果门卫坚持不让他进门,也会带着怒气而去。

③ 第三种人来了之后,犹犹豫豫地想进去又怕门卫不让,微笑而又平静地向门卫解释迟到的原因,好像不在乎这电影早看一会儿或迟看一会儿,门卫一定不让他进去的话,会很平静地走开。

④ 第四种人来到的时候,首先可能看一看迟到的人能不能进去,如果看到别人能够进去,他也跟进去,如果门卫不让他进去,他也不愿意解释迟到的原因,默默地走开,最多只是责怪自己为什么不早一点来。

(资料来源:http://www.psy525.cn/special/4588-21632.html.)

【问题】

1. 上述四种人分别属于哪种典型的气质类型?
2. 推断上述四种人进行购物时,会怎样表现?

【训练记录】 _____

_____

_____

项目二 消费者的性格

1. 性格的含义

(1) 性格的定义

性格是一个人个性中最重要、最显著的心理特征,是指个人在对现实的态度及行为方式方面比较稳定而且具有核心意义的个性心理特征,可以从以下三个方面加以理解:

首先,性格表现在一个人对现实的态度和行为方式之中,人对现实的态度和与之相应的行为方式的独特结合,就构成了一个区别于他人的独特性格。

其次,性格是一个人独特的、稳定的个性特征,并在个体的行为中留下痕迹,打上烙印。

最后,性格是一个人具有核心意义的个性特征。由于性格具有社会评价的意义,所以它在个性中占有一个核心的地位。

(2) 性格与气质的联系和区别

① 联系。其一,气质可按自己的动力方式渲染性格,使性格具有独特的色彩。例如,同是勤劳的性格特征,多血质的人表现出精神饱满、精力充沛,黏液质的人表现出踏实肯干、认真仔细;同是友善的性格特征,胆汁质的人表现为热情豪爽,抑郁质的人表现出温柔体贴。其二,气质会影响性格形成与发展的速度。当某种气质与性格一致性较高时,有助于性格的形成与发展,相反,会有碍于性格的形成与发展。例如,胆汁质的人容易形成勇敢、果断、主动的性格特征,而黏液质的人就较难形成上述的性格特征。其三,性格对气质有重要的调节作用,在一定程度上可掩盖和改造气质,使气质服从于生活实践的要求。例如,飞行员必须具有冷静沉着、机智勇敢等性格特征,在严格的军事训练中,这些性格的形成就会掩盖或改造胆汁质者易冲动、急躁的气质特征。

② 区别。气质更多地受个体高级神经活动类型的制约,是先天形成的;而性格更多地受社会生活条件的制约,是后天形成的。气质是表现在人的情绪和行为活动中的动力特征(即强度、速度等),无好坏之分;而性格是指行为的内容,表现为个体与社会环境的关系,在社会评价上有好坏之分。气质可塑性极小、变化极慢;性格可塑性较大。

2. 性格特征的分析

(1) 性格的态度特征

性格的态度特征主要是指在处理各种社会关系方面的性格特征。主要有以下几个方面:对社会、集体和他人的态度特征,对工作和学习的态度特征,对自己的态度特征等。这些态度特征有机结合,构成个体起主导作用的性格特征,属于道德品质的范畴,是性格的核心。

(2) 性格的意志特征

性格的意志特征是指人对自己行为的自觉调节方式和水平方面的性格特征,如是否具有明确的行为目标,能否自觉调节和控制自身行为,在意志行动中表现出独立性还是依赖性,是主动还是被动,是否坚定、顽强、忍耐、持久等。

(3) 性格的情绪特征

性格的情绪特征是指人的情绪活动在强度、稳定性、持续性和主导心境等方面表现出来的性格特征。例如,个人受情绪感染和支配的程度,情绪受意志控制的程度,情绪反应的强弱或快慢,情绪起伏波动的程度,情绪主导心境的程度等。

(4) 性格的理智特征

性格的理智特征是指人在认知过程中的性格特征。主要有感知、记忆、想象以及思维方面的性格特征等。在感知方面是主动观察型还是被动感知型,在思维方式方面是具体罗列型还是抽象概括型,在想象力方面是丰富型还是贫乏型。

在以上四个方面的性格特征中,最重要的是性格的态度特征和性格的意志特征,其中又以性格的态度特征最为重要。性格的上述特征并不是孤立的,而是相互联系的,在个体身上结合为独特的统一体,从而形成一个人不同于他人的性格。

3. 性格的分类及消费心理

(1) 按照心理机能优势分类

按照心理机能优势分类,是由英国的培因(A. Bain)和法国的李波特(T. Ribot)提出的分类法。他们根据理智、情绪、意志三种心理机能在人的性格中所占优势不同,将人的性格分为理智型、情绪型、意志型。

① 理智型。理智型的人通常以理智来评价周围发生的一切,并以理智支配和控制自己的行动,为人处事冷静。理智型消费者的购买行为往往受其理智支配,是否购买商品和服务,购买何种类型,如何购买,什么时候购买,往往是在经过周密思考,反复权衡各种利弊因素后才做出决定。他们对商家开展的各种促销活动有自己的理智分析,即使对十分热销的商品也不盲目购买。

② 情绪型。情绪型的人通常用情绪来评估一切,言谈举止易受情绪左右,这类人最大的特点是不能三思而后行。情绪型消费者购买行为容易受感情支配,与冲动型消费者类似。但冲动型消费者往往是在短时间内激情涌起就立即采取行动,冷静下来之后,又后悔不已。情绪型消费者购买商品的时间可长可短,但一般是在喜欢、赞赏等各种感情的支配下进行,他们对商品及购物现场的气氛大多感受良好,愿意体验购买商品的情绪变化。

③ 意志型。意志型的人行动目标明确,主动、积极、果敢、坚定,有较强的自制力。意志型消费者购买行为受其意志支配。他们购买目的明确,识别商品积极主动,购买决策迅速果断,并且能够克服各种干预和困难,完成购买活动。

在现实生活中大多数人是混合型的性格特征,如理智意-志型、情绪-意志型等。

(2) 按照心理活动的倾向分类

这是瑞士心理学家荣格(C. G. Jung)的观点。荣格根据人们力比多的活动方向来划分性格类型,力比多指个人内在的、本能的力量。其中力比多活动的方向可以指向内部世界,也可以指向外部世界。前者属于内倾型,其特点是为人处事谨慎,深思熟虑,交际面窄,适应环境能力差;后者为外倾型,其特点是心理活动倾向于外部,活泼开朗,活动能力强,容易适应环境的变化。

外向型消费者的性格特点是心理活动倾向于外部,选购商品时热情较高,喜欢提问题,征询意见,不掩饰自己的喜怒哀乐,喜欢与人交往,能较快地适应各种购物环境,也比较容易和服务人员交流信息,并通过购买活动获得某种心理上的满足。这种类型的消费者虽然购买决策果断,但也有轻率、不能自省的特点。

内向型消费者同外向型消费者正好相反,其行为特点是稳重、谨慎,喜欢自己观察体验、分析判断,不轻易提问题、发表意见,也不轻信他人。这种类型的消费者有较强归属感,但却将购物场所视为公共领地,将自己与他人隔离开来,购物时不易受他人影响,有自己的见解和主张。

(3) 按照个体独立性程度分类

这个观点是由美国心理学家威特金(H. A. Witkin)等人提出来的,他们将人的性格分为场依存型和场独立型。前者也称顺从型,后者又称独立型。场依存型的消费个体倾向于以外在参照物作为信息加工的依据,他们易受环境或附加物的干扰,常不加批判地接受别人的意见,应激能力差;场独立型的消费个体不易受外来事物的干扰,习惯于更多地利用内在参照即自己的认识作为信息加工的依据,他们具有独立判断事物、发现问题、解决问题的能力,而且应激能力强。

(4) 按照人的社会生活方式分类

德国的心理学家斯普兰格(E. Spranger)从文化社会学的观点出发,根据人认为哪种生活方式最有价值,把人的性格分为六种类型,即经济型、理论型、审美型、宗教型、权力型、社会型。

① 经济型。一切以经济利益为中心,以追求财富、获取利益为个人生活目的。这种性格的消费者选购商品时对商品的价格非常敏感,喜欢购买便宜的商品。

② 理论型。以探求事物本质为人的最大价值,但解决实际问题时常无能为力。这种性格的消费者一般不太愿意亲自购买商品。

③ 审美型。以感受事物美为人生最高价值,他们的生活目的是追求自我实现和自我满足,不大关心现实生活。这种类型的消费者比较重视商品的外观和包装。

④ 宗教型。把信仰宗教作为生活的最高价值,相信超自然力量,坚信永存生命,以爱人、爱物为行为标准。在消费行为上,一般只购买和宗教信仰有关的商品,并且在神的旨意下发生购买行为。

⑤ 权力型。以获得权力为生活的目的,并有强烈的权力意识与权力支配欲,以掌握权力为人生的最高价值。这种类型的消费者在挑选商品时一般选择品质较好的商品。

⑥ 社会型。重视社会价值,以爱社会和关心他人为自我实现的目标,并有志于从事社会公益事业。此类型消费者从众心理较强,不太愿意接受新事物。

在现实生活中,消费者往往具有多种性格类型的特征,但通常以某种类型特征为主。

4. 性格对营销活动的意义

(1) 有利于了解消费者的消费态度

例如,外向友善型的消费者是商品的口头传播者,他们热情、外向、善交际,对于感兴趣或购后评价好的商品,总是自觉或不自觉地充当商品的免费宣传员,如果对商品不满意,会劝说别人不要上当。具有此特征的消费者,喜欢出主意、提意见,帮助别人选购商品。勇敢冒险型的消费者性格开朗、思想解放,容易接受新事物,愿意尝试新产品。因此他们往往是新产品的先行购买者和推广者。时尚导向型的消费者往往引领潮流,成为别人的模仿对象。企业可以根据消费者的性格特征,快速找到符合企业或产品类型的消费者,及时采取有效营销对策充分满足其需求,从而扩大市场占有率。

(2) 有利于选择服务人员和培养个人的良好性格

服务人员承担着把产品从生产领域转移到流通领域,最终转到消费领域的任务。服务人员需要与各种性格类型的消费者打交道,与社会各界联络沟通,参与各种营销活动。因此企业选聘服务人员时,应该充分考虑他们的性格特征,把他们培养成更适合销售岗位的、具有外向性格特征的工作人员。

【训练项目3-3】

不同性格的消费者的性格特征

【训练目标】 针对不同性格的消费者,了解其性格特征,进而掌握他们的消费心理与行为。

【训练材料】 以小组为单位,在学校超市门口,观察不同性格的消费者,判断其行为特征。完成表3-1。

表3-1

性格	动作姿态、行为举止、面部表情	消费心理及行为
高傲		
急躁		
温和		
抑郁		
开朗		
多疑		
直爽		
懦弱		

项目三 消费者的能力

1. 能力的含义及特征

能力是直接影响个体的活动效率,决定活动能否顺利完成的个性心理特征。我们可以从以下几个方面了解能力的内涵:

① 能力与活动紧密相连,离开了具体活动,能力就无法形成和表现。

② 能力是顺利完成某种活动的直接有效的心理条件,而不是顺利完成某种活动的全部心理条件。因为成功完成某种活动受许多主观因素的影响,如知识经验、性格特征、兴趣与爱好等。

2. 能力的类型

(1) 一般能力和特殊能力

一般能力又称基本能力,通常指那些在各种活动中必须具备的能力,适用于广泛的活动范围,符合多种活动的要求,并保证人们比较容易和有效地掌握知识。一般能力主要有观察力、记忆力、注意力、思维和想象力等,这五种能力合称智力,它们相互制约,相互影响。

特殊能力又称专门能力,指为某项专门活动所必需的能力,包括视听能力、运算能力、鉴别能力和组织能力等,主要包括注意力、识别力、评价力、鉴赏力、购买决策力、应变力等。

(2) 优势能力和非优势能力

优势能力是在多种能力的结合中占据主导地位的能力,也就是突出的能力。非优势能力则是处于从属地位、表现比较微弱的能力。这两种能力在消费者身上并存,只要消费者具备某一方面的优势能力,一项活动就能取得成功。

(3) 模仿能力和创造能力

模仿能力是指有效模仿他人的言行举止,从而引起的与之类似的行为活动的能力。例如,孩子模仿大人的言谈举止,粉丝模仿偶像的穿着打扮。创造能力是指产生新思想,发现和创造新事物的能力。

3. 消费者必备的能力及其与营销活动的关系

消费者的能力是指消费者在选购商品时所表现出来的各种能力的综合,消费者能力的不同往往导致消费者购买行为的差异。

(1) 从事各种消费活动所必需的基本能力

① 感知能力。感知能力是消费者对商品外部特征和外部联系加以直接反应的能力。消费者通过感知能力,可以了解商品的外观、造型、颜色、味道、轻重以及呈现出来的整体风格,从而形成对商品的初步印象,为进一步对商品做出分析判断提供依据。消费者的感知能力主要表现在速度、准确度和敏锐度等方面。例如,面对琳琅满目的商品,消费者能够一眼就能准确无误地找到自己所要购商品的位置。

② 分析评价能力。分析评价能力是指消费者对接收到的各种商品信息进行加工整理、分析综合、比较评价,从而对商品的好坏优劣做出准确判断的能力。消费者的分析评价能力受到消费者的思维能力、思维方式、个人知识能力以及生活经验的影响。例如,普通人购买电脑,主要依据电脑的外观、屏幕的色泽、内存的大小等,而掌握电脑知识的消费者会综合分析电脑的各项指标,进而做出准确、客观的判断。

③ 选择决策能力。选择决策能力是指消费者在充分选择和比较商品的基础上,及时果断地做出购买决策的能力。决策能力是消费者能力中非常重要的方面,受到消费者性格、气质、对商品的认知程度、使用经验和消费者习惯的影响。例如,胆汁质的消费者在购买现场大胆果断、决策迅速,而抑郁质的消费者在购买时则表现出犹豫不决、易受他人影响的状态。

④ 从事特殊消费活动所需要的特殊能力。从事特殊活动所需要的特殊能力是指消费者在购买和使用专业性商品时所应具有的能力,通常表现为以专业知识为基础的消费技能。例如,购买古玩字画,要求消费者必须具备相应的专业知识、辨别力、鉴赏力、检测力等特殊的消费技能。

⑤ 消费者对自身权益的保护能力。在我国市场环境尚不成熟的条件下,侵犯消费者权益的事件屡屡发生。为了保证消费者的权益不受到损害,不但要依靠政策法律、社会舆论、消费者组织的约束监督,还需要消费者树立消费权益意识,使自身的权益受到保护。

4. 消费者的能力与营销活动的关系

消费者在消费过程中的能力表现在认识、比较、判断、使用等方面。企业要成功地进行商品营销,就必须对目标市场消费者的各种能力有充分认识,并在企业自身的产品、价格、渠道、促销等方面适应消费者的能力。

【训练项目3-4】

> **消费者对自身权益的保护**
>
> 【训练目标】 掌握消费者对自身权益的保护。
> 【训练材料】 以小组为单位,通过网络、报纸、书刊等媒体或者根据自身生活经验,列举消费者的权益受到侵犯时保护自身权益的案例并分析是如何保护自身权益的。
> 【训练要求】
> 1. 每个小组展示讨论结果。
> 2. 每名同学的成绩由小组的展示分数与个人表现分数综合组成。

模块三 消费者的兴趣与态度

项目一 消费者的兴趣

1. 消费者兴趣基础知识

(1) 消费者兴趣的定义

消费者兴趣是消费者对客观事物的特殊认识倾向。所谓的特殊认识倾向是指在认识过程中带有稳定的指向、趋向、偏好,并能持续较长时间。

(2) 消费者兴趣的分类

① 按兴趣所包含的基本内容划分,可以分为物质兴趣和精神兴趣。物质兴趣是指人们对物质产品的兴趣,如消费者对衣、食、住、行商品的渴望和爱好。精神兴趣是指人们为满足精神需求而形成的态度倾向,如对文学、艺术的爱好。

② 按兴趣产生的起因划分,可以分为直接兴趣和间接兴趣。由事物本身而引起的兴趣称直接兴趣,也就是消费者出于对商品或劳务本身的需要而产生的喜爱和追求。例如,青年学生由于对电子产品的喜爱而省吃俭用去购买它。对某种事物的本身没有兴趣,而对这种事物未来产生的结果有兴趣,称为间接兴趣。例如,某人自己并不喜爱音乐艺术,但为了培养孩子将来成为音乐家而省吃俭用买钢琴。

③ 按兴趣持续时间的长短划分,可以分为暂时兴趣和长期兴趣。暂时兴趣是指消费者因某种因素产生但又即刻消失的兴趣。长期兴趣又称稳定兴趣,是指人们对某项事物或活动在长期向往、长期追求的心理状态下产生的兴趣。例如,某消费者使用某品牌的护肤品后,对该品牌的其他产品也认同和使用。

④ 根据消费者意识的参与程度,可以分为情趣与志趣。情趣是情感作用于兴趣的结果,表现为对某种消费对象的喜爱与追求。志趣是意志作用于兴趣的结果,表现为消费者热衷于创造消费活动,是一种间接兴趣。

2. 消费者兴趣对购买行为的影响

① 兴趣有助于消费者为未来的购买活动做准备。例如,对汽车有兴趣的人,可能会为购车做长期的准备工作。

② 兴趣能使消费者易于做出购买决定,促进购买行为的发生。例如,喜欢绿茶的消费者无疑缩小了在购买饮品时的选择范围。

③ 兴趣可以刺激消费者对某种商品重复购买或长期使用。消费者一旦对某种商品产生持久的兴趣,就会将它发展成为个人偏好,从而促使自己固定地使用该产品,形成重复的、长期的购买行为。例如,某消费者习惯购买娃哈哈营养快线,不管其价格如何增长,竞争产品的价格如何低廉,他都不会改变其购买习惯。

【案例讨论 3-2】

> 某家庭中上中学的女儿在观看某歌星的宣传后,崇拜某歌星,有一段时间把零花钱全部省下来,跑遍各音像店收集了该歌星所有的专辑;母亲对所使用的某品牌厨卫用品产生依赖后,洗涤剂、洗衣粉及香皂等长期都是选用这一品牌。
> (资料来源:http://wenku.baidu.com/view/a9b3233a43323968011c9254.html.)
> 【讨论】 女儿和母亲的消费兴趣分别属于哪些消费兴趣?
> 【讨论记录】_____
> _____
> _____

3. 引起消费者兴趣的方法

(1) 现场演示法

现场演示法是指在销售现场,由厂家安排经销商对企业产品进行特殊的现场表演或示范,以及向消费者提供咨询服务。通过商品示范,将产品的性能特点全面、真实地展现在消费者眼前,让消费者更好地了解产品,从而吸引消费者的注意。例如,为了证明一种洗涤用品的去污能力强,可以将墨水、酱油之类的东西先泼在自己的白衬衣上,再演示洗涤剂的洗涤效果,从而吸引消费者上前观看,引起消费者的兴趣。

(2) 上前馈赠法

上前馈赠法是指营销人员利用赠送小礼品等方式引起消费者的注意和兴趣。一些小而有意义的礼品符合消费者求小利、求雅趣的心理,极易形成融洽的气氛,如赠送产品试用装。

(3) 光环利用法

光环利用法是指在销售活动中,利用新闻人物或明星的兴趣和爱好来吸引消费者的注意和兴趣。

(4) 问题刺激法

问题刺激法是销售人员利用直接提问来引起消费者兴趣的方法。人具有好奇心理,而销售人员直接提问无疑能够激发消费者的兴趣。

4. 研究消费者兴趣的意义

消费者对某种事物产生兴趣时,总是有喜欢、高兴、满意等情感相伴随。在商业经营活动中,销售人员应当善于察觉消费者对商品的认识倾向,包括他们对商业经营活动中哪些事物产生兴趣或不感兴趣,进而揣摸消费者心理,提高商业经营水平。同时,由于兴趣存在着积极和消极两种倾向,研究消费者的兴趣,有利于在商业服务工作中引导与鼓励消费者的积极兴趣,克服与改造消费者的消极兴趣。

项目二 消费者的态度

1. 态度的含义

(1) 态度的概念

态度是指人们对事物所持有的肯定或否定、接近或回避、支持或反对的心理和行为的倾向。

(2) 态度的特点

① 态度有标的物,是对某物的喜欢或不喜欢,如我喜欢某某,后面要接宾语,态度的标的物可以是产品、类型、商标、服务等。

② 态度具有持久性与广泛性,一旦形成会长期不变,是一种内在的心理品质,有相对长时性或者稳定性。爱屋及乌是态度广泛性的表现。例如,我们可能因对某商场的某一个服务员持有积极的态度,而常去光顾那家商场,也会由于到一个超市买过一件假冒产品而不去该超市。

2. 态度的功能

(1) 效用功能

指态度反映了主体希望获得的基本利益,或者是态度反映了主体对态度标的物所能提供利益的认识。例如,消费者认为某品牌的止痛药具有止痛和速效的特点,某品牌汽车具有舒适、快速、省油的特点等。产品广告郑重宣传产品的性能或功效,就是展示态度的效用功能。

(2) 价值表现功能

指态度反映了主体的价值体系和自我形象,也就是态度反映了主体对态度标的物能否实现自己所追求的价值体系和塑造自我形象的认识。在这种态度功能的支配下,消费者对产品的具体性能并不重视,而重视它的象征意义,通过这些象征意义实现自己的价值、自我形象或生活方式。例如,消费者购买高档西装并非追求这种服装的保暖性和舒适性,而是因为它象征着较高的身份地位。

(3) 自我保护功能

指态度反映了主体在外在威胁和内在感觉的作用下保护自我的意识,或者说,态度反映了主体对态度标的物在特定条件下能否实现自我保护的意识。例如,某品牌洗发水在其广告中突出头屑与人们公众形象的关系,激发消费者害怕被社交圈排斥的恐惧心理,并着重强调了自身的去头屑功能,就是利用了态度的自我保护功能。

(4) 认知功能

指态度具有认知信息、组织信息的功能。消费者每天接触大量信息,态度的认知功能帮助消费者实现信息的认知和组织,吸收重要信息,忽略不重要信息,减少信息的不确定性和混乱性。当消费者面对应接不暇的信息而感到困惑时,态度的认知功能就会发挥作用。消费者对信息的认知和组织不一定是对客观事物的正确反映,但是它会支配消费者的购买行为。

【案例讨论3-3】

中国城市消费者对广告的态度调查显示:

① 中国城市居民对广告普遍持积极态度,得分最多的形容词是"快乐的",超过70%的调查对象给"快乐的"亮出高分;其次,60%~70%的调查对象给以下形容词以高分,依次是:"生动的"、"活泼的"、"真实的"、"诚信的"、"机智的"、"多彩的"、"搞笑的"、"成熟的"、"信服的"。

由此可见,在中国城市居民中,出现了对广告的"娱乐性"认知态度的积极性超过对"可信赖"认知态度的积极性的趋势。

② 中国城市居民对广告的态度具有较强的情感色彩,如对"意外的"、"刺激的"、"功利的"这样的中性化形容词态度不明确。这也从一个方面说明,中国城市居民目前还不是用一种无动于衷或较为淡漠的心态来看广告的,广告对城市居民的影响力并没有弱化。

③ 中国城市居民对广告的负面态度已经出现,像"荒唐的"、"无情的"、"恼人的"、"虚假的"、"无聊的"、"色情的"等归属于消极心态的形容词,60%的调查者给予了低分,广告主不应漠视消费者对广告的抵触和对立情绪。宝洁SK-II就是由一名消费者对广告的公开对抗发展成公众的舆论,并由此引发一大群消费者对品牌的不信任情绪。这也说明消费者的广告态度与品牌态度之间存在着一定的情感迁移关系。

(资料来源:江林.消费者心理与行为.4版.北京:中国人民大学出版社,2011:99.)

【讨论】 如何改变消费者对广告的抵触和对立的态度?

【讨论记录】_____

3. 态度的成分

(1) 品牌信念

品牌信念是态度的认知成分。认知成分是指消费者根据某品牌产品的属性和利益所形成的认识。营销人员可以通过调查采访,研究消费者所重视的产品属性和利益。例如,消费者对银鹭花生牛奶的认知情况如下:卡路里含量较高、维生素含量较高、美味、非碳酸型饮料。由这些认知信念认为喝银鹭花生牛奶对个体的身体有益,进而对其产生积极态度。

(2) 评估品牌

评估品牌是态度的情绪或情感成分。情绪或情感成分是指消费者对品牌的情绪或情感反应,体现了消费者对品牌的整体评价。消费者的品牌信念是多维的,而情绪情感成分是一维的,测定消费者对品牌的反应,可以从"最不喜欢"到"最喜欢",从"最差"到"最好"。例如,消费者认为格力空调是最好的空调,自己很喜欢白猫洗衣粉,SOD蜜是不太好的化妆品等。

(3) 购买意向

购买意向是态度的行为成分,指消费者对态度标的物所表现出的特定反应倾向。例如,消费者决定是否购买格力空调;使用后感觉不错,应不应该向朋友推荐该品牌。行为成分往往针对的是整个事物,不像信念和情感那样具有属性指向。

4. 消费者态度的改变

(1) 改变认知成分

① 改变信念。改变消费者对品牌或产品的一个或多个属性的信念。

② 改变属性的权数。消费者认为产品的某些属性更加重要,从而对本公司的品牌产生不利认知,营销人员可以设法改变消费者的属性权数。例如,五菱之光汽车的造型可能让消费者不满意,营销人员可以从它容量大,可以装更多东西方面出发,让消费者觉得容量对货车来说是最重要的属性。

③ 改变理想点。指在既不改变消费者的属性权数,又不增加新属性的条件下改变消费者对属性标准的认识。例如,消费者选择电视机所考虑的重要属性是尺寸大小,许多消费者存在着单纯求大的购买倾向,导致许多中等尺寸的电视机销路不佳,营销人员可宣传电视机的尺寸应当与客厅的大小相适应,改变消费者关于电视机理想尺寸的认识。

(2) 改变情感成分

① 经典条件反射。把某种美好的情感与某品牌联系起来,让消费者对某品牌形成较强的情感。

② 激发广告本身的情感。消费者如果喜爱某则广告,可能会对产品产生积极的情感,进而提高购买参与程度。

③ 增加消费者对品牌的接触。

(3) 改变行为成分

消费者的行为可以发生在认知和情感之后,也可以发生在认知和情感之前,甚至还可以与认知和情感相对立。比如,某消费者在没有别的选择的情况下,不得已选择了一种原先不喜欢的产品,用过之后发现还不错,于是消费者改变了对此产品的态度。

【训练项目3-5】

如何改变消费者的态度

【训练目标】 掌握改变消费者态度的技巧。

【训练材料】 某校一学生通过市场调查发现,90%以上的学生接受并愿意购买DIY服饰。于是该学生创办DIY服饰工作室,心里盘算着络绎不绝的客户能够带来多少利润。然而,新店开张后,许多学生都是东瞅瞅西看看就走了,进来购买DIY服饰的学生寥寥无几。该学生百思不得其解,为何做市场调查时学生都是持积极的态度,然而真正购物时却持消极态度。

你如何看待学生态度的转变,请提出解决方案。

【解决方案】 _____

_____

_____

模块四 消费者的自我概念与生活方式

项目一 消费者的自我概念

1. 自我概念的含义和构成

(1) 自我概念的含义

自我概念也称自我形象,是指个人对自己的能力、气质、性格等个性特征的感知、态度和自我评价。这一概念以潜在的、稳定的形式参与到行为活动中,会对人们的行为产生极为深刻的影响。

(2) 自我概念的构成

① 自我感觉。通过自我评价来判断自己的行为是否符合社会标准,并以此形成自我概念。例如,感觉自己穿上白色小西装特别有职业范,和众多白领的穿着打扮一样,从而形成良好的自我感觉。

② 反映评价。通过他人对自己的评价来进行自我反映评价,从而形成自我概念。他人评价对自我评价的影响程度取决于评价者自身特点和评价内容。通常评价者的权威性越

高,与自我评价的一致性越高,对自我概念形成的影响程度也就越大。

③ 社会比较。在生活和工作中,人们往往通过与他人比较来确定衡量自己的标准,这就是在做社会比较。无论什么人,从出生到长大,从家庭到社会,从学习到工作,都在社会比较中发展和充实自我概念。

【知识小卡片 3-1】

> **各种类型的消费者的自我概念**
>
> 真实的自我:消费者实际上如何看待自己。
>
> 理想的自我:消费者希望自己如何看待自己。
>
> 社会的自我:消费者认为他人如何看待自己。
>
> 理想的社会自我:消费者希望他人如何看待自己,它介于实际的自我与理想的自我之间。
>
> 环境的自我:消费者在特定环境中的自我形象。
>
> 延伸的自我:消费者拥有物品对自我概念的影响。
>
> 可能的自我:消费者想成为什么样的人,可能成为什么样的人,或者惧怕成为什么样的人。
>
> 联系的自我:消费者定义自己与其他群体或个人之间关联的程度。
>
> (资料来源:江林.消费者心理与行为.4版.北京:中国人民大学出版社,2011:99.)

2. 自我概念与消费行为

(1) 自我概念影响消费者对商品的偏好

一般情况下,消费者购买商品旨在通过购置物表现自我形象。消费者一旦形成了某种自我概念,就会在这种自我概念的支配之下产生购买行为。大量事实证明,消费者在选购商品时,在考虑质量优劣、价格高低、实用性能强弱的同时,考虑更多的是商品品牌特性是否符合自我概念,即判断商品是否有助于"使我成为我想像或期望的人",以及"我希望他人如何看待我"。如果能够从商品中找到与自我印象或评价一致(相似)之处,消费者就会倾向于购买该商品。例如,一个自认为气质不凡、情趣高雅、具有较高欣赏品味的消费者购买服装时,会倾心于那些款式新颖、色调柔和、质地精良、做工考究、设计独特的服装,而不喜欢大众化、一般化的服装。

(2) 自我概念影响消费者对商品价格的认同

消费者对商品价格的认同常常受其已经形成的自我概念制约。消费者的社会政治经济地位往往受到所拥有产品的价格的影响。消费者在购买活动中经常会根据自己的真实自我概念和理想自我概念对商品价格加以认同。例如,收入较低的消费者,或者社会政治经济地位不高的消费者,以及有着勤俭节约传统的消费者,在购物时希望所购商品物美价廉,同时希望少花钱多办事,他们对商品的价格特别敏感,喜欢挑选同类商品中价格较低的商品。而收入、社会政治经济地位较高的消费者,可能专门选购甚至定制昂贵的商品。由此可知,在消费者的自我概念中,商品价格与消费者的经济收入、社会政治经济地位、社会角色、个人愿望、情感、理想和追求等有密切的联系。由此可以得出,消费者购买不同档次、不同价格的商品与消费者不同的自我概念是统一的、一致的。

(3) 自我概念影响消费者对广告的接受程度

由于自我概念的差异性,消费者对各种商品的知觉也不尽相同,使他们对特定的商品产生偏好,最后导致购买行为上的差异,即消费者在购买过程中,自我概念成为他们评价广告信息的参照标准。按照自我概念的独立性和鲜明性程度,我们可以把消费者分为以下两种类型:一类是自我概念鲜明,独立性强的消费者;一类是自我概念较模糊,依赖性较强的消费者。前一类消费者较少受广告宣传和社会潮流的影响,往往按照自己的标准进行购物,不太顾及别人的评价;后一类消费者由于自我独立性差,经常随大流,容易受广告宣传和社会流行观念的影响。

项目二　消费者的生活方式

1. 生活方式的概念

指个体在成长过程中,在社会诸因素交互作用下表现出来的活动、兴趣和态度模式。比如,消费者如何花费他们的时间,在日常生活中优先考虑的事情和偏好,他们对周围的环境和事情等问题的看法,这些都受年龄、性别、民族、宗教以及所处阶层的影响。

2. 生活方式的测定

(1) AIO 量表法

AIO 量表法即活动(Activity)、兴趣(Interest)、意见(Opinion)测量法,其基本思想是通过消费者的活动、兴趣、意见来描述其生活方式。

活动(Activity):消费者日常参与的活动。主要包括娱乐、工作、爱好、社交、休闲等内容。

兴趣(Interest):消费者偏好和优先考虑的事情。主要包括家庭、工作、时尚、食物、媒体以及成就等内容。

意见(Opinion):消费者对有关事物所持的看法。主要包括商业、经济、政治、教育、产品以及文化等内容。

【知识小卡片 3-2】

生活方式与消费者行为的研究

台湾十家广告公司联手进行了一项规模浩大的"生活方式与消费者行为调查",分别对成年人和青年人的 AIO 进行调查,并加以分类。结果表明,成年男性消费者大致可以分为五类:

自命雅皮族:是有着突出教育背景,在商界崭露头角的雅皮士。他们大多从事管理型或创意的"劳心"工作,由于收入偏高,有能力讲求精致的生活享受和消费品味,起居饮食均重个人品味,他们对广告讯息极为敏感,凡事追求创意,敢于尝试,思想开放,大胆,前卫。

草根劳力族:是从事体力劳动的男性消费者。收入普遍偏低,消费能力普遍不强,对商品的需求"量"胜于"质",他们爱看电视连续剧,信奉传统宗教,思想观念比较保守传统,在两性关系方面明显偏向大男子主义。

刻板规律族:多为早出晚归的公务员或企业干部。他们注重家庭生活,消费以实用为主,并讲求节制合理性,很少"冲动性购买",这类人十分注重别人对自己的评价,很怕被别人"讲闲话",因此对太具创新性的商品有抗拒感。"向邻居看齐"是他们的基本生活哲学。

爆发声色族:多为投机事业(如炒作房地产、股票)致富的中年人,他们讲求声色享受,注重能够突显财富地位的商品,如豪华别墅、凯迪拉克汽车等。这类人的生活哲学是"钱能通神",相信金钱本身就是"幸福"的代名词,相信世上没有金钱办不到的事情。

孤芳自赏族:主要从事知识性工作,如教师、记者、作家等。他们注重精神享受,日常生活清俭,金钱大多花在买书、买古典音乐唱片、观赏话剧歌剧之类的"文化消费"上。这类人的政治观念开放而不偏激,较支持具有自由主义色彩和道德形象突出的政治人物。

(资料来源:http://wenku.baidu.com/view/3c7b69315a8102d276a22f1a.html?from=related.)

(2) VALS量表法

目前,最受推崇的关于生活方式的研究是斯坦福研究所(SIR)在1978年做的价值观与生活方式项目,即VALS生活方式分类系统。该系统以动机和发展心理学为理论基础,将美国成年人的生活方式分成九种类型。

由于2/3的人口被划在其中的两种类型里,加上该系统过多地依赖于人口统计数据,使其运用价值受到影响。基于此,SRI在1989年引进了被称为VALS2的新系统。

VALS2系统识别了以下三种主要的自我取向:

原则取向:这种类型的消费者在选择商品时主要受他们的信念和原则的指导,而不是依靠情感、事件或获得认可的愿望而做出取舍。

地位取向:这类种型的消费者在选择商品时受行为、赞许或他人想法的影响。

行动取向:这类种型的消费者渴望体能性的活动,喜欢多样化的生活并勇于承担风险。

3. 生活方式与消费者的消费行为

(1) 市场细分与目标市场选择

每一个消费者的生活方式都不同,进而影响到消费行为。企业应充分利用消费者不同的生活方式,把消费者细分为不同的市场,选取适合本企业发展特点的市场作为目标市场,如星巴克咖啡选择白领作为目标市场。

(2) 对产品进行定位

消费者选择产品的主要原因是产品与特定的生活方式相联系。所以,企业应该试图以产品与某种现有的消费模式相适应为产品定位,从而更好地满足消费者需要,如斯巴鲁汽车被指定为美国滑雪队专用车,与滑雪爱好者的生活方式联系在一起。

(3) 更好地传播产品特征

成功地选择目标市场和对产品进行定位后,企业应选择对目标市场影响较大的宣传媒体,策划能有效激发目标消费者购买意愿的创意广告。

【小测试3-1】

性格决定工作

【A型、B型性格测试】 说明:本测试共25个题目,请对每一个题目做出判断。请回答"是"或"否"。

1. 你说话时会刻意加重关键字的语气吗?
2. 你吃饭和走路时都很急促吗?
3. 你认为孩子自幼就该养成与人竞争的习惯吗?
4. 当别人慢条斯理做事时你会感到不耐烦吗?
5. 当别人向你解说事情时你会催他赶快说完吗?
6. 在路上挤车或餐馆排队时你会被激怒吗?
7. 聆听别人谈话时你会一直想你自己的问题吗?
8. 你会一边吃饭一边写笔记或一边开车一边刮胡子吗?
9. 你会在休假之前赶完预定的一切工作吗?
10. 与别人闲谈时你总是提到自己关心的事吗?
11. 让你停下工作休息一会儿时你会觉得浪费了时间吗?
12. 你是否觉得全心投入工作而无暇欣赏周围的美景?
13. 你是否觉得宁可务实而不愿从事创新或改革的事?
14. 你是否尝试在有限的时间内做出更多的事?
15. 与别人有约时你是否绝对守时?
16. 表达意见时你是否握紧拳头以加强语气?
17. 你是否有信心再提升你的工作绩效?
18. 你是否觉得有些事等着你立刻去完成?
19. 你是否觉得对自己的工作效率一直不满意?

20. 你是否觉得与人竞争时非赢不可?
21. 你是否经常打断别人的话?
22. 看见别人迟到你是否会生气?
23. 用餐时你是否一吃完就立刻离席?
24. 你是否经常有匆匆忙忙的感觉?
25. 你是否对自己近来的表现不满意?

【背景知识】 心理学家用大量的研究证明:性格特点与疾病之间有着紧密的联系。

A型性格的特点是:性格急躁,没有耐心;争强好胜,求胜心切,追求成就,有很强的事业心;动作敏捷;时间观念强;情绪容易波动;对人有戒心;缺少运动。

B型性格的特点是:性情随和,不喜欢与人争斗;生活方式悠闲自在,不争名利,对成败得失看得较淡,不太在意成就的大小,对工作生活较容易满足,工作生活从容不迫,有条不紊;时间观念不是特别强。

医学研究发现A型性格是患心脏病的主要原因之一,A型性格者心脏病的发病率是B型性格的2倍。尽管对健康有些不利影响,但A型性格的人大可不必"杞人忧天",只要对自己的生活做出一些调整,如在时间计划中多给自己留有余地,以便处理突发事件;休息前尽量完成所有的工作,以便轻松自在地游玩;尽量避免排队或做日常琐事等。这样,尽量使自己的行为变成适应性强、压力较小的方式,从而可以有效地保护自己的健康。

【计分说明】 如果你有一半以上的题目回答"是",那么你就有A型倾向了,回答"是"的题目越多,倾向越明显。反之则是B型倾向。

[小测试3-2]

测量你的气质(陈会昌气质量表)

请认真阅读下列各题,对于每一题,你认为非常符合自己情况的,在题后面写上"+2",比较符合的写上"+1",拿不准的写上"0",比较不符合的写上"-1",完全不符合的写上"-2"。

1. 做事力求稳妥,不做无把握的事。
2. 遇到可气的事就怒不可遏,想把心里话全说出来才痛快。
3. 宁肯一个人干事,不愿很多人在一起。
4. 到一个新环境很快就能适应。
5. 厌恶那些强烈的刺激,如尖叫、噪声、危险的镜头等。

6. 和人争吵时,总是先发制人,喜欢挑衅。
7. 喜欢安静的环境。
8. 喜欢和人交往。
9. 羡慕那种能克制自己情感的人。
10. 生活有规律,很少违反作息制度。
11. 在多数情况下情绪是乐观的。
12. 碰到陌生人觉得很拘束。
13. 遇到令人气愤的事,能很好地自我克制。
14. 做事总是有旺盛的精力。
15. 遇到问题常常举棋不定,优柔寡断。
16. 在人群中从不觉得过分拘束。
17. 情绪高昂时,觉得干什么都有趣。
18. 当注意力集中于一件事时,别的事很难使我分心。
19. 理解问题总比别人快。
20. 碰到危险情境,常有一种极度恐怖感。
21. 对学习、工作、事业怀有很高的热情。
22. 能够长时间做枯燥、单调的工作。
23. 符合兴趣的事情,干起来劲头十足,否则就不想干。
24. 一点小事就能引起情绪波动。
25. 讨厌做那种需要耐心、细致的工作。
26. 与人交往不卑不亢。
27. 喜欢参加热烈的活动。
28. 爱看感情细腻、描写人物内心活动的文学作品。
29. 工作、学习时间长了,常感到厌倦。
30. 不喜欢长时间谈论一个问题,愿意实际动手干。
31. 宁愿侃侃而谈,不愿窃窃私语。
32. 别人说我总是闷闷不乐。
33. 疲倦时只要短暂地休息一下就能精神抖擞,重新投入工作。
34. 理解问题常比别人慢些。
35. 心里有话宁愿自己想,不愿说出来。
36. 认准一个目标就希望尽快实现,不达目的誓不罢休。
37. 学习、工作同样一段时间后,常比别人更疲倦。
38. 做事有些莽撞,常常不考虑后果。
39. 老师或师傅讲授新知识、技术时,总希望他讲慢些,多重复几遍。
40. 能够很快地忘记那些不愉快的事情。

41. 做作业或完成一件工作总比别人花的时间多。
42. 喜欢运动量大的剧烈体育活动或各种文娱活动。
43. 不能很快地把注意力从一件事转移到另一件事上去。
44. 接受一任务后,希望把它迅速完成。
45. 认为墨守成规比冒风险强些。
46. 能够同时注意几件事物。
47. 当我烦闷的时候,别人很难使我高兴起来。
48. 爱看情节起伏跌宕、激动人心的小说。
49. 对工作抱认真严谨、始终一贯的态度。
50. 和周围人的关系总是相处不好。
51. 喜欢复习学过的知识,重复做已经掌握的工作。
52. 喜欢做变化大、花样多的工作。
53. 小时候会背的诗歌,我似乎比别人记得清楚。
54. 别人说我"出语伤人",可我并不觉得这样。
55. 在体育活动中,常因反应慢而落后。
56. 反应敏捷,头脑机智。
57. 喜欢有条理而不甚麻烦的工作。
58. 兴奋的事常使我失眠。
59. 老师讲新概念,常常听不懂,但是弄懂以后就很难忘记。
60. 假如工作枯燥无味,马上就会情绪低落。

【陈会昌气质表结果参考】
① 胆汁质,包括2,6,9,14,17,21,27,31,36,38,42,48,50,54,58各题。
② 多血质,包括4,8,11,16,19,23,25,29,34,40,44,46,52,56,60各题。
③ 黏液质,包括1,7,10,13,18,22,26,30,33,39,43,45,49,55,57各题。
④ 抑郁质,包括3,5,12,15,20,24,28,32,35,37,41,47,51,53,59各题。

本气质测验量表为自陈形式,计分采取数字等级制,即非常符合计+2,比较符合计+1,拿不准的计0,比较不符合计-1,完全不符合计-2。分别把属于每一种类型的题的分数相加,得出的和即为该类型的得分。

【评分标准】 如果某种气质得分明显高出其他三种(均高出4分以上),则可定为该种气质;如两种气质得分接近(差异低于3分)而又明显高于其他两种(高出4分以上),则可定为两种气质的混合型;如果三种气质均高于第四种的得分且相接近,则为三种气质的混合型。由此可能具有13种类型:
① 胆汁;② 多血;③ 黏液;④ 抑郁;⑤ 胆汁-多血;⑥ 多血-黏液;⑦ 黏液-抑郁;⑧ 胆汁-抑郁;⑨ 胆汁-多血-黏液;⑩ 多血-黏液-抑郁;⑪ 胆汁-多血-抑郁;⑫ 胆汁-黏液-抑郁;⑬ 胆汁-多血-黏液-抑郁。

课后练习

一、选择题

1. 消费者的个性心理特征主要包括(　　)。
   A. 性格　　　　B. 兴趣　　　　C. 气质　　　　D. 能力
2. 具有敏感型消费行为的消费者,其气质类型是(　　)。
   A. 多血质　　　B. 胆汁质　　　C. 黏液质　　　D. 抑郁质
3. 消费态度严谨或选择商品往往凭经验的消费者,其性格类型是(　　)。
   A. 节俭型　　　B. 保守型　　　C. 习惯型　　　D. 理智型
4. 自我概念的构成有(　　)。
   A. 自我感觉　　B. 反映评价　　C. 社会比较　　D. 自我保护
5. 从事各种消费活动所必需的基本能力有(　　)。
   A. 感知能力　　B. 辨别欣赏能力　　C. 分析评价能力　　D. 选择决策能力

二、判断题

1. 个性心理特征包括个性心理倾向和个性心理特征。　　　　　　　　　　(　　)
2. 个性心理特征对感性消费和理性消费都产生很大影响。　　　　　　　　(　　)
3. 对气质类型不适合营销的消费者不要理他。　　　　　　　　　　　　　(　　)
4. 时尚导向型的消费者是新产品购买和使用的先行者和"活广告"。　　　(　　)
5. 销售人员的介绍如果客观、可信,他会当即买下,反之,会不做争辩,悄然离去。这样的消费者属于沉默寡言者类型。　　　　　　　　　　　　　　　　　(　　)

三、名词解释

1. 个性。
2. 气质。
3. 态度。

四、简答题

1. 个性的心理特征有哪些?
2. 解释气质的概念、气质的类型。如何接待不同气质类型的消费者?
3. 性格的特征有哪些? 如何针对不同性格的消费者展开营销活动?
4. 性格、能力、气质三者之间的关系是什么?
5. 消费者的能力在营销策略上有哪些应用?

五、案例探讨

珠宝的个性消费

珠宝消费历来有三种形态:打扮、保值和表现个人品位。一贯看中生活享受的中国台湾人钟情于珠宝,不仅在于其美丽动人,更主要的是出于保值考虑。一般市民购买珠宝离不开理财心态,上层人士则热衷于以珠宝炫财。上流社会的俊男淑女在重要场合绝不佩戴曾使用过的珠宝。他们走进珠宝店,往往习惯于这样询问:"有没有最新、最大、最贵的?"这种以珠宝炫耀财富、地位与身份的风气，使中国台湾人在珠宝拥有量上可傲视全球。而与中国台湾人大异其趣的是欧美人士，他们看珠宝是为了表现个性，甚至把珠宝当成艺术品。这种心理促使欧美珠宝设计向生活化、个性化、多元化方向发展。以法国名牌珠宝科曼夫为例，就有古典系列、休闲系列、青春系列、豪华系列等。设计上或质朴、典雅，或活泼、俏丽，或新潮、时尚，或简单、大方，迎合了不同消费者的需求。

（资料来源：http://wenku.baidu.com/view/4d69a02f453610661ed9f448.html.）

【思考与训练】
1. 中国台湾和欧美消费者的珠宝消费有何区别？
2. 你购买珠宝时比较注重珠宝的什么特点？

第四章 消费者购买过程中的心理活动

内容简介

本章首先介绍了消费者需要的含义、特征,重点介绍了马斯洛的需要层次论;接下来分析消费者的动机,特别是动机的类型;最后是消费者购买决策的相关知识。

目标规划

1. 学习目标

知识目标:掌握消费者的需要与动机;理解马斯洛需要层次理论;熟悉消费者购买决策过程;了解消费者购买行为类型。

重点掌握:消费者购买决策过程。

2. 能力训练目标

能结合实际分析消费者的购买动机;能够准确抓住消费者所处购买决策层次,及时有效地采取针对性营销策略。

模块一　消费者的需要与动机

项目一　消费者的需要

1. 消费者需要的含义

(1) 消费者的需要概述

心理学认为,需要是人们对某种目标的渴望、欲求,它反映了正常生活某个方面或某些方面的缺乏或者不平衡。例如,人饿了,渴望吃饭;渴了,渴望喝水。

个体正常生活某个方面或某些方面的缺乏或不平衡状况有很多种:有生理上的,如饥饿、渴、寒冷等;也有心理上的,如友谊的缺乏,受尊敬的缺乏等。有些缺乏或不平衡,消费者可能能够意识到,如身体抽筋,消费者意识到可能是缺钙;有些缺乏或不平衡却意识不到,如缺铁、锌、硒、维生素等。此时,企业需要激发消费者意识不到的需要,如黄金搭档,补充铁、锌、硒、维生素,引起消费者对维持身体正常运转所需的元素的注意。

(2) 需要的特征

① 差异性和多样性。差异性和多样性是消费者需要最基本的特征。它既表现在不同消费者之间需要的差异上,也体现在同一消费者需要的多样化上。需要的差异性是指不同消费者之间的需要存在差异,如对服装的需要,有的消费者以经济适用为标准,有的消费者以品牌美观为标准。多样性是指同一消费者具有多样化的需求,即同一消费者对同一消费对象的多方面需求,如购买空调既要外观漂亮,又要制冷、制热效果好。

② 层次性和发展性。消费者的需要具有层次性,一般由低层次向高层次发展。一般情况下,消费者只有先满足低层次需要,才会去追求高层次需要的满足。例如,随着社会经济的发展和人民生活水平的提高,消费者对服装的需要不仅是遮羞或保暖,在质量、款式和材料等方面的要求不断提高,即消费者的需要具有发展性。

③ 伸缩性和周期性。伸缩性是多种消费需要与有限支付能力之间转化平衡的结果,当客观条件受到限制时,需要可以抑制、转化、降级,可以停留在某一水平上,也可以在较低数量上同时满足几种需要,甚至放弃其他需要而获得某一需要的满足。某些需要获得满足后,随着时间的推移还会重新出现,呈现周期性。重新出现的需要不是原有需要的简单重复,而是在形式和内容上有了变化或更新。

④ 对象性和可诱导性。消费者的需要总是和满足需要的对象联系在一起,即任何消费需要都有对象。例如,饿了对食物有需要,冷了对衣服有需要。但是,大多数情况下,消费者对满足需要的对象来说是处于无意识或潜意识状态的,企业和销售人员可以加以诱导。

2. 马斯洛需要层次论

(1) 生理需要

生理需要是指人们日常生活中穿衣吃饭等类型的需要。但是,在现实生活中,穿衣吃饭的需要包含了复杂的消费需要和消费动机。马斯洛认为,生理需要是指维持人类体内生理平衡的需要,如对水、无机盐的需要,对温暖的需要等。当生理需要没有得到满足时,它是驱使人们产生各种行为的强大动力,只有基本满足生理需要后,高一层次需要才会相继产生。

(2) 安全需要

马斯洛认为,人类当在穿衣吃饭方面得到一定程度的满足之后,其需要才会转向安全需要。人类的生活环境具有一定的稳定性,需要法律秩序,即需所生活的社会让人有安全感或者生活中有一种势力能够对人们的安全进行保护,需要所处的环境没有混乱、恐吓、焦躁等不安全因素。例如,人们寻求生命、财产等个人生活方面免于威胁、侵犯并得到保障的心理就是安全需要。

(3) 归属与爱的需要

人类在生理需要和安全需要得到一定程度的满足后,就会强烈地需要朋友、爱人、亲人的关怀,即需要在团体中找到一种归属感。如果这种需要不能得到满足,人类就会产生孤独、被抛弃的感觉。在这种需要的驱使下,人们会主动交朋友,寻找喜欢自己的人或自己所爱的人。这是一种社会需要,包括同人往来,进行社会交际,获得伙伴之间、朋友之间的融洽关系或保持友谊和忠诚。人人都希望获得别人的爱,给予别人爱。人们同时希望为团体或社会所接纳,成为其中的一员,得到相互支持与关照。

(4) 尊重的需要

有了朋友和亲人后,人类还需要朋友、亲人以及社会上其他人对自己有良好评价。人类都有自尊、自重的欲望,需要他人承认自己的实力、成就,得到个人的荣誉和威信,还需自信心、拥有个人的自由和独立性、能胜任工作和任务等。

尊重的需要可能指向内部,也可能指向外部,或二者兼有。指向内部的尊重需要反映个体对自我接纳、成功、自主、圆满完成工作而取得满意感的需要。指向外部的尊重需要包括个体对威望、名声、地位以及他人认同的需要。例如,一个人有"赶时髦"的欲望,这种欲望就是对指向外部的尊重需要的一种反映。

(5) 自我实现的需要

一个人如果以上四种需要都得到了较好的满足,那么就会激发一种最高层次的需要,即实现自我价值和发挥自我潜在能力的需要。自我实现的需要是指实现个人理想、抱负,最大限度地发挥个人能力的需要,即获得精神层面的真、善、美和至高人生境界的需要。在这种需要的驱使下,人们会尽最大的努力发挥自我潜能,实现自我目标,将自己的价值付诸行动。

依照马斯洛的观点,大多数人都没能很好地满足自尊需要而进入到自我实现需要之中。不同的人会用不同方式来表达自我实现的需要。例如,一个年轻人想成为奥林匹克明星,并且一心一意为成为他喜爱的运动中最棒的人而奋斗多年;一个画家可能会用帆布来表达他的情感;一个科学家可能会努力寻找一种能根除癌症的新药。

对于人类的需要层次,马斯洛是按照以下三条原则进行安排的。首先,人类基本的需要必须先得到满足,然后才会进一步追求较高层次的需要。其次,人类需要与个体生长发展密切相关:人出生时,最主要是要满足生理需要,然后逐渐考虑到安全、归属、尊重的需要,最后追求自我实现的需要:因此个人需要结构的发展过程是波浪式演进的,各种需要的实现由一级演进至另一级。最后,人类需要的层次高低与个体生存有关:马斯洛认为,一个理想的社会,除了应该满足人们基本的生理需要外,还要满足人们较高层次的需要,并应该鼓励个人去追求自我实现需要的满足。

另外,马斯洛在晚年还提出了求知和理解的需要及审美的需要,这两种需要不属于基本需要,故本章不予讨论。

【案例讨论 4-1】

20世纪50年代,崇尚英雄的时代。婚姻都是父母做主,农村也不例外,有爱没爱都是一生,有的结婚时才见第一面。彩礼是提点鸡蛋、送只鸡、送只小猪娃、手工缝的衣服、手工做的鞋。吹个唢呐、坐回轿,一间房、一个炕、一床被就把婚结了。

60年代,越穷越光荣。贫下中农最光荣,要嫁只嫁贫下中农。结婚要听从公社安排,典型的"红色主题结婚",所有参加婚礼的人最后要齐念"敬祝万寿无疆"。彩礼是大木箱、两只鸡、手工缝的四件衣服、两双鞋、两斤糖、少量的钱、粮票、布票。戴红花、穿军装、敲锣打鼓把婚结。

70年代,崇尚节约。计划生育宣传遍地开花。当然结婚中红色政治仍占主导,结婚仍有一段语录,但结婚证后面加了"计划生育、勤俭节约"八个大字。这时的彩礼有了很大变化,不光是大木箱、鸡、糖、衣服、鞋要"机器"做的,而且一买就是四套,钱也有了明确的数目,120元、240元不等,好一点的送自行车、缝纫机。结婚时要三间房,大头巾、驴来驮,浩浩荡荡把亲结。

80年代,崇尚"万元户"的时代。粮食多、能挣钱成为主导。彩礼发生了很大变化,什么三转一响(自行车、缝纫机、手表、收音机)已普遍,好多是自行车、录音机、电视(黑白的多一点)、大皮箱、大衣柜,衣服是成套成套地买,一年四季的全买,鞋要皮鞋,各种色彩、各种式样,三间房、全装修,现金少则800元,多则6000元。吹拉弹唱已过时,杀猪宰羊办酒席,人情份子节节高,坐车(拖拉机)结亲才显威。

90年代,崇尚"金钱"。打工潮的出现,结婚成了"结钱"。彩礼五花八门:房(指新修的砖房)、大彩电、全自动洗衣机、摩托车、家具衣服样样俱全,现金少则6000元,多则20000元。自办酒席被人笑,新娘出房把人迎,一切联络靠手机,坐车就坐小轿车。

当今,崇尚"时尚"。天南地北把婚结,家电房子全要新,衣服鞋子不重要,三金(金戒指、金耳环、金项链)电脑家用车,八千一万让人笑,五万六万方能行,大办酒席是浪费,出门旅游才时尚。

(资料来源:http://wenda.tianya.cn/question/7b10c173da02c934.)

【讨论】 讨论家乡的彩礼情况,分析其合理与不合理之处。

【讨论记录】 _____

_____

_____

3. 需要与相应的消费市场

(1) 生理需要

从满足生理需要的角度上讲,商品包括食品、饮料、服装鞋帽等,这些仅仅是满足基本的生理需要的商品。由于生理需要是人类最基本的需要,所消费的商品不仅数量大,而且具有永久性。例如,每一城市的市中心都会有许多饭店和服装店,且每家店的生意都很红火,这是因为吃饭和穿衣是人们最基本的需要。

(2) 安全需要

生理需要满足后,接下来就要考虑安全需要了。人们对食物的需要,不单单是能填饱肚子,还考虑该食物是否安全。从满足安全需要的角度看,人类消费的商品类型五花八门。例如,为了个人安全而购买防身用品,为了保护自己的家庭财产而购买防止偷盗的保安用品。

(3) 归属和爱需要

归属和爱的需要反映在人们结交朋友、参加社交活动、赠送礼品以及在公共场所的娱乐消费等。随着人们生活水平的提高,工作节奏的加快,人际交往的需要更加强烈,导致满足归属和爱的需要的商品越来越多,许多商品的营销策划都紧紧抓住人们归属和爱的需要。例如,保健产品广告商经常在广告中强调社会性需要,满足人们归属和爱的需要。

(4) 尊重需要

为满足尊重需要而消费的商品类型很多,如各类名牌商品、名贵商品、稀有商品,以及为了改变或美化自我形象的各类美容化妆品、服装服饰品、高档商品等。消费这些商品的目的是为了满足一些消费者的尊重需要,所以商品必须具有这样的特点:一是知名度高,购买了这一商品的消费者因为商品的知名度而提高了消费者本人的知名度;二是购买或消费该商品的人数较少,消费者购买该商品之后显得与众不同,格外突出;三是商品的性质独特,消费者能从中享受到独一无二的体会。

(5) 自我实现需要

马斯洛在描述追求自我实现的消费者的消费特征时,认为这些消费者需要消费相应的商品,但是不十分在意这些商品,而是在意这些消费具有一定的独特性。例如,为了实现自己在摄影方面的才能,消费者需要购买一些摄影器材或有关的商品。为了发挥自己在绘画艺术方面的才能,不得不消费与绘画有关的商品。需要层次与相关产品总结如表4－1所示。

表4－1 需要层次论与相关产品

需要层次	相关产品	例子
生理需要(水、睡眠、食物)	药品、日常用品、无商标产品、特殊饮料、健康器材	红牛:累了困了,喝红牛
安全需要(安全、掩蔽、保护)	保险、报警各级系统、退休、投资	盼盼防盗门:盼盼到家,安居乐业
归属和爱的需要(爱、友谊、他人的接受)	服装、装饰品、酒吧、饮料、娱乐和休闲食品	好丽友:好丽友,好朋友
尊重需要(声望、地位、成就)	汽车、家具、信用卡、商店、乡村俱乐部、酒	绿箭口香糖:让我们接近从此不再彷徨
自我实现需要(自我实现、丰富体验)	业余爱好、旅游、教育	美特斯邦威:不走寻常路

4. 马斯洛的理论对研究消费者心理和行为的启发

马斯洛使用了一种动态的方法来分析人们的需要,这种划分方法真正符合人类的需要特点。人们在满足了吃饭穿衣等最基本的需要的基础上,才会考虑到尊重、自我形象这一类的需要。在马斯洛的理论中,满足了最基本的生理需要,人们才会出现归属和爱,以及尊重的需要。所以营销者首先要判断目标消费者处于哪一个消费阶段,才能提供与之相适应的产品和服务。例如,从满足生理需要出发,服装只要能御寒、蔽体就行了;从安全需要出发,就要注重衣服是否为天然织物;从社交需要出发,就会突出其款式与个人的气质、身份适宜;从尊重的需要出发,就会考虑产品的品牌、着装人的身份等因素;从自我实现的需要出发,就要体现消费者的个性。

马斯洛把人类的生理需要和安全需要作为人类的基本需要,对我们处理消费行为过程中最基本的问题具有指导意义。高一层次的需要是在最基本的需要得到了满足的基础上产生的,而且这些最基本的需要本身也还具有强大的动力。人要穿衣吃饭不是一次性消费行为,而是需要在日常的生活中不断地、经常地实施这一行为,所以人们的生理需要就成了人类社会中最基本也最平常的一个方面。为了满足人们的基本需要而形成的消费市场也应该是一个稳定的市场,这个市场如果经常出现波动的话,会严重地影响人们基本需要的满足。

马斯洛提出的需要层次动态的满足过程,为预测基本需要的满足、预测市场提供了对照的依据。当人类的基本需要得到了一定程度的满足之后,高层次的需要必然会随之出现,并必然需要满足高层次需要的商品。

【训练项目 4－1】

针对消费者的不同需要采用不同营销策略

【训练目标】 根据马斯洛的需要层次论,了解消费者的不同消费需要,进而采用不同的营销策略。

【训练内容】 以身边某一商品(如牛奶、衣服)为载体,分别扮演推销员和消费者,以满足消费者的生理需要、安全需要、归属和爱的需要、尊重需要以及自我实现需要展开推销活动。

【训练内容】 首先由学生对自己的推销行为进行点评,接下来由其他学生评价,最后由老师归纳总结。

项目二 消费者的动机

1. 消费者动机的含义

动机是个体对自身需要的意识或体验,是个体一切行为的动力。或者说,动机是有机体朝一定目标活动的内在心理活动或内部心理动力。

消费者的动机是消费者购买并消费商品时最直接的原因和动力。在现实生活中,消费者受到某种刺激时,其内在的需要就会被激活,进而产生了一种不安的情绪(紧张、不自在)。这种内在的不安情绪与相应的消费对象结合,演化成一种动力,这就形成了消费动机。对消费者而言,消费动机激发消费者的需要,促使消费者去寻找能满足自身需要的东西,产生购买行为,从而使生理上的不安情绪得到消除。

(1) 消费者动机与需要的区别

需要是个体生理或心理上的一种状态,某方面需求,如果被意识到了,它为产生具体的行为倾向和行动提供了可能性;动机表现为能够激发个体意识到个体缺乏某种物质,并且为个体提供满足需要的具体行为指向。

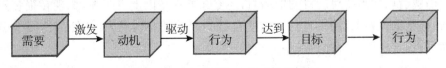

图 4－1 需要、动机和行为的关系图

例如,肚子饿了,但由于很专注工作,并没有意识到,只有当意识到时,才知道自己已经很久没有进食,于是走进厨房寻找食物,发现厨房没食物了,心理和身体感到很不舒服,产生一种紧张感,准备出去买烤饼吃,到卖烤饼的地方发现收摊了,只有继续找,看街上有没有卖吃的,走到一个水果摊前,买了一斤香蕉、两个苹果,吃了以后,发现肚子饱了,接下来又安下心来,继续工作。

相对消费者的需要而言，动机的表现更为清楚明显。需要购买电冰箱的消费者，在需要的心理阶段，仅仅是有一种倾向性的反映，有了具体的购买动机之后，人们会构思冰箱的容积、颜色、外形、品牌，这就是消费动机的表现。动机把消费者的需要行为化，人们按照自己的动机去选择具体的商品类型。因此研究消费者的动机可以为广大工商经营管理者提供更加直接、有效的参考依据，用于指导企业的生产和经营。

购买动机取决于消费者的要求和需要，营业员必须了解不同消费者的购买动机，要了解消费者是在何种动机的支配下做出购物选择的。例如，某消费者准备购买电视机的购买动机在安全耐用上，如果营业员老是强调价格低廉，消费者会认为便宜没有好货，他一定会放弃购买，因为这种商品和他的购买动机不一致。

(2) 动机形成的必备条件

① 内部条件。引起动机的内在条件就是需要，动机是在需要的基础上产生的。如果说人的各种需要是个体行为积极性的源泉，那么人的各种动机就是这种源泉的具体表现，可以说，许多活动都是由需要引发的。引起寻找食物行为的需要是个体内能源物质匮乏，或一种体内物质缺乏。所以说，从内部条件来看，动机是个体对自身需要的意识或体验，是个体一切行为的动力。如果有了消费需要且这种需要被意识到，同时达到一定强度，这时，广大工商企业的经营管理者提供合适的商品就会引发消费者的消费动机。

② 外部条件。消费者的动机行为不仅会受到内部需要的"推动"，还会受到外部刺激的"拉动"。一个目标物除满足需要的作用之外还有某种诱惑力，这种力量被称为诱因作用。一些目标的诱惑力很大，即使没有内部需要，也可能激发消费者的行为。例如，草莓蛋糕非常好吃，即使你不饿也很想吃。而另一些目标的诱惑力很低，尽管你有内在的需求，但还是难以激发消费行为。例如，在这个世界上有些地方，一些鲜活的、可以蠕动的虫蛹或是蛆可能是一道好菜，但很多人不管有多饿都很难把它们放到嘴里去。

从这个意义上来说，诱因是引起动机的另一个重要因素。诱因可以单独引起动机，也可以与需要结合引起动机。大多数情况下，人的行为是由内在需要与外在的诱因两种因素共同驱动的。内在需要能使一些本来缺乏吸引力的刺激物变成合乎需要的目标，如饥饿极了，冰箱里的残羹冷炙也会成为美味佳肴。有时候强烈的刺激能与一些中等强度的需要结合产生较强的驱力，如虽然只有一点点口渴，但前面摆放一杯非常美味的果汁，你会毫不犹豫地拿过来喝。

内在有需要的"推"，外在有诱因的"拉"，这时候就能产生强烈的动机。对商家而言，除了要注意消费者内在需要对动机的推动力，还要在外在诱因上下工夫，如现在很多商家用漂亮的广告、优雅的代言人，用尽各种办法使自己的产品具有诱惑力，从外部诱因上引发消费者的消费动机。

2. 消费者动机的特点

(1) 目的性

消费者头脑中一旦形成了具体的动机，便有了购买商品和消费商品的目的。

(2) 指向性

消费者对将要购买的商品有明确清晰的要求。对不同商品，这种指向性还可以细化。例如，有的消费者对化妆品的要求指向于保养性，有的消费者指向于美白，有的消费者指向于祛皱、祛斑等。

(3) 主动性

动机的形成可能源于消费者本人内部的因素(如需要、消费兴趣或消费习惯等),也可能源于外部条件的激发(如广告的宣传、购物场所的提示等),而当消费者对购买商品有了明确的目的时,会更主动接受外部条件的刺激,更自觉地搜集与商品有关的信息。

(4) 动力性

在需要动机的支配下,消费者会随时做好购买的准备并购回商品,即使购买过程中困难重重,消费者也会努力克服。

(5) 多样性

同一消费者在购买不同商品时表现的动机不一样,对于同一种商品而言,不同消费者的购买动机也不一样。例如,对于一件价格不菲的衣服,有的人可能是很随意的买一件还不错的衣服,但有的人可能是省了很久,想给自己买一件拿得出手的衣服,有的人买了是为了送人,有的人是为了参加应聘。消费者在购买商品时的动机还带有个性特点,性格开朗的消费者对商品的细节不感兴趣,而性格多疑的消费者非常重视商品细节。此外,消费者动机随着不同的场合与不同的时期而发生变化。这些都是消费者动机多样性的表现,动机的复杂多样性为各类商品的定位提供了心理基础。

(6) 组合性

消费者在购买某一种或某一件商品的时候,可能仅出于一种消费动机,也可能出于多种消费动机,每一种动机所起的作用大小不一样。例如,购买海尔洗衣机的动机有以下几方面:洗衣机能减轻自己繁琐的家庭劳动;广告宣传说这种品牌的洗衣机质量好且维修方便;该品牌的洗衣机外观让这位消费者觉得漂亮;一位同事已经买过了此品牌的洗衣机,觉得噪音低,质量不错,等等。

3. 消费者动机的类型

(1) 基本动机

① 基本动机的含义。基本动机是指人们消费商品时基本的并且普遍存在的原因和动力。例如,购买食物的主导动机是满足人们解决饥饿、补充能量的需要;购买衣服的主导动机是满足人们解决寒冷、遮体的需要。这些是消费食物与衣物最直接的目的,也是最主要的目的,其他商品很难替代,具有相当的独特性。因此谈到消费者的主导动机时,必然要考虑商品的具体特性。

② 基本动机的类型。

A. 求实用消费动机。求实用动机的核心是"实惠"、"实用"。在这种动机驱使下,消费者选购商品时特别注重功能、质量和实际效用,不过分强调商品的样式、色调等,几乎不考虑商品的品牌、包装及装潢等非实用因素。产生实用性消费动机的原因一般有三种:一是商品的价值主要表现为它的实用性,如洗衣粉、毛巾等,消费者不必刻意去追求商品别的特性;二是消费者已经形成实用性消费观,并且成为他购买所有商品的一条准则,选购商品时把商品的实用性放在第一位;三是消费者的经济能力有限,没有能力追求商品的精美外表或购买价格昂贵、知名度很高但实用性差的一类商品。家庭收入不高的家庭主妇以及相当一部分农民消费者具有此种消费动机,他们是中低档商品和大众化商品的主要消费者,对高档商品、非生活必需品的购买持慎重态度。

B. 求方便消费动机。求方便消费动机是为了减少体力与心理上的支出而出现的消费动机。其形式可以分三种:一是商品可以减轻消费者的劳动强度,节省体力,许多与家庭服务有关的劳务消费均出自这种动机,如家庭装修服务、家政服务、家庭运输服务等;二是商品具有方便消费者使用的功能,能减少操作使用麻烦,如电饭锅、方便面、各种电器上的遥控装置等;三是方便消费者的购买,能减轻购买过程的繁琐程度,如一站式购物。

求方便消费动机的消费者的时间、效率观念很强,希望尽可能简单、迅速地完成交易过程,不能容忍繁琐的手续和长时间的等候,对商品本身不大挑剔。具有这类购买动机的消费者大多是事业型的男性。

C. 求美消费动机。求美动机主要有两种表现形式。一是商品本身存在客观美的价值,消费者以追求商品的艺术欣赏价值为主要动机。这类消费者在购买商品时非常重视商品的欣赏价值和装饰效果,注重商品的造型、色彩、图案等,商品的实际使用价值则处于次要低位。具有这种购买动机的消费者多为中青年女性以及文艺界人士,他们是妇女时装、化妆品、首饰、工艺品、家庭装饰用品的主要购买者。二是商品能为消费者创造出美或美感,如美化了自我形象、美化了个人的生活环境等。

D. 求健康消费动机。这类商品包括医药品、保健品及健身用品。医药品作为治疗疾病的一类商品,已经拥有了非常巨大和严格的消费市场。保健品市场不像医药品市场那么严格,消费者可以自由地购买到这些商品,并且使用起来也比较方便。健身用品市场的发展越来越快,健身商品的品种日趋丰富和完善,这与人们生活水平的提高有直接的关系。

E. 求安全消费动机。求安全消费动机有两种表现形式:一是为了人身与家庭财产的安全,消费者需要购买相应的商品以期防止具有危害性的事情发生,如购买防卫性用品、保险服务等;二是在使用商品的过程中,希望商品的性能安全可靠,如要求电器商品的绝缘性好。

F. 求名消费动机。求名消费动机是指消费者通过购买特殊的商品来宣扬自我、夸耀自我的一种消费动机。人们的性格特点不同,这种动机的强烈程度也就因人而异,有些消费者求名动机十分微弱,有些消费者求名动机十分强烈。在强烈的求名动机驱使下,消费者购买商品几乎不考虑商品的价格和实际使用价值,只是通过购买和使用名牌来显示自己的身份和地位,从中得到一种心理上的满足。具有这种购买动机的消费者一般具有相当好的经济实力和较高的社会地位。此外,表现欲和炫耀心理比较强的人,即使经济条件一般,也可能具有此种购买动机,他们是高档名牌商品的主要消费者。

G. 求廉消费动机。这是消费者追求商品低价格的一种消费动机,以追求商品的价格低廉为主要特征。同样的商品品牌,同类型商品,消费者尽可能选择价格最低的那一种商品。以求廉动机为主导动机的消费者购买商品时最注重价格,对商品的花色、式样及质量等不太计较,有的顾客喜欢购买削价处理品、优惠价商品。具有这种购买动机的多为经济收入较低的消费者,也有部分经济收入较高但具节俭习惯的消费者,他们是低档商品、残次品、积压品、削价处理品的主要购买对象。

H. 求奇消费动机。人们当对面前的事物觉得新鲜、有趣、奇特的时候,想要了解它、理解它、尝试它的好奇心就产生了。促使消费者产生好奇心并且产生购买欲望的商品,都是些外观新颖、功能奇特或者给消费者带来意外收获的商品。例如,一家商店门口遮得严严实实,只有五个字"男士禁入内",这让人们产生无尽好奇心,于是,男伴纷纷让女伴入内看看里面到底销售什么商品,其实也不过一些女士用品,但由于激发了人们的好奇心,使销售量大为增加。这种动机虽然普遍,但就某一种特定商品而言,消费者的好奇动机难以长时间保持,这与人们的感觉适应性密切相关。因此消费者的求奇消费动机稳定性不强,好奇心容易转移到别的更有新意的商品上去。

I. 习惯性消费动机。消费者出于长期形成的习惯而购买商品,以满足个人兴趣或爱好为主要特征。人们由于兴趣爱好、生活习惯或职业需要等原因,往往对某些商品表现出特别的兴趣。他们的购买行为取决于个人的购买嗜好,一般不受广告宣传影响,具有集中性、稳定性和经常性的特点。例如,有的消费者对某一种或几种牌子的商品保持稳定的消费习惯,购买香皂习惯购买"舒肤佳"。

J. 储备性消费动机。消费者主要以商品的储备价值或使用价值为目的而产生的消费动机。第一种表现形式是消费者购买金银首饰、名贵工艺品、名贵保值的收藏品进行保值储备。这类商品的价值比较稳定,不仅能保持原来的价值,而且还可能在收藏期间出现增值的情况。第二种表现形式是在市场出现不正常的现象、求大于供的矛盾激化、社会动乱的时候,消费者可能进行储备以应付市场上的矛盾和社会上的动乱。例如,在SARS病毒传播期间,传言用84消毒液可以杀死病毒,于是消费者大量购买84消毒液。第三种表现形式是消费者购买有价证券进行保值储蓄,虽然有价证券的保值性不如第一种表现形式中的商品稳定,但消费者坚信证券会带来更多利益。

K. 留念性消费动机。为了记下当时的气氛、情景而留下回忆等产生的消费动机。这种动机对人们的生活意义重大,它丰富了人们的精神生活,尤其是那些美好的纪念增添了人们乐观生活的情趣,如旅游市场的纪念品,纪念照的拍摄服务等。

L. 馈赠性消费动机。人情互为往来,这种现象在我国十分常见。馈赠的目的是为了表达一种情感,增进双方的友谊,或为了纪念某件事情,或出于一种风俗习惯,或为了某种利益的交换等。因此,对于馈赠商品,人们挑选和购买的标准各不相同。

M. 补偿性消费动机。有些消费动机在某一时间内不能转化为现实的消费行为,但是经过较长的时间后,消费者具备了相应的条件,可以实现购买行为,这时的动机表现为一种补偿性。例如,一个穷孩子十分想吃白面馒头,但买不起,许多年后,他成为了富翁,认为世界上最好吃的食物仍然是白面馒头。补偿性消费动机虽然较为普遍,但一直没有受到研究人员的注意。比如,年轻夫妇在生儿育女的时候,生活一般较为困难,消费能力受到较大影响,许多消费动机被暂时压抑。当他们步入中、老年之后,工作稳定,事业有成,收入水平较高,此时可以实现原来没有实现的消费愿望,人的精神面貌也因此而改变,消费行为体现出较强的补偿性。

N. 求心理平衡消费动机。由于消费者本人存在某些方面的不足,要通过消费商品来弥补个人的这些不足,以取得心理平衡的消费动机。例如,周围人都有了手机,你也想要买一部手机,再如,本来打算买一辆10万元左右的车,但看到周围的人都购买了20万元左右的车,于是不假思索买了一辆20万元左右的车。

【案例讨论4-2】

东京迪斯尼乐园位于日本千叶县浦安市。1983年开业后,商界许多人认为它将失败。结果令人大吃一惊:从开业至1991年5月,游客累计为1亿多人次。现在该园每年吸引1600多万名游客,年营业额为1470多亿日元,成为日本企业界的奇迹。

该园的成功是因为运用独特的经营技巧,全方位满足了游客的旅游心理动机。为了吸引游客,提高"重游率",从规划、建设到经营,处处体现出心理诱导策略。

① 地理位置。该园选址在距东京约10千米,乘电车20分钟便可到达的浦安市。

② 占地面积。该园面积使游客无法在一日内游完,但也不能过分大,讨论后认为最恰当的面积为46.2公顷。

③ 景观环境。聘请农学博士专家协助建园,使该园一年四季能呈现不同景观,始终维持花草繁茂的状态。

④ 适应国情。该园商店街建有屋顶,而美国加利福尼亚州、佛罗里达州的迪斯尼乐园却没有,主要原因是日本雨水较多。

⑤ 商品奇俏。该园游客的平均消费远高于传统乐园游客,主要原因是园内销售的商品经过仔细挑选,许多商品在外面买不到。

⑥ 设施常新。该园几乎每年都增添新的游乐设施,1987年建"雷电世界",1989年修"星际之旅",1992年推出"米奇胜过滑雪"节目。设施的常新使得东京迪斯尼乐园重游率高达85%。

(资料来源:http://blog.sina.com.cn/s/blog_12d7e9e390101r21t.html.)

【讨论】 东京迪斯尼乐园的营销策略抓住了消费者的哪些动机?

【讨论记录】_____

_____

_____

(2) 主导动机

主导动机是指消费某一种商品时,引起消费者购买这种商品的直接的并且起主要作用的原因和动力。

① 食品消费:

求新鲜动机。刚上市的蔬菜虽然价格比别的蔬菜要贵,但由于新鲜人们愿意购买。

求营养动机。人们认为土鸡蛋的营养价值比洋鸡蛋高,虽然土鸡蛋的价格比洋鸡蛋的高,但是许多人选购鸡蛋时仍然以土鸡蛋为首选。

求美味动机。湖南人喜欢吃咸、辣,虽然知道含盐量高的食物不营养、辣的食物对胃不好,但还是喜欢吃,就是为了追求美味。

② 服饰消费:

求美动机(又属于基本动机)。消费者对服饰的要求一般是体现身材,衬托肤色。

求舒适动机。消费者希望购买到的服饰穿在身上舒服,如顶呱呱纯棉、彩棉服饰,较好地抓住消费者的求舒适动机。

此外,消费者对服饰的购买动机还有求流行动机、求个性动机等。

③ 家用电器消费：

求省电动机。许多家用电器都标上了节能的标志，如格力空调"一晚低至一度电"，这个广告词就是在标榜空调省电。

求高质稳定动机。家用电器，特别是大型电器，消费者不希望频繁更换，希望能使用较长时间。所以，消费者对家用电器，求高质稳定动机特别强烈。某品牌热水器的宣传词如下：五十年前，你祖父买了一台×牌电热水器给我，现在依然在用，现在我给你买一台×牌热水器，半个世纪的保障。

求绝缘性动机。电器漏电带给消费者的伤害往往是毁灭性的，每一个消费者都希望所购买的电器是安全的，也就是希望电器的绝缘性能好。某品牌电热毯在广告中展示的图片是边通电边浸入水中，以表明该产品绝对绝缘。

求操作方便动机。傻瓜电脑，傻瓜空调，只要按一个键，就能展示电脑或空调的多种功能。

④ 美容化妆品：

求方便动机。工作压力的增大和生活节奏的加快，消费者虽然有爱美之心，但是面对繁冗复杂的美容程序却望而生畏，希望一种商品能代替几种商品的作用，如希望洗面奶具有保湿、去死皮、抗皱等功效。

求安全动机。消费者使用美容化妆品是希望自己越变越漂亮，而不是使用后带给自己烦恼。

求效果快速动机。有则广告中的一个女孩，她男朋友在门口等着她，她便急急忙忙准备跑出去，室友问她："这个样子怎么见他？"朋友支招，于是在半分钟内，她焕然一新走出房间，脸上斑斑点点全不见了……这则广告利用了人们希望美容效果快速高效的动机。

【训练项目4-2】

了解消费者动机的类型及营销策略

【训练目标】 能够了解消费者动机的类型，并做出对应的营销策略。
【训练材料】 以小组为单位，完成表4-2。

表4-2

动机类型	表现特点	常见人群	主要商品类别	营销对策
求实动机				
求廉动机				
求便动机				
求美动机				
求新动机				
求奇动机				
求名动机				
习惯性动机				
留念性动机				
补充性动机				
馈赠性动机				

模块二　消费者的购买决策

项目一　消费者购买决策概述

1. 购买决策的含义

消费者购买决策是指消费者为了满足某种需求,在一定购买动机的支配下,在可供选择的两个或者两个以上的购买方案中,经过分析、评价、选择并且实施最佳购买方案,以及购后评价的活动过程。它是一个系统的决策活动过程,包括需求的确定、购买动机的形成、购买方案的抉择和实施、购后评价等环节。

2. 购买决策的内容

消费者购买决策的内容会因为人、环境等的不同而有差异,同时也存在明显规律,一般消费者的购买决策都离不开以下几方面的内容:

(1) 购买原因

购买原因即购买动机。人有多种需要,在支付能力有限的情况下,必须优先满足某些需要。不同的需要产生不同的购买动机,即使购买同种商品,购买动机也可能多种多样。比如买房,购买动机可能是居住,也可能是保值增值,甚至可能是用来出租获取租金。

(2) 购买目标

购买目标即购买对象,这是购买决策的核心问题和首要问题。购买目标不能只停留在一般类别上,而是要具体到商品的名称、品牌、商标、款式、规格、价格、颜色、包装、售后服务等方面。如果商品和服务各方面属性都能满足消费者的需要,就会刺激消费者做出购买的决定。

(3) 购买数量

购买数量取决于实际需要、支付能力、市场的供应情况及其他心理因素。如果消费者需要迫切,不购买就会影响到自己生活和工作的正常运转,即使支付能力不足,也可能借钱购买。对于实际需要而市场供应紧张,且涨价趋势明显的商品,消费者可能会加大购买数量。对于市场供应充实的商品,即使消费者有购买需要,一次购买的数量也不会太多,如消费者每天需要购买青菜,但是每次购买青菜的数量只要维持当天食用即可。

(4) 购买时间

确定购买时间即确定什么时候购买。一般情况下,购买时间与消费者的主导购买动机的迫切程度密切相关。对于必须解决的问题,大多立即购买,如消费者正在做饭,发现盐用完了,就会立即产生购买行为。对于一般消费商品,则可灵活地选择购买时间。此外,购买时间还与促销、市场供应状况、营业时间、交通状况、商品的季节性以及消费者的职业、生活习惯、可支配的闲暇时间等因素有关。例如,现在许多连锁商业企业利用节假日、店庆举办促销活动,令消费者趋之若鹜,销售现场十分火爆。

(5) 购买价格

购买价格一般与所购商品种类、货币支付能力、购买目的以及用途等因素有关。例如,若是用来馈赠亲友,消费者购买的商品往往是高档商品,如果自己使用,则会选择中低档商品。

(6) 购买地点

购买地点的选择通常与所购商品的性质有关。例如,购买一般日常生活用品,消费者为求其方便,多到附近便利店或超市购买,而购买偏好性较强的商品、耐用消费品,为求其可靠,多到专卖店、大型综合超市或专营店购买。此外,购买地点的选择还与商品经销单位的信誉、路途的远近、可供挑选的品种、购买的数量、价格以及服务等多种因素有关系。

(7) 购买方式

购买方式即怎样购买。现代企业销售方式日益多样化,以给消费者提供更多的选择方式。例如,消费者是选择邮购、电话预约、代购、电视购物、网购还是现场购买,这些都和消费者的性格有关系。消费者选择一次性付款还是分期付款,这与消费者的支付能力有关系。消费者是现金支付还是信用卡支付,这取决于消费者的支付方式。企业应根据自己经营商品的范围和特点,以多种多样的销售方式和服务项目去适应消费者的多种购买方式。

(8) 购买频率

购买频率即多长时间购买一次。购买频率与商品使用周期、个人和家庭的消费量密切相关。根据家庭结构、收入水平和消费情况,消费者要决定多长时间购买一次。通常情况下,日常生活必需品和日用品的购买频率相对比较固定。

3. 影响购买决策的因素

(1) 环境因素

环境因素主要包括文化因素、社会因素和经济因素等。

文化因素渗透在消费者的日常生活中,对购买决策影响广泛,不但可以决定消费者所选购商品的类型,还可以影响消费者购买决策的方式。

消费者行为亦受到社会因素的影响。社会因素包括消费者的家庭、相关群体和社会阶层等。家庭是消费者个人所归属的最基本团体,一个人从父母亲那学习到的消费行为,即使在他长大离家后,对他的消费行为仍然有明显的影响。相关群体对消费者起到参照和信息来源的作用,消费者的购买决策会受到相关群体成员在价值观等方面的影响,从而变得和群体成员行为和信念一致。同一社会阶层的人往往有着共同的价值观、生活方式、思维方式和生活目标,这些都影响着他们做购买决策的方式。

消费者的经济状况会强烈影响消费者的消费水平和消费范围,并决定着消费者的需求层次和购买能力。消费者经济状况较好,就可能产生较高层次的需求,购买较高档次的商品,享受较为高级的服务。相反,消费者经济状况较差,通常只能优先满足衣食住行基本生活需求。

(2) 刺激因素

刺激因素包括商品本身的功能、属性与外观、包装、商标、价格、生产厂家的信誉和服务水平等。首先,消费者购买商品的主要目的是获得商品的使用价值,所以商品的功能是影响消费者购买决策的最基本因素。功能相同的商品，外观新颖、包装别致的名牌产品更有利于消费者做出积极购买决策。同时，商品价格合理也很重要，让消费者感觉物有所值。最后，热情周到的服务使消费者在心理上产生轻松愉快的购物体验，能促使消费者做出积极购买决策。

(3) 心理因素

消费者个人心理因素包括需要、动机、感知觉、兴趣、经验、态度和个性等，这些因素会影响消费者的决策过程，使其带有个人特点。急需满足的需要，会激发消费者强烈的购买动机，从而使消费者较快做出购买决策。消费者的动机被激发后，随时准备行动。面对复杂多样的商品，需要消费者的感知觉和兴趣对其进行甄别筛选。消费者的经验会影响对决策结果的评估：如果使用商品后产生满意的结果，则以后在相同情况下，消费者会积极购买；否则，会产生消极购买决策。态度是消费者对所购商品持有的持久一致的评价、反应，不仅直接影响消费者自身的购买决策，同时还会影响他人的购买决策。个性是与消费者的经验和行为联系在一起的内在本质特征，对购买决策的主动性和独立性的影响较大，如独立型性格的消费者具有明显的消费主见，决策主动性和独立性都比较强，而顺从型的消费者往往在购买过程中缺乏主见，易受他人影响，购买决策的主动性弱。

项目二　消费者购买决策过程及营销任务

1. 引起需要

引起需要是消费者确认自己需要什么来满足自己的需求。消费者的需要一般由两种刺激引起：一是内部刺激，如饥饿感；二是外部刺激，如广告宣传等。

引起需要阶段的营销任务主要有以下两个方面：

① 了解引起与本企业产品有关的现实需求和潜在需求的驱使力，即是什么原因引起消费者购买本企业产品。例如，了解消费者为什么购买蜂产品，就可以开发出多种蜂产品来满足消费者需求，如蜂蜜、蜂王浆等。

② 设计引起需求的诱因，唤起消费者的需要，引发购买行为。例如，"脑白金"一到节日前夕就加大广告播放频率，让消费者牢牢记住"送礼就送脑白金"的观点。

2. 收集信息

为了满足需要，消费者要收集信息。消费者的信息来源主要有个人来源、经验来源、公共来源和商业来源等四个方面。个人来源是来自亲朋好友的信息；经验来源是指从使用产品中获得的信息；公共来源是指从网络和电视等大众传播媒体、社会组织中获取的信息；商业来源是指从企业营销中获取的信息，如从广告、推销员、展览会等获得的信息。源于个人和经验的信息对消费者购买行为的影响最直接，公共来源和商业来源的影响比较间接，但诱导性强。例如，消费者从媒体中获取禽流感的信息之后，很多都不敢吃鸡肉、鸡蛋了，后来人们又从媒体中获知鸡肉经过高温烹饪，其中的禽流感病毒会被杀死，又开始吃鸡肉、鸡蛋了。

收集信息阶段的营销任务包括：

① 了解不同信息来源对消费者购买行为的影响程度。

② 注意不同文化背景下收集信息的差异性。
③ 有针对性地设计恰当的信息传播策略。

3. 产品评估

消费者在获取足够的信息之后,要对备选的产品进行评估。对产品评估主要涉及以下问题:

(1) 产品属性

产品属性是指产品能够满足消费者需求的特征,它涉及产品功能、价格、质量、款式等。在价格稳定的情况下,消费者对属性多的产品感兴趣。由于使用者不同,对产品属性的要求也不同,如消费者对汽车轮胎的安全性要求低于航空公司对飞机轮胎安全性的要求,由于对飞机轮胎的安全性要求高,因此飞机轮胎昂贵。

(2) 属性权重

属性权重是消费者对产品有关属性给予的不同权数,如电冰箱,如果消费者注重它的耗电量,他就会购买耗电量低的电冰箱。

(3) 品牌信念

品牌信念是消费者对某种品牌产品的看法。它带有个人主观因素,受选择性注意、选择性曲解、选择性记忆的影响,这些因素往往导致消费者的品牌信念与产品的真实属性不一致。

(4) 效用要求

效用要求是消费者对某种品牌产品各种属性的效用功能标准的要求。如果产品能够满足消费者的效用需求,消费者就愿意购买。

产品评估阶段的营销任务包括:

① 增加产品功能,改变消费者对产品属性的认识。同样是蔬菜,由于人们强调绿色环保,需要无污染的绿色蔬菜,因此愿意付出高价购买绿色蔬菜。
② 重新进行心理定位,树立新的品牌信念。

4. 购买决策

购买决策是指通过产品评估,消费者对备选的某种品牌产品形成偏爱与购买意向,产生实际购买行为。消费者的购买决策主要有产品种类决策、产品属性决策、品牌决策、购买时间及地点决策等。

消费者的购买意向是否转化为实际购买行动受他人态度和意外因素的影响,也受可觉察风险的影响。可觉察风险的大小取决于产品价格、质量、功能及个人的自信心。

购买决策阶段的营销任务包括:

① 消除或减少引起可觉察风险的因素。
② 向消费者提供真实可靠的产品信息,增强其购买信心。

5. 购后行为

购后行为是指消费者在购买产品后产生某种程度的满意或不满意情绪所带来的一系列行为表现。消费者对产品的期望值越高,不满意的可能性越大,因此企业在采取促销措施时,如果盲目地扩大消费者的期望值,虽然在短期内会扩大产品的销售量,但会引起消费者的心理失衡,退货、投诉增加,从长期来看有损企业形象,影响消费者以后的购买行为。

购后行为阶段的营销任务包括:

① 保证广告宣传等促销手段实事求是,最好有所保留,以提高消费者的满意度。

② 采取有效措施减少或消除消费者的购后失调感,及时处理消费者的意见,给消费者提供多种解除不满情绪的渠道。

③ 建立与消费者长期沟通的机制,在有条件的情况下进行回访。

【案例讨论4-3】

去年圣诞节,我给自己一位很要好的同学(女性)买圣诞礼物。

在我脑海里,一些简简单单的东西,或者是一些价格较高但是没有新意的礼物不太会招她喜欢,更不会博得一笑,甚至会使你给她留下一种老套、骗子、没有素养的坏印象。

首先,就此礼物,我向我们班级大部分女孩子询问,什么样的礼物能让她们看一眼就被深深地吸引住,同时能够明白作为一个朋友的良苦用心。

其次,我自己在学校附近所有的礼品店参看,不让任何一家哪怕是一个小小的格子铺成为漏网之鱼。同时,询问服务人员何种礼物今年销量最好。这能有效地提升自己对美的理解,同时把握最新时尚动态,如何种颜色是现今最流行的,并结合她自身气质归纳出自己礼物的颜色。

再次,我在学生经常上的网站征求网友的意见,如校内网、贴吧、论坛等。网友也给出了很多好的意见,其中DIY(自己动手做的)礼品就不错。

至此,心里面基本对自己的礼物有了一个大致的构想。

最后,我邀本班级一位很不错的女同学(该同学眼光独特,心细眼明),再一次把学校周围的礼品店逛了一圈。这次,我每至一店,就拿出店中一些不错的礼物询问如何,并听取她的意见。同时,我又给和她玩的不错的一位朋友打电话,询问何种礼物最好。她也给出建议:要有新意和心意,要实用,实在不行水杯也可。

至此,得出送的礼物应是一份很独特的,天下无双的!那么,只有DIY礼品符合了要求。下一步就是决定制作何种东西。

得益于和我一块出去挑礼物的同学的一句话:"我高中时候,有人送我这么一件东西——一个开心果壳,上面写了我的名字。"我也萌发了这个念头,为何不做一个这样的礼物呢?

确定了目标后,买了一个包装盒(不要太大,也能太小),颜色为大方的黑色,同时在上面搭配了很恰当的图案。在包装盒里面,将自己PS过的一张卡张(乳白色纸上全是她喜欢的迷你熊)分成小方格(结合开心果的大小,共计81个,数字也吉利,嘿)。在学校附近买开心果一包。开心果上自己手刻一首自己写的诗(水平不高,谨表心意)。

包装盒分了两层。上面一层我放了一个很大的棒棒糖(功夫电影挺热),同时零散地放了几个开心果。

制作期间,也邀请了同寝同学帮忙,其间也做了简单的修改。同时,礼物的颜色、细节,我都根据自己对她的了解和她自身气质完成(如她喜欢的小动物,颜色是女孩子一般都喜欢的等)。

至此,第一件礼物完成。

同时,由于是圣诞节,苹果还是要买的。正好当时他们班级有同学卖苹果,并很有新意地在装苹果的包装盒里放小礼物(也即运气好的话,可以中奖)。我就买了一个,因为和他们都认识,特别强调要中奖。一箭双雕。

第二件礼物完成。

我们班级有买孔明灯的,挺不错。我也买了一盏孔明灯。自己私下里还提前拆开看了一下孔明灯的结构,学会了如何使用(之前并没有接触过)。

第三件礼物完成。

圣诞节前一天晚上,一并送出这三件礼物。其中孔明灯是和她一块在操场带着我们年轻的梦想放飞的。放过孔明灯时,我还问了一句好看么?她听兴奋地说:"嗯,嗯。"我随后也跟了一句更加年轻气盛的话:那我以后每年给你点一盏。

对于第三件礼物她的反应,我问了和她玩得很要好的朋友,她说:"她很高兴,你那礼物我也吃了几颗。"哈哈,我认为她们吃的一定是我放在上层的几颗。

(资料来源:http://blog.sina.com.cn/s/blog_63aa57130100k2u8.html.)

【讨论】 通过本案例,请分析消费者决策的过程?

【讨论记录】_____

_____

_____

项目三 购买行为的类型及营销对策

消费者在购买活动中常常扮演发起者、影响者、决定者、购买者、使用者的参与角色,阿萨尔(Assael)根据消费者参与程度和产品品牌差异程度,将消费者购买行为分为四种类型,如表4-3所示。

表4-3 消费者购买行为的类型

品牌差异程度 \ 参与程度	高	低
大	复杂性购买行为	多样性购买行为
小	协调性购买行为	习惯性购买行为

1. 习惯性购买行为

习惯性购买行为是指消费者对价格低廉、经常购买、品牌差异小的产品花最少时间,就近购买的一种消费行为,也是最简单的购买行为,如购买食盐、鸡精、牙膏之类的便利品。

针对习惯性购买行为企业应采取的营销策略:

① 产品改良,突出品牌效应。即增加产品新的用途与功能,保质保量,创立名牌。

② 价格优惠。

③ 在居民区和人口流动大的地区广设销售网点,使消费者随时随地购买。

④ 加大促销力度。利用销售促进等手段吸引新顾客,留住老顾客。在广告宣传上力争简洁明快,突出视觉符号与视觉形象。例如,生产绿茶的企业可以针对消费者绿色减肥、补充微量元素的心理特征,在广告宣传中突出绿茶的减肥功效。

2. 多样性购买行为

多样性购买行为是指消费者对产品品牌差异大、功效近似的产品,不愿多花时间进行选择,而随意购买的一种购买行为。

针对多样性购买行为企业应采取的营销策略:

① 采取多品牌策略,突出各种品牌的优势。多品牌策略是指企业在相同产品类别中同时为一种产品设计两种或两种以上品牌使之互相竞争的策略。例如,宝洁公司的洗发用品品牌众多,旗下有飘柔、海飞丝、潘婷等。飘柔突出优势是柔顺头发,海飞丝突出优势是去头屑,潘婷是护理、滋养头发。宝洁公司凭借强大的企业实力、多方位的广告宣传,使其品牌深入到消费者心中,创造了骄人业绩。

② 实施差别化定价策略。

③ 占据有利的货架位置,扩大企业产品的货架面积,保证足够的供应数量。

④ 加大广告投入,树立品牌形象,使消费者养成习惯性购买行为。

3. 协调性购买行为

协调性购买行为是指消费者对品牌差异小且不经常购买的单价高、购买风险大的产品,花费大量时间和精力去选购,购后又容易出现不满意等失衡心理状态而需要商家及时化解的购买行为,如购买家用电器、选择旅行社等。消费者购买此类产品往往要货比三家,谨防上当受骗。

针对协调性购买行为企业采取的营销策略:

① 价格公道、真诚服务、创名牌、树立企业良好形象。

② 选择最佳的销售地点。与竞争对手同处一地,便于消费者选购。

③ 采用人员推销策略,及时向消费者介绍产品优势,化解消费者心中疑虑,消除消费者的失落感。

4. 复杂性购买行为

复杂性购买行为是指对于价格昂贵、品牌差异大、功能复杂的产品,消费者由于缺乏必要的产品知识,需要慎重选择,仔细对比,以求降低风险的购买行为。消费者在购买此类产品的过程中,经历了收集信息、产品评价、慎重决策、用后评价等阶段,其购买过程就是一个学习过程,在广泛了解产品功能、特点的基础上,才能做出购买决策,如购买计算机、汽车、商品房等。

针对复杂性购买行为企业采取的营销策略：

① 制作产品说明书，帮助消费者及时全面了解本企业产品知识、产品优势及同类其他产品的状况，增强消费者对本企业产品的信心。

② 实行灵活的定价策略。

③ 加大广告力度，创名牌产品。

④ 运用人员推销，聘请训练有素、专业知识丰富的推销员推销产品，简化购买过程。

⑤ 实行售后跟踪服务策略，加大企业与消费者之间的亲和力。

【训练项目4-3】

了解消费者购买习惯的类型

【训练目标】 对于日常生活用品，能够指出消费者的购买习惯。

【训练材料】 以小组为单位，完成表4-4。

表4-4

购买习惯的类型	商品	销售要点
习惯性购买行为		
多样性购买行为		
协调性购买行为		
复杂性购买行为		

课后练习

一、选择题

1. 关于需要，下列说法正确的是（   ）。
   A. 是主体对某种目标的渴求和欲望　　B. 有些需要是与生俱来的
   C. 是个体消费行为的直接原因　　　　D. 有些需要是后天形成的
2. 购买决策在购买行为中居于（   ）。
   A. 重要地位　　B. 影响地位　　C. 核心地位　　D. 参与地位
3. 源于生理性购买动机的消费行为，其特点是（   ）。
   A. 深刻　　　　B. 明显　　　　C. 多样化　　　D. 重复
4. 某消费者购买商品时对价格十分敏感，这是（   ）。
   A. 求实心理　　B. 求名心理　　C. 求美心理　　D. 求奇心理
5. 消费者在获取足够的信息之后，要对备选的产品进行评估，主要评估（   ）。
   A. 产品属性　　B. 属性权重　　C. 品牌信念　　D. 效用要求

二、判断题

1. 只要有需要，就一定会产生动机。　　　　　　　　　　　　　　　　（   ）
2. 赫茨伯格的双因素理论认为当保健因素得到满足时，人会感到非常满意。（   ）

3. 买房买车对于当今的中国人来说已经不属于复杂性购买行为类型。　（　　）
4. 多样性购买行为是消费者对价格低廉、经常购买、品牌差异小的产品花最少的时间就近购买的一种购买行为。　（　　）
5. 从广告、推销员、展览会等获得的信息属于商业来源。　（　　）

三、名词解释

1. 需要。
2. 动机。
3. 购后行为。

四、简答题

1. 马斯洛需求层次理论包括的内容有哪些？
2. 简述消费动机的种类。
3. 购买行为的类型有哪些？
4. 简述复杂性购买行为的决策过程。

五、案例探讨

林业的创业之路

林业今年刚从某大学市场营销专业毕业。林业在校期间曾买过一个滑板车，主要用于校内活动。因为在大学内，滑滑板车上下课、去图书馆、食堂等不仅仅是一种时尚，而且已成为大学生们方便出入、节省时间的最佳选择。该大学占地上万公顷，同学们从宿舍到教室上课步行需要15~20分钟，以前大多数同学选择骑自行车，但是由于风吹日晒后不美观，加上失窃率居高不下，很多同学转向选择滑板车。滑板车体积小，美观大方，又便于收存，尤其是折叠式滑板车，收起来可以放进背包里，非常方便，因而近两年滑板车在该大学的校园里随处可见。林业看到了这个商机，因为每年都有近万名新生进入该大学，是一个不小的市场。在家人的支持下，他在该大学附近开了一家专营滑板车的商店，该商店经营三种品牌的滑板车，每个品牌又有不同价位、不同功能的多个款式，他的业务主要面向在校大学生。但在林业开始经营此商店时，他发现有另外两家即将开张的店也准备从事这项业务，他觉得是该利用自己所学的营销知识，制定一套营销竞争策略的时候了。

（资料来源：http://wenku.baidu.com/view/a8fbbc4a767f5acfa1c7cdf7.html.）

【思考与训练】

1. 滑板车的购买过程是高参与还是低参与？
2. 哪些因素影响大学生对滑板车的购买？
3. 在决定购买某一特定品牌滑板车时，消费者会考虑哪些因素？
4. 林业可以采取什么样的策略，吸引更多的学生来他的商店？

第五章 群体与消费心理

内容简介

本章主要介绍消费者群体的定义、特征、类型,参照群体的概念及其对消费心理的影响,文化因素以及主要消费群体对消费心理的影响。

目标规划

1. 学习目标

知识目标:了解消费者群体对消费心理的影响;掌握不同消费者群体的消费心理;消费行为的基本特征。

2. 能力训练目标

掌握如何针对不同消费者群体特征制定相应的销售策略。

模块一 参照群体与消费心理

项目一 消费者群体的概念

1. 定义

群体是指若干社会成员在长期接触交往过程中,在相互作用与相互依存的基础上形成的集合体。一个群体内,成员之间通常存在着某种稳定的联系和心理影响。消费者群体是指由具有某些共同消费特征的消费者所组成的群体,同一消费者群体中的消费者在消费心理、消费行为、消费习惯等方面都具有共同之处。

2. 群体的特征

消费者群体的形成是内在因素与外在因素共同作用的结果。内在因素主要有性别、年龄、个性特征、生理方式、兴趣爱好等消费者生理或心理方面的特点。外在因素主要有生活环境、国籍、民族、宗教信仰、文化传统、政治背景等社会文化方面的影响。

社会成员构成的群体,应具备以下基本特征:

(1) 群体成员需以一定纽带相联系

如以血缘为纽带组成了氏族和家庭,以地缘为纽带组成了邻里群体,以业缘为纽带组成了职业群体。

(2) 群体成员之间有共同目标和持续交往行为

公共汽车里的乘客、电影院里的观众不能称为群体,因为他们是偶然和临时性地聚集在一起的,缺乏持续的相互交往。

(3) 群体成员有共同的群体意识和规范

群体既为人的社会化提供了场所和手段,又为个体的各种社会需要的满足提供了条件和保障。首先,群体成员在接触和互动过程中,通过心理和行为的相互影响与学习,会产生一些共同的信念、态度和规范,它们对消费者的行为将产生潜移默化的影响。其次,群体规范和压力会促使消费者自觉或不自觉地与群体的期待保持一致。最后,同一群体成员会选择购买类似产品。

【案例讨论5-1】

某大学青年教师宿舍的一层,门对门10间房,住了6个系的18名青年教师。这是一个由年龄、地位和收入大致相同的人组成的松散生活群体。用电规则上赫然规定:严禁使用电炉,违者重罚。然而除一间例外都有电炉,而且公开推广了一种偷电方法：在各自门外的电度表进出线间跨接了一马蹄形导线。月末校动力科派人抄录电表时暂时拆去。半年中曾有两间房因忘了拆去被抓住，各罚款 30 元，大家表示同情。此外相安无事。每到吃饭时小炒大煮，充满欢笑。他们这种行为显然是与正式规范特别是师德相背离的，但他们的规范是：

① 与贪污、受贿、以权谋私、大发横财相比，白用一点电微不足道，工资这么低还完成教学任务就够高尚的了。

② 这年头人际关系第一，谁也犯不着反对别人，更不能去告状。

③ 不与大家一致，要受孤立。

人们对唯一不用电炉者说："夫子，你真是洁身自好啊！"被问者立感压力，连忙辩解："不不，我是懒，不爱做饭。"证明他的确没有揭发，算是对群体没有危险的人。

（资料来源：http://www.worlduc.com/blog2012.aspx？bid=10950808.）

【讨论】 群体规范与规章制度有何不同？群体规范对人的约束力量的心理机制是什么？

【讨论记录】

3. 群体的类型

(1) 正式群体与非正式群体

根据消费者群体组织的特点，可以将群体划分为正式群体和非正式群体。正式群体是指具有明确的组织结构、完备的组织章程、确切的活动时间且规模较大的消费者群体。正式群体中的消费者必须遵守群体的行为准则，严格保证群体活动的规范性。例如，职业协会、消费活动俱乐部、同业者联谊会等均属于正式的消费者群体。与此相反，一般规模较小或没有明确组织结构与章程的消费者群体统称为非正式群体。例如，几个相交较密的朋友、多年的邻居、某种共同兴趣爱好者等，都属于非正式群体。

【知识小卡片 5-1】

非正式群体的优点和缺点

1. 优点

(1) 协助工作

非正式团体不受工作程序的约束，具有高度的弹性，对于临时发生的急迫问题，非正式团体常能寻求非正式途径及时而有效地解决。

(2) 分担领导

非正式团体可以分担正式组织和团体的主管人员的领导责任，减轻领导负担。

(3) 增加稳定

非正式团体的作用是给人一种吸引力,从而能增加稳定性,减少人员流动。

(4) 发泄感情

非正式团体可作为职工受到挫折时发泄感情的通道,并能协助解决困难,给予安慰。

(5) 制约领导

非正式团体能矫正管理措施,使领导者必须对若干问题做合理的计划与修改而不敢滥用权力,即对领导有制约作用。

2. 缺点

(1) 倾向保守

非正式团体是为了达到特定的个人目标与满足个人的愿望而自由组合起来的,它的特点是比较保守,倾向维持现状。因此当组织上采取变革措施或有人冒尖时,它起阻碍作用。

(2) 角色冲突

当个人利益与组织利益发生矛盾时,正式团体和非正式团体可能发生冲突,使个人处于左右为难的境地,增加了思想顾虑。

(3) 谣言滋生

非正式团体成员越多,小道消息和谣言越多,这是因为非正式团体是以感情作为基础的,往往易有人歪曲事实,无事生非。

(4) 不良压力

非正式团体的压力较正式团体的压力往往来得沉重,如讽刺、挖苦、打击、造谣等,可能迫使个人脱离正式团体所要求的行为规范。

(资料来源:http://baike.baidu.com.)

(2) 首要群体与次要群体

根据群体成员影响力的大小,可以将群体划分为首要群体与次要群体。首要群体也称主要群体或主导群体,是指由有着极其密切关系的消费者所组成的群体。首要群体不但对其成员的消费心理而且对其成员的消费行为都有十分重要的制约作用。家庭成员、亲朋好友、单位同事属于首要群体。次要群体也称次级群体或辅助群体,是指对成员的消费心理与行为的影响作用相对较小的消费者群体,通常是由有某种共同兴趣、需要、追求的消费者组合而成的。

(3) 所属群体与渴望群体

根据消费者与群体的关系状况,可以将群体划分为所属群体与渴望群体。所属群体是指消费者已加入其中的群体。渴望群体是指消费者渴望加入其中但实际尚未加入的群体。例如,对于一些普通员工来说,公司经理层就是一种预期性的渴望群体。这两种群体对消费者的影响有很大不同:前者对消费者的心理与行为都有重要的影响,甚至产生制约的作用;而后者则对消费者行为具有很强的示范作用,导致其模仿行为的产生。

(4) 自觉群体与回避群体

根据消费者对群体的意识与态度的不同,可以将群体划分为自觉群体与回避群体。自觉群体是消费者根据自身条件在主观上把自己列为其成员的某个群体,如中年知识分子群体、"老三届"群体、敬业者群体、传统型消费者群体等。自觉群体中成员并无直接交往,但是其成员通常会自觉地约束自己的行为使之符合群体的规范。回避群体是指消费者自己认为与自己完全不符合并极力避免与之行为相似的群体。消费者对于回避群体的消费行为持坚决反对的态度,并且也极力排斥其对自身行为的影响。例如,高收入者对低收入者的消费行为,成年人对于青少年的消费行为,男性消费者对于女性的消费行为等都在一定程度上采取回避态度。

(5) 长期群体与临时群体

根据消费者与群体联系的时间长短,可以将群体划分为长期群体与临时群体。长期群体指消费者加入时间较长久的群体,它的规范、准则对消费者行为具有重大且稳定的影响作用,甚至可能使群体成员形成一定的消费习惯。临时群体只是消费者暂时参与其中的群体,对消费者行为的影响也是暂时性的,但影响力可能很大。例如,参加某企业有奖销售的消费者群体,多数成员的参与热情会激发更多人的购买欲望,形成一时热潮。

(6) 实际群体与假设群体

根据消费者群体的真实存在与否,可以将群体划分为实际群体与假设群体。实际群体是现实生活中客观存在的群体,成员之间具有实际交往且相互影响与制约。假设群体也称统计群体,特指具有某些共同特点的消费者群体,而成员之间并没有现实的联系,也没有任何组织形式,只是具有统计意义或研究意义的群体。例如,不同年龄、不同性别、不同职业、不同收入水平、不同文化水平、不同家庭规模、不同所属文化、不同宗教信仰、不同居住地区、不同居住环境的消费者群体,都属于假设群体。

【案例讨论5-2】

"环保"牌香烟年销售量达3000亿支,可装满5000架波音707飞机。某权威机构对某国的1000余名"环保"牌香烟爱好者的调查表明,该品牌爱好者对该产品的普遍评价是:味道好,抽起来带劲,可令人身心愉快。但对于质量完全相同的、价格只相当于精装烟价格一半的"环保"简装烟,品牌爱好者们只有21%的人表示愿意购买。

(资料来源:http://blog.sina.com.cn/s/blog_4c62b3310102e6lx.html.)

【讨论】"环保"牌香烟爱好者属于哪个消费者群体?该群体消费心理与行为的主要特征有哪些?

【讨论记录】_____
_____
_____

【训练项目5-1】

认识消费群体的类型

【训练目标】 能够利用所学知识,正确区分消费群体类型。

【训练材料】 联想生活实际,想想你周围的群体类型及其对你消费活动的影响作用。

表5-1

群体类型	群体名称	对消费活动的影响
正式群体		
非正式群体		
首要群体		
次要群体		
渴望群体		
回避群体		

项目二 参照群体的概念及其对消费心理的影响

1. 参照群体的概念

(1) 定义

参照群体是指任何会成为个人在形成其态度、价值或行为上的参考或比较对象的个人或群体。参照群体对其成员的影响程度主要取决于三个方面的因素:第一,参照群体的权威性与可信度,医学专家、名人明星、家属朋友的影响大;第二,参照群体与消费者的关系,同类群体与消费者的联系越密切影响越明显;第三,消费者的个性因素,自主意识强、能力强、经验丰富的消费者受参照群体的影响小,反之受参照群体的影响大。

【知识小卡片5-2】

参照群体的决定因素

1. 可见性——产品使用时的可见性

一般而言,产品或品牌的使用可见性越高,群体影响力越大,反之则越小。最初的研究发现,商品的"炫耀性"是决定群体影响强度的一个重要因素。

2. 必需程度——产品的必需程度

对于食品、日常用品等生活必需品,消费者比较熟悉,而且很多情况下已形成了习惯性购买,此时参照群体的影响相对较小。相反,对于奢侈品或非必需品,如高档汽车、时装、游艇等产品,购买时受参照群体的影响较大。

3. 产品与群体的相关性

某种活动与群体功能的实现关系越密切,个体在该活动中遵守群体规范的压力就越大。例如,经常出入豪华餐厅和星级宾馆等高级场所的群体成员非常注重穿着打扮;而那些只是在一般酒吧喝喝啤酒或在一个星期中的某一天打一场篮球的群体成员会不太注重着装。

4. 产品的生命周期

亨顿认为,当产品处于导入期时,消费者的产品购买决策受群体影响很大,但品牌决策受群体影响较小。在成长期,参照群体对产品及品牌选择的影响都很大。在成熟期,群体在品牌选择上影响大而在产品选择上影响小。在衰退期,群体在产品和品牌选择上影响都比较小。

5. 个体对群体的忠诚程度

个人对群体越忠诚,他就越可能遵守群体规范。当参加一个渴望群体的晚宴时,在衣服选择上,我们可能更多地考虑群体的期望,而参加无关紧要的群体晚宴时,这种考虑可能就少得多。

6. 个体在购买中的自信程度

研究表明,个人在购买彩电、汽车、家用空调、保险、冰箱、媒体服务、杂志书籍、衣服和家具时,易受参照群体影响。但是对于个人而言,大多数人对产品的确缺乏足够的了解,群体的影响力由于个人在购买这些产品时信心不足而强大起来。

(资料来源:http://baike.baidu.com.)

(2) 参照群体的功能

① 规范功能。规范功能在于建立一定的行为标准并使个体遵从这一标准。比如,受父母影响,子女在食品的营养标准、穿着打扮、购物场所等方面形成了固定的观念和态度,个体在这些方面所受的影响对行为具有规范作用。

② 比较功能。比较功能是指个体把参照群体作为评价自己或别人的比较标准和出发点。例如,人们在布置、装修自己的住宅时,可能以邻居或仰慕的某位熟人的家居布置作为参照和仿效对象。

2. 参照群体对消费心理的影响

(1) 信息性影响

指参照群体成员的行为、观念、意见被个体作为有用的信息予以参考,由此在其行为上产生影响。当消费者对所购产品缺乏了解,凭眼看手摸又难以对产品品质做出判断时,别人的使用和推荐将被视为非常有用的证据。例如,某人发现好几位朋友都在使用某种品牌的护肤品,于是她决定试用一下,因为这么多朋友使用它,意味着该品牌一定有其优点和特色。

【案例讨论 5-3】

> 今晚我们几个人带孩子出去吃饭,小新和荣丽家的孩子一人手里一个平板电脑,把咱家孩子的眼睛都看直了。我当时就想好了,等明天商场一开业,我也给咱孩子买一个,看他们今后还敢在我眼前显摆不?
> (资料来源:http://www.yszhi.com/a/xl/jb/18/86802_2.html.)
> 【讨论】 试分析案例中人物的消费心理。
> 【讨论记录】_____
> _____
> _____

(2) 规范性影响

规范性影响是指群体规范的作用对消费者的行为产生影响。无论何时,只要有群体存在,无需经过任何语言沟通和直接思考,规范就会即刻发挥作用。规范性影响之所以发生和起作用,是由于奖励和惩罚的存在。为了获得赞赏和避免惩罚,个体会按群体的期待行事。广告商声称,如果使用某种商品,就能得到社会的接受和赞许,利用的就是群体对个体的规范性影响。同样,宣称不使用某种产品就得不到群体的认可,也是运用了规范性影响。

(3) 价值认同

价值认同是指个体自觉遵循或内化参照群体所具有的信念和价值观,从而在行为上与之保持一致。例如,某位消费者感到那些有艺术气质和素养的人通常留长发、蓄络腮胡、不修边幅,于是自己也留起了长发,穿着打扮也不拘一格,以反映自己所理解的那种艺术家的形象。价值认同主要基于两方面力量的驱动:一方面,个体可能利用参照群体来表现自我,提升自我形象;另一方面,个体可能特别喜欢该参照群体,或对该群体非常忠诚,并希望与之建立和保持长期的关系,从而视群体价值观为自身的价值观。

参照群体跟消费者的关系越密切,对消费者对消费品及商标选择的影响越大。参照群体常常通过各种正式或者是非正式的途径对消费者本身产生各种有形或无形的影响,使消费者相互模仿,从而形成消费动机,最后构成社会模式的一部分,最终的目的是推动和影响人们对消费品和商标形成共同的消费动机。

【知识小卡片 5-3】

参照群体的运用效应

1. 名人效应

名人或公众人物如影视明星、歌星、体育明星作为参照群体,对公众尤其是对崇拜他们的受众具有巨大的影响力和感召力。对很多人来说,名人代表了一种理想化的生活模式。运用名人效应的方式多种多样,如可以用名人作为产品或公司代言人,也可以用名人做证词广告,还可以采用将名人的名字使用于产品或包装上等做法。

2. 专家效应

专家是指在某一专业领域受过专门训练的,具有专门知识、经验和特长的人。医生、律师、营养学家等均是各自领域的专家。专家所具有的丰富知识和经验使其在介绍、推荐产品与服务时较一般人更具权威性,从而产生专家所特有的公信力和影响力。

3. "普通人"效应

运用满意消费者的证词证言来宣传企业的产品,是广告中常用的方法之一。由于出现在荧屏上或画面上的证人或代言人是同潜在消费者一样的普通人,这会使受众感到亲近,从而使广告诉求更容易引起共鸣。

4. 经理型代言人

自20世纪70年代以来,越来越多的企业在广告中用公司总裁或总经理做代言人。例如,我国广西三金药业集团公司在其生产的桂林西瓜霜上使用公司总经理和产品发明人邹节明的名字和图像。

(资料来源:http://baike.baidu.com.)

【训练项目5-2】

参照群体对消费者的影响

【训练目标】 掌握参照群体对消费者购买行为的影响。

【训练内容】 收集、整理和分析参照群体因素对消费者购买过程影响突出的案例,分析参照群体是如何影响消费者购买行为的。

【训练记录】

同学A:_____

同学B:_____

同学C:_____

同学D:_____

模块二　文化因素与消费心理

项目一　文化与亚文化

1. 文化

文化是影响人们行为的重要因素之一,其含义有广义、狭义之分。广义的文化是指人类在社会历史发展过程中所创造的物质财富与精神财富的总和,包括风俗习惯、行为规范、宗教信仰、生活方式、价值观念、态度体系以及人们创造的物质产品,等等。狭义的文化是指社会的意识形态以及与之相适应的制度和组织机构。本模块论述的是广义的文化对消费者心理的影响。

我国是有几千年历史的文明古国,其文化以农耕经济为基础,以宗法家庭为背景,以儒家伦理道德为核心。它的基本精神可以概括为"尊祖宗、重人伦、崇道德、尚礼仪",这种精神影响着人们的价值观念、消费观念、生活方式,使其具有其独特性。

(1) 注重伦理

相比西方消费者重视人与神的关系、人与自然的关系和人与物的关系,我国消费者非常注重人与人之间的关系,如夫妇、父子等核心关系以及交往频繁的家族关系、亲戚关系,导致在消费行为过程中,对商品或劳务的口传信息沟通比正式的信息沟通渠道更重要。

注重伦理的核心是讲辈分、尊重长辈。在传统家庭中,父亲具有统治地位,家庭消费主要是以父母为核心进行。同时,父母也非常重视个人对家庭的责任,做购买决策时,不仅考虑自己的需要,还要考虑家庭中其他成员的需要。这种消费观念潜移默化影响着子女,致使父母喜欢的子女也喜欢、偏爱,家长赞同的子女也赞同。

(2) 重义轻利

注重情义、轻视物质和利益,强调人与人之间的人情交往和感情维系,如"滴水之恩当涌泉相报"的心态使许多人非常看重人之间的交情或义气,认为为友谊做出物质利益的牺牲是应当的。这种重义轻利还表现在人们热衷于互相馈赠各种礼品,如较为贵重的商品或金钱等。

(3) 群体感强、注重规范

儒家文化的核心是中庸、忍让、谦和。这种文化使得多数中国人注意群体规范,喜欢与他人同步。中国人往往把自己看作是某一群体中的一员,竭力遵守群体规范,言行举止力求与大家一致,避免突出个人。否则,就会引起别人的注意、议论,个人的言行举止成为公众注意的中心。这种文化意识使得人们在消费方面随大流,赶潮流,消费行为趋于一致化,某种商品一旦受欢迎,很多人便争相购买。

【案例讨论5-4】

"今年过节不收礼,收礼只收脑白金"已经成为百姓的一句口头禅。在广告宣传效益上,它不仅树立了商品品牌,而且极大地拉动了市场销售。脑白金主要定位于保健食品中的"健康礼品"。把保健品与送礼佳品联系起来,为产品开辟了广阔的销售渠道。

脑白金的广告语是"今年过节不收礼,收礼只收脑白金",所以逢年过节脑白金销量火爆。脑白金是保健品,传统保健品大多以突出功效作为卖点,但脑白金迅速转入礼品市场。国人逢年过节送礼成风,再加上健康意识的普及,脑白金在保健品礼品市场可谓是一枝独秀。这种创新,避免了产品功效神秘感消退过后丧失生命力的命运。

高档保健品定位:从脑白金的命名就直接可以看出产品的高档次感。将睡眠与肠道功效的产品提升到大脑层面,而且是大脑的脑白,体现其产品保健功效的高含金量。所以它从命名到其疗效都显得高档次和高品质。礼品定位:"今年过节不收礼,收礼就收脑白金"这样经典的广告语已深植人心,很多人提到礼品就想起脑白金。中国是个礼仪之邦,"礼尚往来"、"来而不往非礼也",更论证了中国人的礼品情结。

脑白金将一种保健品提升到礼品的高度,不仅拓展了自己的市场范围,而且令所有保健品都汗颜。脑白金礼品的定位策略,不仅为自己赢得了市场的第一占位,而且也为健康品开创了礼品市场。

(资料来源:http://wenku.baidu.com/view/93ea6ceae009581b6bd9eba8.html.)

【讨论】 如何看待脑白金的营销方式?

【讨论记录】 _____

_____

2. 亚文化

社会成员因民族、职业、地域等方面具有某些共同特性而组成的社会群体或集团。同一个群体或集团的成员往往具有共同的价值观念、生活习俗和态度倾向,这被称为亚文化或亚文化群。亚文化是社会文化的细分和组成部分,它既与社会文化有共同之处,又有自身的特殊性。相对于文化而言,亚文化对人们的心理和行为的影响更具体、更直接。亚文化主要有以下三种类型:

(1) 民族亚文化

我国是一个多民族国家,但是90%以上的人口是汉族,其他民族的人口只占不到10%,这种民族称为少数民族。其中,人口超过百万的少数民族有壮族、蒙古族、回族、藏族、朝鲜族、满族等十多个民族。各民族都保持着传统的宗教信仰、图腾崇拜、消费习俗、审美意识、生活方式。例如,蒙古族人住蒙古包,饮奶茶,吃牛羊肉,喝烈性酒;而朝鲜族人则喜欢吃狗肉、辣椒,喜欢穿色彩鲜艳的衣服,食物上多为素食,群体感强,男子的地位比较突出。近年来,随着经济的发展和现代生活方式的涌入,我国少数民族也同汉族一样,消费观念发生着变化,乐于接受能够给人们生活带来舒适与享受的商品,如沙发、空调、电视机等。

(2) 地区亚文化

由于受地理环境和气候条件的影响,全国各地文化差异较为明显,消费者的生活方式和消费习惯也因此而不同。就饮食而言,闻名全国的川菜、徽菜、湘菜等八大菜系皆风格各异,自成一派。由于北方气候寒冷,人们冬天倾向于吃腌菜、火锅,而南方人却由于气候炎热,养成了吃泡菜、熏肉、腊肠的嗜好;同是面食,北方人喜欢吃饺子,南方人则喜爱包子,西部人却喜欢吃饼或馍;在对食品的选择上,南方人特别是广东人、上海人,更注重食品的新鲜程度。购买商品,北方人喜欢大包装,买一次够几次消费;而南方人似乎更偏爱小包装,甚至喜欢拆零出售,满足于一次性消费。

地区亚文化对消费者心理的影响是多方面的,了解不同地区文化的差异性,有助于企业更好地掌握消费者的购买心理及购买行为规律,开发消费市场。

(3) 职业亚文化

由于职业的差异,人们的价值观念、消费习惯、行为方式也有较大不同,因而,其需求动机、购买行为各具特点。研究这些差别,有助于企业更好地生产适销对路的商品,更好地针对消费者的不同特点,提供各种商品和服务。

① 工人消费心理。从业人员的消费心理因工种不同而呈明显的差异性。例如,采掘工人劳动量大,收入较高,在消费观念上属于"奢侈型",购买商品不大计较得失,注意商品的内在质量和营养价值。而纺织、服装加工工人大部分是女性,她们喜欢借助商品把自己和家庭装扮得美观、漂亮,她们既喜欢购买经济实惠的商品,又喜欢追逐潮流,购买各种时兴、流行商品。就工人整体来看,在消费方式上受社会风气影响较大,他们是大众化商品、流行商品的主要购买者。

② 农民消费心理。由于我国封建社会历史较长,自给自足的小农经济长期占统治地位,经济收入长期偏低,因此消费观念属于节俭和保守型,以能勤俭持家、精打细算过日子为荣。其消费心理的最大特点是商品要经济实惠,耐穿耐用。近年来,随着农村商品经济的发展,农民收入有了普遍的提高,富裕起来的农民消费观念有了很大变化,消费心理也由保守型向开放型转化,使得高档商品、流行商品大量涌入农村市场。

③ 知识分子的消费心理。知识分子文化程度较高,他们购买与使用商品的主要标准是商品与自己的身份相符,能显示出自己具有一定的文化知识和修养。例如,教师往往受工作性质和群体内其他成员的影响,对服饰的要求为大方、文雅。

④ 学生的消费心理。此处定位的学生是初中以上的学生。他们虽然没有职业,但有一定购买力,属于不完全消费者。其消费行为易受学习环境的影响,所购商品大多与学习有关,如书籍、文具、报纸杂志、磁带、光碟、各类文体用品等。

职业对消费者的心理与消费行为的影响广泛,各国心理学家、社会学家和经济学家都十分重视这个问题。他们不仅根据人们的职业来划分社会阶层、收入标准,而且特别注意由职业差别所引起的消费差别。比如,商界、政界男士喜欢穿深色、庄重的西装;医生、护士及其家属很少穿红色衣服或用红色用品等。

项目二 文化因素对消费心理的影响

文化有着相当广泛的内涵,就其对消费者心理的影响来看,主要包括民族传统、风俗习惯、价值观念、宗教信仰等方面。

1. 民族传统

民族传统在消费行为上表现为不追求奢华,讲求实用。消费观念则主张量力而行,精打细算,细水长流;对商品的评价标准主要是物美价廉、实用、耐用;在享受消费方面,节制个人消费欲望被社会视为传统美德。目前,我国人均收入水平不高,社会保障制度尚未完全建立,大多数消费者的消费行为表现得较理智和慎重,有较强的计划性和积累意识。从消费商品的类型看,消费支出的大部分用于购买生活必需品。同时,求同消费心理强。消费品市场上的大众化商品受到广泛的欢迎,那些能满足大多数消费者需求的商品容易引起一定范围的广泛消费潮流。例如,在我国城市消费中,家电消费的普及程度是非常快的,仅用了短短几年时间就实现了西方世界用几十年才达到的普及率。

【知识小卡片5-4】

中国传统文化对消费行为的影响

1. 消费行为上的大众化

传统文化中"人本主义"与"中庸之道"的特点反映在消费行为中就是大众化的商品有一定的市场。消费者的消费行为有明显的社会趋向和他人趋向,以社会上大多数人的消费观念来规范自己的消费行为,喜欢随大流,赶潮流。例如,中国人在婚丧嫁娶等的消费方面往往互相攀比,送礼成风。

2. "人情"消费比重大

中国消费者凡是在涉及"面子"的消费活动中格外小心谨慎,注意遵从各种礼仪规范,甚至为不失体面而不顾自身的经济状况,进行超前超高消费、攀比消费、炫耀消费。"人情"消费在消费支出中所占比重较大,且逐年增长。

3. 以家庭为主的购买原则

中国的消费者历来都非常重视家庭成员及家族之间的关系,因而在消费行为中往往以家庭为单位来购买商品。例如,脑白金的广告中提出"送爷爷送奶奶",表明了其以人伦为特色的礼品概念。这是受中国传统文化影响的礼品特征,在多种消费品身上皆有体现。

4. 品牌意识比较强

一方面由于中国人爱面子，名牌商品代表了一定的质量和价格，可以满足人们的炫耀心理；另一方面，中国人一般对商品的知识了解得比较少或者不愿意去了解，只注重对商品的总体印象，所以购买名牌商品减少了购买时认知商品性能的麻烦，也减少了购买风险。

（资料来源：http://wenku.baidu.com/view/93ea6ceae009581b6bd9eba8.html.）

2. 风俗习惯

风俗习惯是指一个国家、民族或地区广泛为社会公认的固定化的某些行为方式，为一般社会成员遵从的行为模式。反映在日常生活中的衣食住行、工作、接人待物、迎送宾客、文化生活、婚丧嫁娶、传统节日、家教信仰和禁忌等的消费方面就成了消费习俗。一般来讲，不同的民族具有不同的习俗，主要受该民族的宗教信仰、经济发展水平、传统文化以及自然环境和生产条件等的影响。传统节日是民族风俗习惯的重要组成部分，如我国藏族有藏历节，汉族有春节、端午节、中秋节，傣族有泼水节，等等。这些节日，是各民族消费者的消费性购买最集中的时候，商品市场销售额大幅度上升，形成商品的销售旺季。

因此经营者在开拓新市场时，首先应了解和尊重当地的风俗民情，设计制造出能表现其风俗习惯特征的商品、商品包装，以取得当地消费者的好感，迅速打开市场。相反不符合当地风俗的商品，即使性能优越，价格合理，也很难打开销路。

【案例讨论5-5】

西方国家习惯将美女头像用在商品包装上来促进商品销售。而非洲某些国家则视抛头露面的女性为女巫。美国一家罐头厂向非洲出口牛肉罐头，采用了一个美女吃牛肉的半身像作外包装，自然在当地市场上受到冷落，后改用一头牛像做包装，销路很快就打开了。

（资料来源：http://page.renren.com/600904292/note/816487378.）

【讨论】 如何看待风俗习惯对消费心理的影响？

【讨论记录】＿＿＿＿＿＿＿＿＿＿＿＿＿＿＿＿＿＿＿＿＿＿＿＿＿＿＿＿＿＿＿

3. 价值观念

价值观念是指消费者用来评判衡量商品价值的心理标准，因消费者的需求、兴趣、观念和消费目的的不同而存在差异。例如，节约时间是西方国家消费者对商品评价的一项标准，方便商品受到消费者的普遍欢迎。而我国消费者却非常看重商品的功能、价格,在决定购买商品前往往会对商品功能、价格进行反复比较。

(1) 衡量标准

价值观念作为衡量、评判商品价值的心理标准,呈梯级状态排列,有首要标准、次要标准等。消费者购买商品时,先要满足首要标准,继而再用其他标准来衡量。例如,一个讲究打扮的女士购买服装,首先看服装的颜色、款式是否符合她对美的要求,其次才会考虑价格、质地等其他因素。

(2) 价值观念的变化特点

价值观念随着时间的变化发生改变。其一,同一消费者在不同需求状态下,价值观念不同。其二,社会整体水平的发展变化,也会带来消费者价格观念的改变。例如,贫穷时的价值标准是,吃细粮、大鱼大肉,说明生活水平高;富裕后却主张粗细搭配,素荤搭配,营养合理。

价值观念的变化必然会演化为消费行为的变化,消费行为的不断变化就给企业带来新的市场机会和潜在威胁。消费者的价值观念受到民族传统、风俗习惯的影响。例如,中华民族崇拜龙凤,因此很多商品用它们作为品牌、商标或包装图案而在喜庆活动中受到欢迎。

4. 宗教信仰

宗教的本质是支配着人们日常生活的自然力量和社会力量在人们头脑中幻想的反映。世界上最具有影响力的宗教有佛教、基督教和伊斯兰教,我国主要信仰佛教。

宗教信仰对消费者心理影响的渠道主要有:

第一,宗教的规范对教徒有较大约束力,大至婚丧嫁娶,小到饮食衣着。约束力有的来自宗教的强制规定,有的由教徒的虔诚所致,如基督教徒每周日到教堂做礼拜,向耶稣祈祷和就自己的行为进行忏悔,餐前和就寝前的祈祷则是由教徒对上帝的虔诚而导致的一种自觉行为。因此企业和销售人员应懂得不同宗教的有关规定,以及由此而形成的一些消费习惯,这样既可有效地销售商品,又可避免引起误会。

第二,宗教对消费者的心理影响通过其宗教主张、宣传口号的感召力来实现。例如,佛教主张普度众生,宣传因果报应,以此来告诫人们,应该宽以待人,多行善事;基督教则主张博爱。这些无疑会对消费者的心理和行为产生重要的影响。

文化对消费者心理的影响十分明显,但消费者的消费行为却是多种因素综合作用的结果。实际上,只要纵观消费者行为的整个过程,就不难得出以上结论。明确这一点,就要求企业在制定营销策略时,不仅要考虑文化因素的影响,同时还要兼顾其他因素,这样才能更全面地满足消费者的要求,取得商品销售的成功。

【训练项目 5-3】

了解宗教信仰对消费心理的影响

【训练目标】 能够根据所学知识,分析宗教信仰对消费者购买心理与行为的影响。

【训练内容】 把学生分为 4~5 人一组,通过查找相关资料,了解宗教信仰对消费者购买心理与行为的影响,并提出相应的营销策略。

【训练记录】

表 5-2

宗教类型	对购买心理与行为的影响	营销策略(产品策略、促销策略)
基督教		
伊斯兰教		
佛教		

项目三 消费习俗和消费流行

消费习俗与消费流行具有较大的强制性与排他性,它们是社会潮流与社会传统在消费者心理活动及消费行为中的特定反映。同时,消费心理对消费流行的形成及消费习俗的保持也有着不可忽视的作用。

1. 消费习俗与消费心理

不同国家、地区、民族都有自己的消费习俗,它不但直接影响人们的日常生活,对人们的消费心理也具有重要影响。

(1) 消费习俗的概念

习俗是指风俗习惯。一般来说,风俗是指历代相沿积久而成的一种风尚,而习惯是指由于重复或练习而巩固下来的并变成需要的行动方式。消费习俗则是人们在日常消费生活中,由于自然、社会原因所形成的不同地区各具特色的消费习惯。

(2) 消费习俗的特点

消费习俗是一个地区约定俗成的消费习惯,是社会风俗的组成部分。它具有以下一些

特点:

① 长期性。消费习俗是人们在日常生活中逐渐形成和发展的消费习惯,其产生和形成要经过几十年甚至更长时间。消费习俗在不知不觉中进入了人们生活的各个方面,并影响着人们日常的消费行为。

② 社会性。消费习俗是人们在共同的社会生活中互相影响产生的,是社会生活的组成部分,带有社会性的共同色彩。

③ 地区性。消费习俗往往是在特定地区产生的,与当地的生活传统相一致,带有强烈的地方色彩。例如,由于藏族人的食物主要是青稞、酥油,所以他们对茶砖有一种特别的喜爱。对于南方一些少数民族,某些特殊的纺织品成为生活消费的必需品。

④ 非强制性。消费习俗不是强制颁布实行的,而是一种无形的社会习惯,生活在这里的人们自觉或不自觉地遵守这些消费习俗。当然,这些消费习俗也会随着社会经济生活的变化而变化,有些不文明、不健康的消费习惯,靠耐心地说服、长期地教育是可以改变的。

(3) 消费习俗的分类

① 由于消费品的不同而形成的消费习俗。这类消费习俗包括饮食方面和服装方面。饮食方面的消费习俗,内容比较广泛。有民族传统形成的消费习俗,如回族和一些信奉伊斯兰教的少数民族,在饮食上有一些禁忌。也有因地区生活习惯形成的消费习俗,如"南甜北咸东辣西酸"就是地区的饮食消费习俗。在服装方面的消费习俗,主要是因各地区气候、环境、生活交往的差异或民族传统差异而形成的消费习惯,如南方人喜爱清爽、舒适的纺织品,北方人特别是东北地区的人需要裘皮、毛皮等衣服。

② 因社会生活习惯不同而形成的消费习俗。城乡之间、地区之间由于生产劳动、社会生活不一样,所以产生了各具特色的消费习俗。例如,在城市,日常生活消费一般是按月支出,购物按月计划随时购买使用,购买活动零星频繁;而在广大农村,购买计划按年支出,购买商品具有季节性,如春季购买良种、塑料薄膜,夏季购买化肥农药,秋季购买中小型农机具。

受社会生活方式的影响,在发达地区,消费习俗开放性较强,人们接受新商品、新事物较快,新商品能很快进入居民生活消费;而在农村地区尤其是边远地区,由于交通、文化教育、信息等方面相对落后,所以人们对新鲜事物接受较慢。

(4) 消费习俗对消费心理的影响

随着社会的进步,人们的生活方式不断变化。新的消费方式进入人们的日常生活,虽然给消费习俗带来了冲击,但是消费习俗对消费心理的影响仍不容忽视。

① 消费习俗给消费者心理带来了稳定性。消费习俗是长期形成的,对社会生活、消费习惯的影响是很大的,据此而派生出的一些消费心理也具有某种稳定性。消费者在购买商品时,由于消费习俗的影响,会产生习惯性购买心理,往往较长时间地购买符合消费习俗的各种商品。

② 消费习俗强化了消费者的心理行为。由于消费习俗带有地方性,很多人产生了一种对地方消费习俗的偏爱,并有一种自豪感,这种感觉强化了消费者的某些心理活动。例如,广州人对本地饮食文化的喜爱,一些少数民族对民族服装的兴趣等。

③ 消费习俗使消费心理的变化减慢。在日常生活中,消费者对消费习俗的偏爱,使消费习俗的变化比较困难。适应新的消费方式的消费心理变化减慢,变化时间延长,迟迟跟不上生活的变化。

2. 消费流行与消费心理

(1) 消费流行的概念

① 消费流行的含义。消费流行是指一种或几种商品由于受到众多消费者的欢迎,在一定时间内广泛流行,甚至成为消费者狂热的追求对象。这种商品,我们称之为流行商品,这种消费趋势,我们称之为消费流行。一般来说,一些吃、穿、用、住、行的商品都有可能成为流行商品,尤其是穿着类商品或日用商品成为流行商品的机会更多。

② 消费时尚与消费流行的区别。从经济学的意义讲,消费时尚与消费流行没有本质的区别。只不过消费时尚是商品充裕的反映,而消费流行是商品短缺时期的表现。为了表现出连续性,我们在这里并不加以特殊区别,但两者的不同点还是存在的。

③ 消费流行的作用。

第一,消费流行对生产企业影响重大。企业推出一种新产品,通常具有一定风险。如果新产品成为流行商品,由于市场广阔,销售增长迅速,销售时间集中,能给企业带来巨大的利润。如果消费不足,产品大量积压,将会给企业带来很大的损失。

第二,消费流行给市场带来巨大活力。流行商品是市场的重点商品,因为它们销售迅速,购买活跃,产销双方都能获得较多利润。在流行商品的带动下,与其有连带消费关系的商品以及其他相关商品的销量也会有所增长,使市场购销活跃,繁荣兴旺。

【知识小卡片5—5】

消费流行的周期

消费流行的形成大都有一个完整的过程。这一过程通常呈周期性发展,包括酝酿期、发展期、高潮期、衰退期四个阶段。

酝酿期的时间一般较长,要进行一系列的意识、观念以及舆论上的准备;发展期,消费者中一些权威人物或创新者开始做出流行行为的示范;高潮期,大部分消费者在模仿、从众心理的作用下,自觉或不自觉卷入流行当中;高潮期过去以后,人们的消费兴趣发生转移,流行进入衰退期。消费流行的这一周期性现象,对企业具有重要意义。生产经营企业可以根据消费流行的不同阶段,采取相应的策略:酝酿期,通过预测洞察消费者需求信息,做好宣传引导工作;发展期,需大量提供与消费流行相符的上市商品;高潮期,购买流行商品的消费者数量会大大增加,商品销售量急剧上升,此时企业应大力加强销售力量;进入衰退期,则应迅速转移生产能力,抛售库存,以防遭受损失。

(资料来源:http://baike.baidu.com.)

(2) 消费流行的分类

从现象上看,消费流行的变化十分复杂,流行的商品、时间、速度都不一样。但是从市场的角度考察,消费流行仍有一定的规律。

① 按消费流行的性质分类。

第一,吃的商品引起的消费流行。这种消费流行是由于吃的商品含有某种特殊性质而产生的,其特殊性质包含的内容比较广泛,流行的商品数量、种类比较多,如烤猪蹄、板栗饼等。

第二,用的商品引起的消费流行。这种消费流行是指用的商品由于能给生活带来巨大的便利而产生消费流行。例如,电高压锅由于使用方便,受到家庭主妇的青睐。

第三,穿的商品引起的消费流行。这类商品消费流行的引起,往往不是由于商品本身具有的性质,而是由于商品的附带特性导致消费流行。牛仔类服饰由于标上时尚、自由、个性等标签,受到各个群体的喜爱,经久不衰。

② 按消费流行的速度分类。按消费流行的速度分类,消费流行可以分为迅速流行、缓慢流行和一般流行。影响商品流行的速度有商品的市场生命周期、品类、价格:商品价格高,流行速度较慢,反之,流行速度快。

③ 按消费流行的范围分类。

第一,世界性的消费流行。这种消费流行范围大、分布广,一般来源于人们对世界范围内一些共同问题的关心。

第二,全国性的消费流行。这种消费流行并不能涵盖所有的消费地区和人口,而只是就大部分地区而言,一般起源于经济发达地区、沿海城市。

第三,地区性的消费流行。从实质上看,这种消费流行有的来源于全国性的消费流行,只是带上了地区色彩,有的纯粹是一种地区性流行。

④ 按消费流行的时间分类。按消费流行的时间分类,消费流行有长期流行、短期流行和中短期流行。所谓的长期流行,是相对而言的,一般流行时间在三年以上。短期流行,通常是指受季节限制的流行。中短期流行介于长期流行和短期流行之间,它既不像长期流行那样长,又不像短期流行那样急促。

(3) 消费流行的特点

① 消费流行的地域差。消费流行范围有世界性、全国性、地区性、阶层性几种形式。一般而言,世界性消费流行从经济发达地区开始,进而扩展到一些相对富裕的国家和地区。这种消费流行的地域差表现为波浪式运动:当发达国家处于消费流行的第一阶段时,其他国家还未形成流行;当发达国家处于消费流行的第二阶段时,一些新兴工业国家和地区开始进入消费流行的第一阶段;当发达国家处于消费流行的第三阶段时,新兴工业国家和地区处于消费流行的第二阶段,广大发展中国家和地区刚刚进入消费流行的第一阶段。由于消费流行地域差别的存在,企业在市场营销中可以采取各种营销策略,延长商品的市场生命周期,增加企业盈利。

② 消费流行的品种差。消费流行广泛兴起,除了表现出地域差别外,还表现出流行商品品种上的差异。例如,发达国家和地区流行的商品质地优良、功能比较完善,而其他地区

消费流行的商品则会衍变出价格较为低廉的品种。

③ 消费流行的时间差。综合观察一种商品消费流行的全过程,发现其除了具有地域差、品种差以外,还会体现出时间上的先后,即时间差。在消费流行的各个地区,出现时间有早有晚,持续时间有长有短。

(4) 消费流行与消费心理

① 消费心理对消费流行形成和发展的影响。

第一,高收入阶层。由于经济收入高,消费水平也高,这一阶层消费者的消费支出具有较大的选择自由,生活消费表现为高层次、多样化,对购买新产品的态度坚决。

第二,社会地位较高阶层。如影视明星、歌星、体育明星等,由于其职业而受人崇拜,他们的生活消费也比较注意选择,并具有一定倾向性,所穿戴或消费的商品常常成为流行商品。

第三,收入中等或中等偏上阶层。这些消费者的消费选择往往受攀比心理和模仿心理的影响,其消费带有较大的盲目性。产生购买行为后,对其他人有较大影响作用,可以带动社会其他阶层的从众消费心理,从而使消费流行经历其发展的第二阶段。

【案例讨论5-6】

星巴克咖啡店就是一个靠打造新型生活方式而获得高额利润的典型例子。自1971年创立以来,它已成长为一个在世界各地拥有4400多家分店的连锁企业。1997年,星巴克每星期要接待500万名顾客,而这些顾客一般每个月都要光顾18次。星巴克的咖啡与其他咖啡店出售的咖啡有什么不同吗?星巴克咖啡店内弥漫的高雅、亲切、欢快、舒适氛围的生活方式远远超过其产品本身。在星巴克咖啡店里的一切是那么和谐而有序,使每一位光顾者沉浸在舒心、自在享受的生活中。尽管星巴克咖啡的价格比别的店里的咖啡的价格贵出不止一倍,人们还是乐于到此。

(资料来源:http://www.emkt.com.cn/article/103/10336-4.html.)

【讨论】 如何看待星巴克咖啡文化的流行?

【讨论记录】_____

_____

② 消费流行引起消费心理的变化。

第一,认知态度的变化。按正常的消费心理,对于一种新商品,消费者开始接触时通常持怀疑态度。消费流行的出现,使大部分消费者的认知态度发生变化,由怀疑逐渐转变为肯定;同时,学习时间缩短,接受新产品的时间提前。

第二,驱动力的变化。生理需要和社会需要产生了购买商品的心理驱动力,这些驱动力使人们在购买商品时产生了生理动机和心理动机。在消费流行中,购买商品的驱动力将会发生新变化。例如,有的消费者明明没有消费需要,但看到时尚商品,也加入了购买商品的行列,对流行商品产生了一种盲目的购买驱动力。

第三,消费心理发生反方向变化。在消费流行的冲击下,传统的消费心理受到冲击。一些流行商品因供求关系变化而抬高了价格。但是,消费者却常常不计较价格而踊跃购买。

第四,偏好心理受到冲击。在消费流行的冲击下,传统的消费心理发生了新变化,虽然这些消费者对老产品、老牌子仍有信任感,但整天耳濡目染的都是新产品,不断受到家庭和亲友使用流行商品时炫耀心理的感染,也会逐渐失去对老产品、老牌子的偏好。

【训练项目5-4】

了解消费流行

【训练目标】 从方燕烤猪蹄来看消费流行。

【训练材料】 方燕烤猪蹄由于其制作工艺考究,独家秘方,口味独特,受到顾客的极力追捧。某市第一家方燕烤猪蹄店开业那天,还没有营业,顾客就排起长队等候,有的顾客为了买一只烤猪蹄,足足等候了两个小时。火爆的销售场景,使得第二家、第三家方燕以及其他品牌的烤猪蹄店相继出现,当时,市民见面问候由"你今天吃方燕了吗?"代替"你今天吃饭了吗?"。但是好景不长,一两个月后,方燕烤猪蹄店的营业额急剧下滑,最后只能关门歇业。

通过上述案例,请分析引起消费流行的原因、流行期短的原因,并回答如何延长流行期的时间。

模块三 主要消费群体与消费心理

项目一 年龄与消费心理

年龄是消费者社会阅历的重要反映之一,不同年龄段消费者,由于受不同社会环境、教育程度、生理和心理特征,以及需求欲望和消费心理的影响,对产品的品种、结构、花色、规格等方面有不同要求。随着年龄的变化,消费者的衣着、食品、娱乐活动等都会发生一定变化。

1. 少年儿童消费心理

少年儿童消费者群体由初生婴儿到15岁以下消费者组成。这一年龄阶段的消费者属于未成年消费者,其消费心理与行为不可忽视。

(1) 依赖心理

由于少年儿童购买能力还没有完全形成,在购买商品时,往往缺少主见,表现出较大依赖性,且年龄越小依赖性越大。在购买学习用品时,他们往往依赖老师的选择;在购买生活用品时,他们往往顺从父母的建议。

(2) 模糊心理

少年儿童年幼、胆怯、缺少生活知识和经验、不熟悉购物活动、缺乏选购能力,导致他们在购物时,表现出犹豫不决、捉摸不定、左顾右盼等不稳定的心理状态,并在很大程度上受外界影响,如营业员的劝诱、有奖促销广告的吸引等。这种消费的模糊心理状态将随着他们年龄的增长而逐渐减弱。

(3) 天真好奇心理

少年儿童具有天真好奇的心理特点。他们单纯、幼稚,有童话般的幻想色彩,使他们在购物时表现出天真好奇的消费心理。例如,一些制作精美的高级糖果不能引起他们的食欲和兴趣,而一些制作简单的糖果,因包装内附带有各种不同的小塑料玩具,却备受他们青睐。

(4) 直观心理

少年儿童对外界事物的认识主要靠直观表象,缺乏逻辑思维。他们主要从直观印象上比较和选择商品,而忽视品牌、生产厂家、质量和性能等。例如,他们对一双运动鞋产生购买欲望时,根本不考虑这双运动鞋的材质和鞋底的柔韧性,更不会考虑耐穿程度。在购买商品时,他们往往以"好看"、"我要"、"喜欢"等情绪因素为主,凭直观、直感、直觉来决定消费。

(5) 可塑心理

少年儿童处于认识事物的学习阶段,易于接受新生事物。同时,由于他们的批判性思维尚未发展成熟,容易受老师、书本知识和传播媒体的影响。在消费心理上,表现为容易被销售人员说服和左右,对新鲜事物特别敏感,观察力强,喜欢模仿,产生从众消费。当受到外界一定的刺激和影响时,就可能产生可逆心理,改变初衷。

【案例讨论5-7】

黄金搭档《换物篇》。一个小男孩说:"我用维生素换黄金搭档?"女孩说:"不换!"男孩又说:"我再加一瓶钙?"女孩摇着手指大声强调:"不换!""我妈妈说了,黄金搭档花一样钱补五样。"女孩继续说,"我妈妈说,吃黄金搭档等于同时吃维生素片、钙片、补锌的、补铁的、补硒的,花一样钱补五样!"

(资料来源:http://wenku.baidu.com.)

【讨论】 如何看待黄金搭档《换物篇》的广告宣传?

【讨论记录】

2. 青年消费心理

消费心理学家认为青年是指年龄在16岁至40岁之间的人。青年消费群体的消费心理有如下特点：

(1) 富于时代气息

青年消费群体充满朝气与活力，热爱生活，富有理想，憧憬新生活，追赶时代潮流，有冒险精神和强烈的创造力。在消费活动中，要求商品的造型和外观能反映时代风尚，也要求商品的结构、性能等符合现代科学技术和现代生活方式。在服务消费方面则表现出追求享受、新潮、刺激和独特的特点，在衣食住行方面，首选快捷简便的商品。

(2) 追求个性

青年消费群体处于少年向中年的过渡时期，少年期的未成熟心理与中年期的成熟心理共存，比较注重体现自我意识的心理要求。因此在选购商品时，偏爱能够体现个性的商品，把商品与个人性格、理想、身份、职业、兴趣等联系在一起，希望形成完美的个性形象，追求标新立异，强调个性色彩，而"追求与众不同"的消费心理较"追求流行"的消费心理更为强烈。

(3) 追求品牌和名牌

随着品牌专卖店在大都市"抢滩"，青年消费群体逐步接受了名牌。据行家介绍，"与国际流行同步，与我国国情适应"的高品味、多价格的名品和名牌备受青年消费者青睐。一些富有个性和时代气息的新潮少女装、休闲装、情侣装、牛仔服、职业套装，以及一些家用电器、日常生活用品等名品、名牌，常深受青年人喜爱。

(4) 凭直觉选购商品

凭直觉选购商品而忽略必要选择过程是青年消费群体另一个消费特点。款式、颜色、外观、品牌等外在因素都能单方面成为青年消费者的购买理由，冲动性消费多于计划性消费。

【知识小卡片5－6】

年轻群体网络消费心理与行为

1. 不理性消费

曾经对年轻群体的网络消费行为进行了调查，发现几乎所有的被访者都有过"买了自己不是特别需要的东西"的亲身体会，研究者将这一现象归纳为不理性消费。在分析访谈记录时，得到了两个主要结论。首先，对消费者而言，网购产品的价格与原价格落差越大，产生的诱惑性越大，这一点在一定程度上更容易导致不理性消费现象的出现。其次，在被访者中，家庭条件的差异会影响不理性消费的程度。

2. 消费成本

资源经济学中机会成本的定义是：某项资源未能得到充分利用而放弃获利机会所带来的成本。消费者在网络购物的过程中必然要耗费大量本可以创造其他价值的时间和精力，这些都属于同一类机会成本。如今大学生中的流行说法"拖延症"和网购耗费机会成本十分相似，而四位被研究的大学生花费大量的精力于网络购物似乎也是"拖延症"的表现。

3. 信息轰炸

信息轰炸的现象在年轻的团购消费者中特别显著。所有团购的被访者都提到了被信息轰炸的经历。他们的邮箱、手机短信常常收到很多团购信息,这些信息中有一部分来自他们从来没有注册过的团购网站。这对消费者来说,首先是隐私被侵犯了,其次在大量消息涌入的同时,筛选信息的工作量无形中加大,除了浪费消费者时间以外,还有可能会让消费者错失真正需要的信息。

4. 对身心影响

年轻人作为庞大的网购消费者群体,他们在网购过程中身心受到的影响备受相关研究者的瞩目。近年来,白领因为过度网络购物而患上心理疾病的新闻已经屡见不鲜。既紧张又容易令人沮丧的秒杀,长时间的无节制的网页浏览等都带来了诸多问题。

5. 需求与满足

网络购物给人们带来的满意度主要从两个维度来上来衡量:第一是网购比正常购物节省了大量的时间和金钱;第二是通过网购或团购渠道获得的消费品的特殊程度。

6. 人际关系

年轻人是社会群体的重要组成部分,而人际交往对年轻人来说又是应被侧重的一部分。研究发现,网购或是团购对年轻消费者的人际交往是有一定影响的。

(资料来源:http://www.emarketing.net.cn/magazine/article.jsp? aid=2321.)

3. 中年消费心理

在我国,中年消费群体一般指 40~65 岁消费者形成的消费群体。中年人经验多、阅历丰富、情绪较稳定,多以理智支配自己的消费行动。中年人在购物过程中,从购买欲望形成到购买行为的发生,往往经过分析、比较和判断。中年消费者有如下主要消费心理:

(1) 求实、节俭心理

中年消费者一般上有老、下有小,家庭生活经济负担较重。长期的艰苦奋斗教育使他们养成了勤俭持家、精打细算的良好习惯。他们既要把家庭生活安排好,又要考虑经济合理,因此他们的消费行为计划性强、盲目性弱,具有较强的求实心理和节俭心理。

(2) 注重便利心理

中年人是家庭的支柱,承担着抚幼赡老的责任。生活处于经济负担沉重时期,而事业也正处于人生的鼎盛时期。为了减轻劳动强度和缩短劳动时间,在日常生活用品和副食品消费方面,中年消费者更喜欢便利、耐用的商品。

(3) 注重实用心理

商品的实际效用、合理价格、外观造型等的统一,是刺激中年消费者购买的动因。他们已不再像青年人那样追求时尚和新颖,而更加注重商品的使用价值和实际效用。

(4) 注重情感心理

中年人受情感支配的消费动机并非不存在。由于受中国自古以来尊老爱幼传统美德的影响,中年人往往通过为老、小辈购物体现对他们感情上的照顾。此时,他们购物未必完全出于实用动机,而是以老、小辈的愿望为主,表达尊老爱幼之心。

4. 老年消费心理

在我国,老年消费者群体一般指65岁以上的消费者所形成的消费者群体。目前,我国已进入老年型社会。据统计局公布的数据,2015年我国65岁以上的老年人为1.36亿人,约占全国总人口的10%。老年消费者有如下消费心理:

(1) 失落心理

老年消费者多具有"失落感"。由于感知能力和体力远不能与自己年轻时相比,老年人在消费过程中尤其希望受到关照和享受良好的服务。老年人在社会上、家庭里都是长者,他们唯恐受到冷遇,总期望得到社会以及晚辈的尊重和礼遇。在消费过程中,他们希望服务员对商品做详尽介绍,语言行为有礼貌。

(2) 怀旧心理

老年消费者多具有怀旧感。他们喜欢回忆过去,那些能令人"发思古之幽情"的商品能够赢得他们的好感。他们相信老名牌,而对新产品、新品牌则表现得不放心。

(3) 补偿心理

我国现阶段的老年人大都经历过产品短缺的年代,经历过比较清苦的日子。现在市场产品日益丰富,子女大多成家立业,生活压力小,易产生补偿性消费心理。他们在物质生活与精神生活方面多有较高要求,不仅吃要营养、穿要舒适、住要宽敞,而且常在娱乐健身、旅游观光以及学习科学文化知识方面有浓厚兴趣。

【知识小卡片5—7】

中国老年消费市场规模2020年将达3.3万亿元

由全国老龄工作委员会办公室信息中心主办的"全国老年消费项目启动发布会"在北京举行,"全国老年消费诚信建设工程"也同时启动。据研究机构预测,中国老年消费市场规模2020年将达到3.3万亿元。

20世纪90年代以来,中国的老龄化进程加快,我国已经进入人口老龄化快速发展阶段,预计到2020年老年人口将达到2.43亿人,2025年将突破3亿人。随着20世纪中期出生高峰的人口陆续进入老年,可以预见,21世纪前期将是中国人口老龄化发展最快的时期。人口老龄化进程的不断加快,让老年群体的消费和养老服务需求日益增长。

> 我国老年消费市场潜力巨大，老年消费需求向高层次、高质量、个性化、多元化的方向发展。但是老年消费是一个相对隐蔽的金矿，多年来处于产业规模小、发展水平不高的状况。目前，影响老年消费的突出问题是信息不对称、不准确、不流畅，亟须建立平台和载体，提供快捷、有效、真实、便利的老年消费信息。进而维护老年消费者的合法权益，促进老年用品、产品和服务消费不断丰富和增长，发挥老年消费对社会经济的重要推动作用。
>
> 消费专家认为，我国老年消费呈现规模巨大、需求范围广泛、老年人消费意愿明显等特点，指出老年消费热点包括老年人对健康消费需求强烈、社区老年服务消费需求旺盛、网络购物进入老年消费领域等，提出我国老年消费涉及范围广阔，未来增长潜力巨大；老年消费产业供给不足，仍有许多空白市场需要填补。
>
> （资料来源：http://world.people.com.cn/n/2014/0718/c57506-25300743.html.）

项目二　家庭与消费心理

家庭是一个特殊的社会群体，是建立在血缘关系、婚姻关系或收养关系基础之上的社会基本生活单位。由于子女工作后脱离原有家庭，使家庭规模趋于小型化。目前，我国平均每个家庭的人口为3.1人，传统的大家庭正在逐渐消失。

1. 家庭消费特征

(1) 阶段性

每一个家庭都有自身产生、发展、消亡的过程。这个过程被称为家庭生命周期，即一个家庭从建立直至解体、消亡的全部过程。在家庭生命周期的不同阶段，消费者的购买心理与购买行为有明显差异。

(2) 相对稳定性

我国大多数家庭的收入相对稳定，日常消费支出及其他各项支出也相对稳定和均衡。同时，我国传统道德观念、法律规范等也使大多数家庭能够维系一种持久而稳定的婚姻关系，从而使家庭消费相对稳定。

(3) 传承性

每一个家庭归属于不同群体和社会阶层，具有不同的价值观念，并受经济条件制约，使每个家庭都有其独特的消费习惯和消费观念，且影响着家庭成员的消费心理。当子女脱离原有家庭并组建自己的家庭时，必然带有原有家庭的某些消费特征。

2. 家庭生命周期与消费心理

由于家庭的形式不同，其具体的生命周期也有所不同。不同的收入水平、人口数量和不同的需要特点，决定了不同阶段家庭消费行为的特征。

(1) 青年单身时期

单身青年主要指已长大成人但尚未结婚者。在国外,这种家庭大多被称为单身家庭。在我国,他们往往与父母共同生活,即使有独立收入,多数也没有脱离原有家庭。在这一时期,其消费心理多以自我为中心,并不过多地考虑父母或其他亲人的需要,把自己的大部分收入用于储蓄或购买消费品,消费弹性大,稳定性较差;同时,在消费行为上表现得较大方、慷慨、阔绰,呈现出明显的炫耀心理。另外,还有部分消费者开始为结婚做物质准备。

(2) 已婚无子女时期

这一时期的家庭主要指已婚但尚未养育子女的青年夫妻家庭。这种家庭大多脱离原有家庭独立生活,经济情况良好,无过重负担。主要形成以夫妻为中心的消费观,形成以规划和发展自己的小家庭为目的的消费心理。消费带有较多浪漫色彩,注重情调,如家庭的装饰和美化,服饰的购买。精神消费多是这一时期的主流,如外出旅游及用于文化、体育方面的消费等。

(3) 青年夫妻子女较小时期

这一时期指自子女出生至上中学时期。这一时期的家庭较前一时期有明显变化,家庭经济负担开始加重,尤其以工资为主要经济来源的家庭更为突出。由于独生子女及育儿观念的转变,子女的生活费用开支在家庭消费支出中的比例日趋加大。据北京市的一项随机调查显示,在独生子女家庭,子女的生活费用开支一般超过一位家长的固定工资。在这一时期,家庭消费多以子女为中心,即以子女的一般生活费用和子女的教育、保健费用为主,教育投资比重逐年加大,对于自身消费,多形成务实或求实消费心理。

(4) 子女长大尚未独立时期

这一时期的家庭多指子女在大学、中学读书或较早参加工作的家庭。这一时期的家庭以子女消费为中心的观念已稍有淡化,其表现形式不同于前一时期,主要培养子女未来自主生活能力。同时,父母开始为子女的预期消费做更多的准备,如为子女的婚姻或进一步深造做资金筹备。若父母健在,已到了古稀之年,自理能力减弱、保健支出增加都会使原有家庭的消费支出比例发生变化。日常消费主要突出求实心理甚至求廉心理,而储蓄意识增强是这一时期最明显的特点。

(5) 老年夫妻子女独立时期

在这一时期,子女均已建立了自己的小家庭,开始独立生活。夫妻也已近老年,退休或将要退休。家庭经济状况一般较好,其消费观念往往表现为两种不同类型:一类继续以子女甚至下一代为消费着眼点,但实际支出比例已大为下降;另一类则基本上与子女无过多经济往来,较为重视自身的存在价值,消费也趋向以营养、保健、舒适为标准,更多地体现老人的消费情趣。

(6) 家庭逐步解体时期

这一时期的家庭多以夫妻双方一方去世或生活自理能力极度下降为标志,进而转向依靠子女。由于自身生活能力不足,消费行为减少,甚至没有购买能力,消费基本上以吃和保健为主,穿、用方面的消费较低。对于有较多退休金的老人,嗜好心理往往趋于增强,同时也舍得花钱以满足嗜好,如养花、养鱼、养鸟或读书、作画、练书法、收藏等。

3. 家庭层次与消费心理

从收入状况来看，大致可以将家庭划分为高收入家庭、中等收入家庭和低收入家庭，由于不同地区的经济状况存在差异，人们对高、中、低收入的界定有所不同。

(1) 高收入家庭

高收入家庭收入可观，消费行为追求时尚和个性，如喜欢定制商品，追求生活质量，求名动机强烈，是高档汽车、高级住宅、豪华度假及其他高档次、高品质消费品的主要消费群体。

(2) 中等收入家庭

中等收入家庭处于小康型向富裕型、消费数量向消费质量过渡的阶段，其消费需求多样化。首先，中等收入家庭对低档、中档、高档商品都有消费需求；其次，中等收入家庭有物质方面的需求也有精神方面的需求。

(3) 低收入家庭

这部分家庭的生活略显拮据，他们的消费支出主要用于维持全家吃、穿、用等各项基本生活。他们注重商品的实用性，对商品的外观和包装不太讲究，购物较理性，较少存在盲目消费或情绪消费，求廉动机强烈，购买商品主要看中价格而非质量或者款式，是档次稍低的家用电器、一般食品和服装等消费品的主要购买者。

项目三 性别与消费心理

消费心理由人的心理发展状况决定，人的消费心理特点服从于其心理特点。性别是造成个体心理活动和心理过程差异的重要因素，由消费者性别不同而引起的心理活动差异称为消费者心理的性别差异。

1. 女性消费心理

(1) 求实心理

求实，即讲求实惠。女性购物一般都讲求实惠，尤其是在一般生活用品的购买和消费中，女性首先表现出来的是希望"少花钱，多办事"的实惠心理，希望所购产品能最大限度地满足个人及家庭消费的需要。例如，"汰渍"洗衣粉只售 3.9 元的广告极大地满足了女性消费者的求实心理，使得"汰渍"洗衣粉推出不久，便与"碧浪"、"奥妙"、"浪奇"平分秋色。

(2) 情感心理

女性容易受购物环境和现场人际关系的影响。如果购物场所干净、明亮，背景音乐舒缓、柔美，购物现场售货人员态度和蔼、人际关系融洽，女性的购买行为就容易发生；如果购物场所脏乱不堪，背景音乐震耳欲聋，购物现场销售人员素质低下，女性消费者一般不会光顾。

除此之外，情感心理还指女性消费者在个性心理表现上具有较强情感性特征。她们感情丰富、细腻，心境变化剧烈，富于幻想和联想。这种特征反映在消费活动中就是在情感的支配和影响下即时产生购买欲望或形成对某种产品的偏爱，产生非理性消费心理。例如，广告渲染的温馨气氛、食品的诱人香味、服装的款式和色彩等，都能对女性消费活动产生影响。

(3) 从众心理

在购买产品时，女性消费者容易被别人说服和受别人支配，期望自己的购买行为能够与大众消费者的购买倾向和群体内部其他消费者的购买倾向相一致。而且，一致程度越高，其购买心理越稳定。例如，某女性消费者看上了一件上衣，试穿后感觉良好，意欲购买，但她的同伴认为颜色老气，极力阻挠，使得这位消费者也觉得那件上衣不是很好看，最终放弃购买。

(4) 求美心理

爱美是女性的天性，并充分体现在消费过程当中。女性在购买商品时，往往容易对能够美化生活、装饰性强、造型别致、款式新颖的产品产生购买偏好。例如，某女性消费者特别喜欢购买造型可爱、款式新颖的毛绒玩具，这类毛绒玩具极大地满足了她美化生活的心理需求。女性消费者爱美心理的另一种表现是，总希望自己比别人更美、更突出、更亮丽。她们在购物时，除了满足自己的基本消费需求或使自己更美、更时髦外，往往还会力图显示自己更会生活、更富有、更有地位。当这种心理独立存在并支配女性的消费行为时，表现为追求商品的高档次、高质量、高价位。

(5) 求便心理

女性消费者平时既要工作，又要操持家务，她们迫切希望减轻家务劳动工作量，缩短家务劳动时间。因此她们对日用消费品和主副食品的方便性、实用性有着更为强烈的需求。在购置物品时，她们一般愿意去超级市场和便民商店，因为那里不仅购物环境好、品种齐全、分门别类、价格公道，而且能使她们达到一次性完成购物活动的目的。

(6) 自尊自重心理

女性消费者一般都有较强的自尊心和自我意识，对外界事物反应敏感。自己购物时，她们总认为自己的购买最有价值、最为明智，对别人的否定意见很不以为意。当别人购物时，即使作为旁观者，她们也乐于发表建议，并希望自己的建议能被采纳。由于女性自尊心强，商家的宣传和营业员的语言、动作、表情等会直接或间接地影响到她们的购物情绪，进而影响其购买行为的实现。

【知识小卡片5—8】

女性消费心理引导十诀

引导女性购物，"做生意要瞄准女人"这一犹太人经商的座右铭，已被许许多多的经商者所认识和注意。他们认为，如果说消费者就是企业的"上帝"，那么女性消费者就是更为活跃的主角，她们至少左右了现实生活购买力（包括女性、儿童以及家庭所需消费的大部分，甚至很多男性消费品的购买与否也基本取决于女性）的四分之三，因此充分掌握并巧妙地运用女性消费心理特征，积极吸引并成功诱导女性消费，应当引起企业营销者重视。在经营的实践中，有人总结出了女性消费心理引导十诀。

1. 激励女性的创造感

大部分女性认为,购物并使她们的家庭保持舒适而井井有条就是最大的创造和骄傲,对创造性的向往是女性购物的主要动机之一。因此应把握时机,引导她们在不同职业、年龄、家庭条件、兴趣爱好等方面的创造欲,从而触发购买欲。

2. 借助女性"幻想"的魔力

基于一种窘迫的现实意识,女性喜欢以自己的实际生活为基础进行幻想,并常把幻想当作现实的组成部分。所以巧妙运用女性所特有的不完全幻想,处处留给她们发挥幻想力的余地,同时满足幻想和实用价值两方面的需求,就极容易对她们产生作用。

3. 鼓励女性用指尖"思考"

女性的触觉远比视觉发达,致使她们对事物进行决断时,必须相当程度地依赖触觉。在百货公司,女性购买者一般会要求拿过商品,经她们实际触摸后才决定是否购买,换言之,女性不只用大脑思考,还用指尖"思考"。因此对那些购物时表现得犹豫不决的女性,让其亲手触摸触摸,效果会好得多。

4. 帮助女性缩小选择范围

女性购物时,最讨厌只拿一样商品强行推销。但是,奉劝她们多中择优,又只能徒增其选择上的困难。可见,促使女性购物最有效的办法就是让她们参与做决定的过程,布置出令她们感觉自己"慧眼识英雄"的情势,缩小购物范围,击破其"迷梦"而达到推销目的。

5. 借"被斥感"激起购买欲

女性从众心理尤其强烈,非常害怕自己属于"例外"之列,往往舍弃选择的自由,乐于在"从众泥潭"里打转。因此应恰当地利用女性唯恐被大众排斥的心理,积极诱导女性购物意向并付诸行动。

6. 让虚荣女性拥有"唯一"

这种女性心中常有一种"只有我一个"的"唯一"意识,经常希望自己是"与众不同的一个"。所以向她们兜售商品时,若能提供大多数女性都向往的"唯有我用"的诱惑,会使其产生"我是唯一被选择的对象"之类的快感,不仅能如愿以偿,而且还能用她们向自己同伴推介而连带达到做免费广告的效果。

7. 不要撕破"书"的封面

"大多数女性是一本内容和封面相去甚远的书",为迎合潮流,她们很可能表露出与真实想法(内容)相反或别的主张(封面)。故此,必须透过虚情假意的迷雾,先接受她们一口咬定的意见,给她们一个"面子",再针对其真实本意发动攻势,才有希望探明深藏不露的真实意向。

8. 用赞扬消解女性的烦恼

女性希望自己给人一种完美无瑕的形象,也竭力让自己看起来完美无瑕,致使其最忌讳被他人揭了"伤疤"。对于体型肥胖的女性,"胖"是绝对禁忌的。因此店员应尝试赞赏她的高级坤表、别致耳环、新颖装束等无关紧要但又令女性喜悦的特点,如此营造良好的气氛之后,引导女性消费就容易收到事半功倍的效果。

9. "佩服"女性的一知半解

有些女性特别无法容忍他人的指责,稍受冒犯,就会在一瞬间"勃然大怒"。对于这类女性,千万不能揭开她们的底牌,应耐心地将她们当作见多识广的人那样看待。她们在自尊心得以满足后,便自会欣然接纳意见。

10. 运用权威人士购买商品案例

运用权威人士购买商品案例需要营销人员综合使用情感唤起和理性号召两种方式,热情地举出众多具有说服力的具体事例,显示出立即能得到的效果;而搬出那些较有名气的为女性所熟知的权威人士,无疑是其中最为有效的方法。

(资料来源:http://www.cnfirst.net/yuerbaike/youerxinli/yuer89983.html.)

2. 男性消费心理

与女性相比,男性消费心理要简单得多。主要表现在以下几个方面:

(1) 求新、求异、求癖心理

男性相对于女性而言具有更强的攻击性和支配性。这种心理在消费上表现为求新、求异、求癖和开拓精神。他们对新产品尤其是家用电器、高档消费品(如对轿车的奇特性)往往有较高要求。此外,男性大多数有特殊嗜好,如有人烟酒成癖,有人爱好钓鱼、养花、养鸟,也有人酷爱摄影、集邮、收集古董、珍藏古画等,而这些在女性中表现得不太普遍。

(2) 购买目的明确,决策果断,有较强的求快心理

男性消费者购物时往往都有明确的目标,他们进商场后就直奔目标而去。碰到符合心理要求的目标时,他们能果断决策,将购买愿望立即转化为购买行动。与女性相比,男性消费者购买产品时,理智和自信要多一些。他们一般在购买前就选择好购买对象,往往不愿意在柜台前花太多时间挑选产品,询问究竟。即使买到有瑕疵的产品,他们也认为大体上过得去就算了,购买后不满意和退货的情况比女性少。

(3) 注重产品的整体质量和使用效果

男性消费者购物多属理性购买。他们对产品特别是一些昂贵、结构复杂的高档产品的性能、知识了解较多。购物时很注重产品的整体质量,只要整体质量可靠,他们就能做出购买决策。同时,男性消费者购物时善于独立思考,很注意产品的使用效果,不会轻易受外界环境的影响。

【案例讨论5-8】

  美国明尼苏达大学卡尔森管理学院的一项新研究显示,环境中的男女比例会对男性的经济行为产生重大影响。如果一个男性认为他所处的环境中女性人数较男性少,他会变得更冲动,更不在乎自己的存款,且更愿意刷信用卡消费。

  为了验证性别比例会影响经济决策这个想法,格利斯科维西斯(Griskevicius)等研究人员先让实验对象阅读一些关于当地男女比例的新闻,然后问他们每个月会从工资里拿出多少钱存起来,并从信用卡里借出多少钱花掉。当实验对象中的男士们看到自己所处地区女性较少的新闻时,他们愿将存起来的钱减少42%,而愿从信用卡借出来的钱增加了84%。

  在另一个实验中,研究人员让实验对象分别看三类不同人群的照片:一类男性较多,一类女性较多,一类男女比例差不多。看完之后,研究人员问实验对象是愿意第二天拿20美元还是等一个月之后拿30美元作为补偿。看到女性较少照片的男士们更愿意第二天拿20美元了事。

  Griskevicius说:"事实上,我们和动物有很多相似的地方。我们的某些行为是反射性的和潜意识的。当我们看到周边男性多于女性的时候,我们不自觉地改变了我们的欲望、行为和整个心理过程。"

  有意思的是,性别比例并不影响女性经济行为的选择,却会影响女性对男性在求爱过程中如何花钱的期望。当女性们看完男性多于女性的报道之后,她们会期望男性们花更多的钱在烛光晚宴、情人节礼物和订婚戒指上。"在女性较少的时候,女士们觉得男士们应该更下工夫来追求她们。"Griskevicius评论道。

  为了检验这些实验结论在生活中是否成立,研究人员计算了美国120多个城市的性别比例、信用卡持有率和消费者负债水平。和他们的设想一致,在单身男性较多的地方,信用卡持有率和消费者负债水平也较高。譬如,虽然佐治亚州的哥伦布市与麦肯市距离不超过100英里(1英里≈1.609千米),男女比例为1.18的哥伦布市的消费者平均负债较男女比例为0.78的麦肯市多出3479美元。

  先前有研究表明,在广告中看到有吸引力的女性会使得男性更好斗或者对炫耀性消费更感兴趣。Griskevicius的研究表明性别比例——一位女士是单独出现还是由一群男士环绕——对男性反应的影响也很大。Griskevicius认为性别比例对经济行为的影响还仅仅是冰山一角,其意义也远超市场营销的范畴。他引用其他研究表示,男性比例过高和社会生活中的过激行为呈很强的正相关性:性别比例失衡所带来的问题不仅仅和金钱有关——暴力和生存是我们面临的更大的问题。

  (资料来源:李冀.性别比例左右男性消费心理.中国青年报,2012-04-04.)

【讨论】 如何看待性别比例左右男性消费心理?

【讨论记录】

【训练项目5-5】

了解不同消费群体的消费心理

【训练目的】 了解不同消费群体的消费心理。

【训练内容】 同学们回到家时,在空闲或节假日的时候,或者家庭成员及亲戚朋友聚集的时候,请他们分别谈论一下自己在消费时最看重的是什么?根据什么来消费?为什么?

【训练要求】 根据不同年龄、不同性别及不同收入阶层的人进行分析。

【训练结果】
1. 撰写调研报告。
2. 分析文化因素是如何影响消费者购买行为的。

课后练习

一、选择题

1. 消费者群体是指具有某些(　　)的消费者所组成的群体。
   A. 不同消费特征　　　　　　　　B. 共同消费特征
   C. 共同消费心理　　　　　　　　D. 不同消费心理

2. 家庭、亲朋好友、同事属于(　　)。
   A. 首要群体　　　　　　　　　　B. 次要群体
   C. 临时群体　　　　　　　　　　D. 假设群体

3. 消费时尚的流行容易引起消费心理的变化,下列各因素不是由时尚引起心理变化的是(　　)。
   A. 认知态度变化　　　　　　　　B. 驱动力变化
   C. 偏好受到冲击　　　　　　　　D. 价格敏感性增强

4. 对消费时尚产生影响的主要社会阶层不包括(　　)。
   A. 高收入阶层　　　　　　　　　B. 影视明星
   C. 社会地位较高阶层　　　　　　D. 女性大众

5. 下列不是女性消费者购买行为的心理特征的是(　　)。
   A. 注重商品的外表和情感因素　　B. 注重商品的实用性和细节设计
   C. 注重商品的便利性和生活的创造性　　D. 注重商品价格与外表的统一性

二、判断题

1. 群体根据其对个体消费者心理影响作用的大小可分为所属群体和参照群体。（　　）
2. 青年的消费心理可塑性很强。（　　）
3. 与男性相比,女性的消费更理性一些。（　　）
4. 老年消费群体在消费时具有补偿心理。（　　）
5. 青年的消费比较稳定,计划性强。（　　）

三、名词解释

1. 群体。
2. 消费习俗。
3. 消费流行。

四、解答题

1. 简述消费者群体的类型。
2. 简述现代家庭消费的基本特征。
3. 举例说明消费习俗的类别。

五、案例探讨

"乐口"牌啤酒的实验

美国某地有一家毕尔格兄弟公司,该公司曾于某年开发了一种"乐口牌"啤酒,由于广告宣传的中心是佐餐啤酒,并且广告制作也是以妇女所喜爱的方式来做的。该酒上市后消费者一致反应掺水多,口味差。后来该公司请一家咨询公司做了两次试验,每次试验都是请消费者进行"乐口"牌啤酒与其他品牌啤酒的品尝并进行评分。第一次试验时,各品牌啤酒均未贴商标,"乐口"牌啤酒得分与其他啤酒得分相似。第二次试验时,各种啤酒都贴了标签,"乐口"牌啤酒得分远远低于其他啤酒。

(资料来源:http://www.docin.com/p-464815230.html.)

【思考与训练】 用本章所学知识,分析此现象。

第六章 商品与消费心理

内容简介

本章介绍了商品名称、商标、品牌等对消费者购买心理的影响作用以及新产品设计推广时需要注意的心理因素。

目标规划

1. 学习目标

知识目标：了解品牌的概念及其心理功能；掌握商品的名称及其心理功能和命名的心理策略；理解商标、包装的心理功能及设计的心理要求；掌握新产品设计推广与消费心理。

重点掌握：商品的名称及其心理功能和命名的心理策略。

2. 能力训练目标

能够运用相关理论知识分析相关案例；能够用所学知识指导实践活动。

模块一 商品因素与消费心理

项目一 商品名称与消费心理

1. 商品名称的含义及心理功能

(1) 含义

商品名称是指企业赋予商品的文字称谓。它通常能够概括地反映商品的用途、性能或特点等,是消费者识别商品的重要标志之一。商品的名称分为通用名称和特定名称。商品的通用名称指为公众所熟知的商品的一般名称,如电视机、计算机、桌子、衣服等。通用名称只是指同一类商品的名称,不能用来区别同一种类商品的不同品牌。例如,手机这一通用名称无法用来区别三星公司生产的手机与小米公司生产的手机。商品的特定名称是指对特定商品的称呼,如加饭酒、茅台酒、21金维他、两面针牙膏,等等。商品的特定名称只要不违反《商标法》的规定,大多可以注册成为商标。

(2) 商品名称的心理功能

① 反映特性。商品名称应该能概括地反映出商品的基本效用和主要特性,消费者即使没有看到实体商品,也能顾名思义通过商品名称快速了解或初步感知商品。

② 便于记忆。商品名称是字形、字音和字意的有效结合,这种言简意赅、易读易懂的"形、音、意"的组合能使商品在消费者脑海中形成深刻的印象,如"保险柜"。商品名称一般不超过四个音节,因为音节少的词,便于消费者记忆,"少、短、响"是确定名称成功的条件之一,诸如索尼、奔驰、苹果、三星都是响亮的短名典范。

③ 引人注意。商品名称的特色、新意、好的寓意或恰当描述,在众多同类商品名称中容易脱颖而出,迅速引起消费者的注意,使其对商品产生兴趣,如女儿红、傻子瓜子等。因此引人注意是商品命名最主要的目的,也是最重要的要求。

④ 激发联想。商品名称能激发消费者产生联想,并加深其对商品性能的理解,如上海永久自行车,看名字人们就会联想到该品牌应该质量过硬,使用寿命长。

【知识小卡片6-1】

海尔的品牌名称设计鲜明

商品名称是体现商品整体形象的一个重要方面,确立品牌意识,树立品牌形象,是一项重要的经营策略,成功的范例不胜枚举。以海尔集团为例。海尔集团从生产冰箱开始,经过多年的苦心经营,在品质、技术等方面都树立了一流家电品牌的形象,但只用海尔一个品牌,是难以有效地向消费者传播每种新产品的个性的。因此,海尔集团巧妙利用副品牌策略,将外形美观、功能先进的冰箱叫"帅王子",小冰箱叫"小小王子";把新一代变频空调命名为"帅英才",以表现商品智能变频控制、技术超前的特点;将0.5 kg的小洗衣机叫"小小神童"、"即时洗",生动形象地体现出新商品的特征与魅力;新型的电熨斗则用可爱灵巧的"小松鼠"来命名。无疑,海尔集团的品牌名称战略是成功的。由此可见,商品的名称对科技新商品的开发和推广具有极大的推动作用,必须高度重视品牌设计的技巧和艺术。

(资料来源:http://www.docin.com/p-682686043.html.)

2. 商品命名的心理策略

(1) 以主要效用命名

这种策略的特点是商品名称直接反映商品的主要性能或用途,能使消费者顾名思义,迅速了解商品的功效。这种命名策略主要用于日用品和药品的命名,如"感冒灵颗粒"、"小护士防晒霜"、"霸王防脱洗发液"等。

(2) 以主要成分命名

这种策略的特点是商品名称直接反映商品的主要成分,能使消费者通过商品名称直接了解商品的原料构成。该命名策略使得消费者对产品构成一目了然,然后根据自身状况,决定是否购买。同时,这种命名策略也可以增加消费者对产品的信任情感,如"人参蜂王浆",从商品名称上就可知道它是由名贵的中药人参和高级滋补品蜂王浆为主料配制而成的。这种命名策略既能使商品明显区别于其他同类商品,又能突出商品本身的特色和价值。这种命名策略主要应用在营养食品、化妆品和医药用品的命名。

(3) 以外形命名

这种策略的特点是商品名称形象地反映出商品的优美造型或独特形状,这种形象化的名称,能引起消费者注意或加深消费者对商品的印象,进而达到迎合消费者爱美的心理要求。此种命名策略多用于食品、工艺品类商品的命名,如"动物饼干"、"三角板"、"棉花糖"、"鸭舌帽"等。特别是小食品、儿童食品,以商品的外形命名,名称和实物相统一,加快了儿童认识事物的速度,可以迅速激起儿童的购买欲望。

(4) 以地名命名

这种策略的特点是在商品名称前冠以商品产地,能突出该商品的地方风情和特色,使消费者联想到商品的地道或货真价实。这种命名策略符合消费者求名、求特、求新的消费心理,可以增加商品的名贵感和知名度,使消费者买到货真价实的特色商品,如"青岛啤酒"、"金华火腿"、"西湖龙井茶"、"山西汾酒"、"茅台酒"、"古井贡酒"等。

(5) 以人名命名

这种策略的特点是在商品名称前冠以商品的首创者、历史人物、传说人物等人的名字,能激发消费者的丰富联想,使商品给消费者留下货真价实、正宗独特、历史悠久、工艺精良或质量上乘等印象,进而诱发消费者购买商品的欲望,如"中山装"、"东坡肘子"、"麻婆豆腐"等。

(6) 以制作方法命名

这也是经常被采用的命名策略,它的特点是用商品名称反映出商品的制作方法,使消费者了解商品独特的制作工艺或具有纪念意义的研制过程。由此提高人们对商品的信任感,满足消费者求知的需求,如四川的名小吃"三大炮"、北京的"二锅头"、经过101次试验成功的"101生发精"。

(7) 以吉祥物或美好事物命名

这种策略的特点是用具有吉祥寓意的事物、人们喜爱的事物或具有美好形象的事物为商品命名,如"百岁酒"暗示此酒具有延年益寿的功效。用这种方法命名商品可以借助吉祥如意的美好寓意宣传商品,激发消费者积极的心理感受,使消费者产生美好的联想或消除不良心理感受,使之乐于接受。

(8) 以外文译音命名

这种策略的特点是将外文商品名称音译为中文名词作为商品名称,能消除消费者对外来语的理解困难,并可满足消费者求新、求奇、求异的心理要求。这种命名策略多用于进口商品,如"可口可乐"、"欧米伽"、"阿司匹林"等。

(9) 以动物命名

这种策略的特点是用具有象征意义的名贵动物来为商品命名,如"白象方便面"、"凤凰自行车"、"熊猫彩电"等。以珍禽异兽命名,不但可以使商品形象化,而且可以产生强烈的动感,使商品在消费者头脑中生动起来,从而给商品附加一些与动物有关的属性。

(10) 以植物命名

以植物名命名,如"红豆家纺"、"莲花味精"等。我国红豆集团公司前身是太湖针织制衣厂,原是一家设在破庙里的乡镇企业,推出的"红豆"牌服装[在国外英文译名为"爱的种子"(love seed)],畅销不衰,扬名四海。因为红豆集团扎根于源远流长的华夏文化,借助于人们早已熟悉和热爱的"红豆生南国,春来发几枝"的意境而取胜。"红豆"商标采用的是优秀传统文化的移情手法。

另外,商品命名的策略还有根据自然现象名命名,如"长虹彩电"、"紫光电脑"等;还有根据企业理念命名的,如"环球音响"、"新世纪电脑"等。

商品命名的方法还有很多,但是企业不能生搬硬套,而是要根据自身情况和产品特色,在借鉴其他商品成功命名的基础上,选取一个适合企业或者商品特色的名称。另外,要特别强调命名策略的创造性,让自己的品牌名称具有让消费者耳目一新的冲击力,这样的品牌才会对企业和商品的发展起到意想不到的作用。

【知识小卡片6-2】

北京二锅头的来历

北京酿制白酒的历史悠久。到了清代中期,京师烧酒作坊为了提高烧酒品质,进行了工艺改革。蒸酒时的冷却器称为锡鳌,也称天锅。蒸酒时,需将蒸馏而得的酒汽中,经第一锅放入锡鳌内的凉水冷却而流出的"酒头"和经第三锅换入锡鳌里的凉水冷却而流出的"酒尾"提出做其他处理,因为第一锅和第三锅冷却的酒含有多种低沸点的物质成分,味道较杂,所以酒厂只摘取味道醇厚的经第二锅换入锡鳌里的凉水冷却而流出的酒,故起名为"二锅头"。

锡鳌其实就是冷却器,因器由锡制,其状敞口圆形,直径20厘米以下,45度角向圆心倾斜,收缩至锥尖,类似鼓鳌,故名。内容冷水。原理为:当酒醅加热时汽徐徐上升,遇之骤冷,变为露酒,沿锡鳌外壁滴淌汇入下面承露盘,通过连接承露盘之锡管,如线泉般流出,淌至蒸馏锅外藤条酒篓子内。

因锡鳌容积有限,火(古为炉火)或汽(今为蒸汽)不宜大,需缓火蒸馏,并不断搅拌锡鳌盛水,控制流酒温度。

喝二锅头就像喝豆汁一样,是北京韵味的一种表现。喝的时候多配以凉菜,如花生米、高碑店豆腐丝、酱牛肉、拍黄瓜等。在品尝老北京小吃(如卤煮火烧、爆肚、白水羊头)的时候,食客也常常一起饮用二锅头来助兴提味。并且,在冬天吃饺子时,配以二锅头是最常见的搭配方式,有俗语道:"饺子就酒,越喝越有。"

(资料来源:百度百科.二锅头.)

项目二 商标与消费心理

1. 商标的含义及心理功能

(1) 商标的含义

商标是商品的生产者、经营者在其生产、制造、加工、拣选或者经销的商品上采用的标志,用于区别商品或服务的来源,由文字、图形、字母、数字、三维标志、声音、颜色组合而成,是具有显著特征的标志,是现代经济的产物。在商业领域,文字、图形、字母、数字、三维标志和颜色组合,这些均可作为商标申请注册。经国家核准注册的商标为注册商标,受法律保护。

在现代市场经济中,许多商品的生产和销售企业往往不止一家,消费者面对形形色色的商品,在识别时仅仅依靠名称是不够的,还需要借助商标的作用。商标用来表示商品的特殊性质,是商品生产者或者经营者为了使本企业的商或区别其他企业而采用的一种标志。

(2) 商标的心理功能

① 识别功能。识别功能是商标的基本功能和首要功能。在当今社会,商品琳琅满目,

市场上充斥着众多相同或近似的商品,这些商品来自不同的厂商和经营者,各厂家的生产条件、制作工艺、商品质量及管理水平参差不齐,商品价格也会有所不同。如何在激烈的市场竞争中吸引消费者的目光,使他们在众多的商品中能够准确地选择自己的商品?商标作为一种实物形态,对消费者无疑是最直接的刺激物,能够直观地引起消费者的反应。商标作为商品的一种外在标记,能够以其鲜明、独特、生动的形象提示消费者识别商品,使消费者一看到商标便能想起商品的属性或形态,进而加深商品在消费者心中的印象。正如一位美国学者所说:"商标之于识别商品的作用如同姓名之于辨识个人。"因此企业要想最大限度地争取到消费者,就必须在其商品上使用醒目的商标,让消费者更容易识别。

② 传播功能。商标携带着商品信息,它能通过广告宣传、促销活动等方式引起众多消费者的注意,使消费者产生联想和记忆,加深对商品的印象,帮助消费者在浩如烟海的商品中选择自己需要的商品,同时作为企业形象和商品形象在消费者之间交流传播。商标吸引了消费者,消费者借助商标选择商品,商标的作用显而易见。因此我们说,商标本身就具有传播作用,被誉为商品无声的推销员。许多大公司都不惜巨资精心设计商标,如BP(英国石油公司)公司为了打造"一家公众有信心的能源公司"的形象,向人们展示英国石油公司的担当和社会责任等,聘请了一家公司帮其重新设计商标。而英国石油公司为新商标设计的总投入高达2.11亿美元(其中4600万美元用于设计,其他用于更换各个店的招牌、灯箱等)。

③ 质量功能。商家通过商标表示商品为自己所生产,消费者则通过商标来辨别商品。从这个意义上说,商标是商品质量的标志,企业使用商标,就等于在商品质量保证书上签了字,商标将生产经营者与消费者联系在一起。商品出了问题,消费者可以依其商标找到生产厂家,从而加强了消费者对企业的监督,让商品的生产者、经营者体会到市场竞争的压力,有利于企业增强责任心,促使他们更加关注商品功能,从而起到了保证商品品质的作用。

④ 信誉功能。商标的使用可以促使生产经营者注重质量,保持质量的稳定。商标如同商品的名字,同商品紧密联系在一起,代表企业的形象和声誉。商标凝结了被其标示的商品以及该商品的生产经营者的信誉,是商品信誉和与之有关的企业信誉的最佳标记。一个企业一般要花费巨大的物力和精力方能成功塑造一个商标。创造名牌商品或为了保持品牌的名誉,企业需要经过长期努力提高其商品的品质,不敢随意以次充好。因此商标能起到保证商品品质、保护消费者利益的作用。

⑤ 文化功能。在当今社会,企业不仅是推动经济发展的主力军,更是承载着培育先进商业文化、倡导健康生活理念的生力军。实际上,企业的可持续发展本身离不开深厚的文化底蕴。商标就是企业文化和经营理念最集中的体现。企业商标的构成、表现形式以及宣传方式无不向社会传递着企业的文化。不少著名的商标构思巧妙、意义深远,既蕴涵着丰富的历史、地理和艺术知识,又展现出商标所有企业以人为本的经营理念和企业文化。

⑥ 美化功能。一个设计美观的商标,等于给商品穿上了一件漂亮的外衣,可以增加商品的美感,提高商品的身价,扩大商品的销路。当然,商品最重要的还是质量,只有在质量过硬的前提下,把商标设计得美观一些,才能真正增强企业的竞争能力。相反,如果商品质量差,把商标设计得再美也无济于事。

【训练项目6-1】

商标与消费心理

【训练目标】 了解商标与消费心理的关系。

【训练材料】 浙江绍兴市有家绍兴土产商店,经营炒货生意。这家商店为其生产、销售的茴香豆申请了"孔乙己"商标,并由此引来了大量顾客。

绍兴土产商店本来只是一家个体小店,营业面积不足20米^2。开店的这家人因有一手祖传手艺,善做炒货,尤其是茴香豆味道颇好,在当地有些名气,所以改革开放以来,该店专门生产销售茴香豆等炒货。起初为了促销,店主利用绍兴籍名人鲁迅笔下的孔乙己喜吃茴香豆的故事,在店里店外画了多幅孔乙己的肖像,在包装袋上印上孔乙己"多乎哉,不多也"的名言。谁知这一招效果相当好,很能吸引顾客。1990年,店主偶尔听人说到商标的事,又悟到有些人大老远地跑到自己店里来买茴香豆不就是冲着自己店里画有鲁迅笔下的孔乙己吗?于是就花300元钱办了个手续,为自己店所生产销售的茴香豆申请了"孔乙己"商标,之后茴香豆生意比过去更加红火了。过去,每月只能卖到一二百千克茴香豆,而打出"孔乙己"商标后,每月竟能卖出1500千克以上,甚至有些商场找上门来要求批发。

绍兴土产商店如此迅速兴旺发达,使绍兴人无不惊叹"孔乙己"商标的巨大作用。绍兴咸亨酒店后悔没有把老主顾"孔乙己"请进来,意欲亡羊补牢,愿出8000元钱转购"孔乙己"商标。可是,绍兴土产商店店主断然拒绝:"别说8000元,就是乘上个10,我们也未必会卖!"经评估,"孔乙己"商标的无形资产值26万元。

(资料来源:http://yingyu.100xuexi.com/view/specdata/20101029/06E4F73E-7C14-43CC-A74A-DB882A029B71.html.)

【训练讨论】

1. 为什么"孔乙己"商标能给绍兴土产商店带来如此大的效益?
2. 请同学讲述自己印象最深刻的商标名称。
3. 请同学讲述那些他们认为的不好听的商品名称并阐述原因。

同学1:_____
同学2:_____
同学3:_____

2. 商标设计的心理要求

(1) 独具特色,便于区别

商标标志着商品的独特性质,一个独具特色的商标一旦树立起来,就会在消费者心中留下深刻印象,使消费者能在复杂多样的同类商品中很快辨别出自己所信任和偏爱的商标,进而迅速实现购买行为。鉴于此,很多企业特别是欧美发达国家的企业,不惜花重金设计研究区别于其他企业且又独具特色的受消费者喜爱的本企业商标。

(2) 造型优美,赏心悦目

现代消费者不仅要求商标简单独特、个性鲜明,而且希望能够将美学融入其中。所以,在商标设计时,应力求造型生动优美,线条明快流畅,色彩搭配恰当,具有艺术感染力,使其在瞬间捕获消费者眼球,让消费者流连忘返,百看不厌,从而对商品产生兴趣。

(3) 结合产品,体现风格

许多企业过分突出商标的新颖、独特性,而把商标和商品孤立起来,导致消费者被商品吸引后,却对企业商品或企业一无所知。商标应该结合产品,体现风格。例如,"宝马"的商标,中间的蓝白相间图案代表蓝天、白云和旋转不停的螺旋桨,喻示宝马公司悠久的历史,象征了该公司过去在航空发动机技术方面的领先地位,又象征了公司一贯的宗旨和目标。

(4) 符合时代,引领潮流

时代是不断向前发展的,商标设计也必须要跟上时代的前进步伐,能够引领潮流符合现代消费者对商标的心理要求。例如,天津毛纺厂生产的"抵洋"牌毛线,最初是因抵制洋货而得此商标,反映了特定历史时代的鲜明特征,因而历经几十年而不衰。"红旗"牌轿车作为新中国生产的第一辆车被赋予特殊的历史意义而受到消费者的推崇。

(5) 尊重风俗,避免禁忌

从商业的角度来说,全世界就是一个大市场。每个国家又可以分为各种各样的小市场,不同国家、民族的消费者具有不同的文化基础、教育背景、生活习惯和生活方式、宗教信仰等,由此衍生出不同的消费心理和消费行为。只有商标设计适应消费者的这些心理特点,才能使消费者认可商品,从而产生购买欲望。例如,日本人忌用荷花做商标,英国人忌用核桃做商标,意大利人忌用菊花做商标。

3. 商标使用的心理策略

(1) 不使用商标

一般而言,以下几类商品可以不使用商标:

① 商品本身不会因制造者的不同而有所不同,如钢材、煤炭、木材、棉花等。

② 消费者习惯上不根据商标而购买的鲜活商品,如肉、蛋、鱼、蔬菜、水果等。

③ 临时性或一次性商品,如纪念品等。

(2) 使用销售者商标

若商品生产者在市场上没有形成自己的声誉,或者自己的声誉远不及商品销售者的声誉,则宜使用销售者的商标,以借助销售者的声誉取得更好的营销效果。

(3) 使用生产者商标

若商品生产者已经拥有较好的市场声誉,或者生产者的商品已经被市场所接受,取得了消费者的信任,则可直接使用生产者的商标,以便进一步维护商品的信誉和稳定商品的销售。

(4) 使用统一商标

使用统一商标是指企业对其所有类别的商品使用同一商标。这种策略可以强化消费者对商标的印象,缩短消费者对新商品的认识时间。

(5) 使用独立商标

使用独立商标是指企业对不同类别的商品分别使用不同的商标,使各类商品相对独立。这种策略的特点是可以有效地表现不同商品的特色,使商品适应不同消费者的不同心理需求和习惯偏好。

项目三　品牌与消费心理

1. 品牌的概念

品牌是指公司的名称、产品的商标及其他有别于竞争对手的标志、广告等构成公司独特市场形象的无形资产。品牌是产品的脸谱,品牌的概念是通过消费者使用该产品而获得的,它既是一种心理学上的感受,又是一个营销学上的概念。

产品品牌对产品而言,包含两个层次的含义:一是指产品的名称、术语、标记、符号、设计等方面的组合体;二是代表有关产品的一系列附加值,包含功能和心理两方面的利益点,如产品所能代表的效用、功能、品味、形式、价格、便利、服务等。

产品是品牌的基础,没有好的产品,用来识别产品来源的品牌就没有存在的载体;品牌依附于产品而存在,品牌是产品与消费者之间的桥梁。成功的品牌总是具有独特的个性与整体风格,一定能从竞争产品品牌中自我突显出来,这些品牌能使产品的实质与感性特点形成简单的、有力的个性。所以说,品牌是一个综合的概念。

2. 品牌的功能

(1) 识别功能

识别功能是指品牌可以帮助消费者从市场上流通的商品中迅速找到自己所需要的商品,可以降低消费者购买商品所花费的时间和精力,是品牌最原始、最基本的功能。消费者在选购商品时,由于大部分商品具有的功能相近,消费者很难做出选择。而品牌是商品的标志,代表着商品的品质、特性和承诺,这些都将成为消费者进行选择判断的依据。如果某品牌在消费者心目中已经形成良好的印象,则很容易使消费者在种类繁多的商品中很快做出购买的决策。借助品牌,消费者对处在不断发展变化中的产品信息及相关信息能够进行及时、全面、动态的了解。

(2) 溢价功能

品牌是企业的一种无形资产,它本身可以作为商品进行买卖,在市场交流的过程中,它所包含的价值、个性、品质等特征能给产品带来重要的价值。而且,随着企业规模的扩大,品牌知名度、美誉度和忠诚度的提高,品牌本身的价值也会不断增长。因此知名度高的商品品牌能给消费者提供比一般商品更多的价值和利益。即使是同样的商品,贴上不同的品牌标志,也会产生价格差异,如一个皮包,贴上 LV 的标志与没有 LV 的标志,价格相差很大。

【案例讨论 6-1】

　　一件普通的衬衣也许只要 40 元,如果将这件衬衣贴上 Prada、杰尼亚、登喜路等服饰品牌,价格将会是 400 元以上(这还是保守的估计),从丑小鸭到白天鹅的巨大转变正是品牌溢价的鬼斧神工。中国被称为世界制造工厂,凭借自己廉价而且熟练的劳动力,制造出物廉价美的产品,一时间标有"Made in China"的产品遍布世界各地。从某一个角度讲,我们应该为自己的强大制造实力而自豪,可是外国人对中国产品的印象只是"便宜",贴有中国牌子的产品在国外的商店只能摆在毫不起眼的角落,"Made in China"在国外人眼中成了低价位、低档次的代名词。中国企业经过多年的发展,其产品质量实际上有了长足的进步,甚至一些产品达到了国际一流水平,中国缺少的是自己的国际品牌。让我们来看看现实:通用电气采购中国的格兰仕微波炉,然后贴上自己的牌子,价位马上就比原来高了好几个挡位;耐克从中国制鞋厂花 120 元人民币买走的运动鞋,因为打上了耐克的标志,售价就窜到 700 多元人民币;索尼彩电在中国一年 50 万台的销量所获得的利润,超过了中国所有国产彩电品牌的利润之和。中国企业以前那种以价格取胜的思维应该转变了,采取品牌经营,以提高品牌溢价来获取更多的利润的方式才是使中国企业能够长期发展的战略。因此研究品牌溢价能力,探索提高品牌能力的有效策略,对提高国内企业的盈利能力、降低企业风险、保持可持续发展具有重要的意义。

　　(资料来源:http://baike.baidu.com/view/1203039.htm?fr=aladdin.)

【讨论】

　　1. 有人说产品卖得好不好关键看质量,名字怎么样跟销量一点关系没有,请问你怎么看待这种说法?

　　2. 你觉得中国缺少国际品牌的原因在哪里?

【讨论记录】　_____

_____

_____

(3) 保护企业及消费者权益的功能

　　它是指品牌(商标)通过注册后,受到法律保护。如果被非法使用,企业可以通过法律途径,保护自己的合法权益不受他人侵犯。

　　一个企业品牌特别是知名品牌,在长期的竞争中能脱颖而出,一般是因为它具备相应的品质,能够保证商品可以满足消费者的需求。换句话说,即使品牌的商品质量有问题,消费者也可以很容易寻找到商品的相关信息,通过适当的途径与手段,保护自身权益。

【训练项目6-2】

品牌的价值

【训练目标】 能够熟练运用所学理论知识分析相关案例。

【训练材料】 2014年5月21日消息,全球市场调查机构明略行(Millward Brown)日前发布了2014年全球最有价值品牌"100 Top BrandZ"调查报告。该报告显示,2014年,谷歌的品牌价值超越苹果,升至1588.43亿美元,腾讯的品牌价值同比增长97%,达到536.15亿美元。

"100 Top BrandZ"排名前10的以美国公司为主,品牌价值是基于公司的财务状况以及在消费者中的影响力来估算的。

在具体排名和品牌价值方面,谷歌品牌价值从2013年的1150亿美元上涨至2014年的1588.43亿美元,涨幅约为40%。谷歌品牌价值的攀升,主要归功于它在创新方面的探索,如研发谷歌眼镜等。

苹果的品牌价值则从2013年降至1478.80亿美元,下降约20%,排名第二,IBM以1075.41亿美元排名第三,微软以901.85亿美元位列第四。

中国企业中排名最高的是腾讯,排名第十四,品牌价值比2013年增长97%,增至536.15亿美元;中国工商银行排名第十七,品牌价值比2013年增长2%,涨至421.05亿美元;百度排名第二十五,品牌价值比2013年增长46%,增至287.68亿美元。

表6-1 2014全球最有价值品牌前七名

排名	品牌	品牌价值(亿美元)	品牌价值较2013年增长幅度
一	谷歌	1588.43	40%
二	苹果	1478.80	-20%
三	IBM	1075.41	-4%
四	微软	901.85	29%
五	麦当劳	857.06	-5%
六	可口可乐	806.83	3%
七	VISA	791.97	41%

(资料来源:http://tech.caijing.com.cn/2014-05-21/114198787.html.)

【训练讨论】

1. 为什么品牌具有这么高的价值?
2. 说出你心中的中国品牌价值排行榜。阐述原因。

同学1:_____

同学2:_____

同学3:_____

项目四　商品包装与消费心理

1. 商品包装的含义

商品包装是指在流通过程中为保护商品、方便运输、促进销售,按一定的技术方法而采用的容器、材料及辅助物等的总体名称,也指为了实现上述目的而在采用容器材料和辅助物的过程中施加的一定技术方法的操作活动。随着市场经济的发展,商品包装的重要性越来越突出。它不仅具有保护商品,减少损耗,便于计量、购买、携带、运输和储存的作用,还具有装饰美化商品、刺激消费者购买欲望的作用。

具体而言,商品包装可分为运输包装和销售包装两大类。运输包装又称外包装,它的主要作用是在商品流通过程中保护商品。销售包装又称内包装,是指接触商品并随商品进入市场销售的包装。销售包装由商标、造型、颜色、图案和材料等要素组成,除了保护商品外,还具有宣传介绍、美化商品、方便消费者携带及使用等功能。

消费心理学领域的商品包装通常是指销售包装。这种包装对造型结构、装饰和文字说明等都有较高要求,包装设计除了要遵循设计中的基本原则外,还要着重研究消费者的消费心理,包装设计符合消费者心理需求,才能使该商品从同类商品中脱颖而出,从而达到预期的效果。

2. 商品包装的功能

包装的功能主要有两方面:一是自然功能,即对商品起保护作用;二是社会功能,即对商品起媒介作用,也就是把商品介绍给消费者,吸引消费者的注意,从而达到扩大销售量、占领市场的目的。这两种功能相辅相成,自然功能保护商品,使商品处于完好状态,为社会功能的实现提供可能,社会功能把商品尽快地推向消费者手中,保证自然功能的实现。

综合包装的功能,大致又可细分为以下几个方面:

(1) 保护功能

保护商品是包装最基本、最重要的功能。商品出厂后,要经过多次搬运、储存、装卸等过程,最后才能到达消费者手中。商品在流通过程中,受到外界各种因素影响,可能会经历冲撞、挤压、受潮、腐蚀等伤害,进而引起商品破损、污染、渗漏或变质,使商品降低或失去使用价值。科学合理的包装,能使商品抵抗各种外界因素的破坏,从而保护商品的性能,保证商品的质量和数量。

(2) 识别功能

面对琳琅满目的商品,消费者通常第一眼看见的是商品的包装,而不是商品本身。当商品的质量不容易从商品本身辨别的时候,消费者往往会凭包装做出判断。商品包装通常具有独特的形状、大小、色彩、图案或文字说明,如商品的使用方法、成分组成、效能参数等,这些内容可以帮助消费者在短时间内获得商品的有关信息,从而对不同类别的商品加以区分,或者对同类商品的不同信息加以确认,进而引导消费者正确选购或使用商品。包装是商品差异化的基础之一,设计独特、新颖大方并且具有强烈的视觉冲击力色彩的包装可以使本企业商品有别于其他同类商品,方便消费者进行分辨和挑选。

(3) 流通功能

包装为商品流通提供了条件和方便。将商品以一定数量、形状、规格、大小及不同的容器进行包装,而且在商品包装外面通常都印有各种标志,反映被包装物的品名、数量、规格、颜色,以及整体包装的体积、毛重、净重、厂名、厂址和储运中的注意事项等,这样既有利于商品的分配调拨、清点计数,也有利于合理运用各种运输工具和仓容,提高运输、装卸、堆码效率和储存效果,加速商品流转,提高商品流通的经济效益。同时,商品包装可以有效地保护商品,延长商品的使用寿命,还可以方便消费者携带、开启、储存或使用商品,满足消费者追求便利的心理需求。

(4) 美化功能

包装通过设计,不仅能使消费者熟悉商品,还能增强消费者对商品品牌的记忆和好感,积累对生产商品企业的信任度。一般情况下,商品包装的材质、色彩、图案、文字和艺术造型等能够美化商品,有效提升商品的质感和档次,使消费者赏心悦目,从而产生购买欲望。好的包装既能提高商品的市场竞争力,又能以其新颖独特的艺术魅力吸引消费者、指导消费,成为促进消费者购买的主导因素,同时又是商品的无声推销员,能将消费环节的诸多因素调动起来,在消费环节中进行全方位的渗透,以达到促进销售的最佳实效。

(5) 卫生功能

包装就是将各类物品盛装在特定的容器中。在盛装之前,包装物都要经过清洗、干燥、消毒、除尘等几道工序的处理。盛装物品后,物品与外界细菌或有毒物质隔离,在一定程度上保持了物品加工流通过程中的稳定性。包装的卫生功能减少了商品的二次污染,充分体现了现代文明社会中产品卫生的首要准则。包装除了要美观大方、便于使用外,更要无毒无污染。特别是近几年刚刚兴起包装行业中的绿色革命,在人们心目中形成了环保消费的观念,应倡导消费者使用那些可以循环再生利用的或是不会造成环境污染的包装制品。例如,啤酒瓶、可降解的一次性快餐盒等已广为人知,并备受广大消费者青睐。而那些污染性强的包装物,一方面已被限制或禁止使用,另一方面也没有市场前景,最终将被社会所淘汰。

【案例讨论6-2】

据调查,大部分的婴幼儿奶粉在营养成分、技术、卫生等方面并无多大差别,但在产品包装上却存在着很大的差距。伊利婴幼儿奶粉为了在竞争中脱颖而出,对产品包装进行了以下几个关键改变:

1. 强调货架上的陈列视觉——凸显"1、2、3"三个阶段

当妈妈们走到商场货架前,面对众多的奶粉,这时她心中关心的不是"有没有添加牛磺酸"或"有没有添加双歧因子",她心里最关心的其实是"我的宝宝现在应该喝哪一阶段的奶粉"。因此她会首先在货架上找到适合宝宝的奶粉后,才会再看"是哪一个品牌"及"添加什么特殊配方"。所以包装上一定要给妈妈一个"清楚、直接"的视觉信息,让她在最短的时间内看到"1、2、3"三个阶段。

2. 运用与"儿童"、"成长"关联的插图当主视觉

由于奶粉分为三个阶段,因此伊利婴幼儿奶粉的主视图也创作了三种:针对第一阶段,即0~6个月的初生婴儿,创作了温馨可爱的"小喇叭";第二阶段,即6~12个月的婴幼儿,创作了一台"小汽车",以满足家长想给孩子更高档次生活的期盼;第三阶段,即1~3周岁的幼儿,活动量增大,创作了动感十足的"小足球",因为足球是大陆最风靡的运动,可满足父母"望子成龙,望女成凤"以及长大后"为国争光"的心理。

3. 色彩计划

伊利婴幼儿奶粉全系列的包装色彩采用粉色系,传达"亲切"及"温馨"的视觉感受。

4. 每一面的展示效果都要考虑到

包装除了把原本密密麻麻的说明文字做最合理、美观的编排外,为了强调伊利奶粉的纯净奶源,还画了一张"内蒙古大草原"的插图,让消费者在翻阅包装背面时,产生"伊利奶粉"等于"纯净奶源"的正面联想。连包装的底部,也重复了一次企业名及品名,以确保在任何情况下,品名都会被看到,增加了商品被消费者购买的机会。

(资料来源:http://www.tech-food.com/news/2004-3-22/n0019880.htm.)

【讨论】 伊利婴幼儿奶粉的包装设计从哪些角度满足了消费者的心理需求?

同学1:_____

同学2:_____

同学3:_____

3. 商品包装设计的心理要求

在缺乏参考信息或者质量、价格大致相同的情况下,色彩鲜明、构图精美、造型美观、文字醒目的包装往往更容易吸引大众的视线和诱发消费者的兴趣,进而促使消费者产生购买的冲动和动机。为了充分实现商品包装的心理功能,一个良好的商品包装设计应当符合以下心理要求:

(1) 便携

包装作为商品的载体,应当便于携带、开启和获取成品,这样才能打动消费者,让他们感到亲切,感受到周全的服务,从而对商品保持忠诚感。在包装设计的过程中,首先考虑的是力求将科学和实用性相结合,其落脚点在于使用便利。便利的包装可以减少商品破损、降低商品成本和方便消费者使用,也是提高商品质量和促进销售的重要环节。例如,便携式包装、易拉罐包装、喷雾包装、自封式包装等。此外,以密度小的材料来代替密度大的材料、将包装制成同一类都能为消费者带来携带时的便利性。

(2) 新颖独特

注意是消费者认识心理活动过程的一种特征,是人对所认识事物的指向和集中,人们在知觉、记忆或思考时都会表现出注意的特征。从心理学角度分析,一件包装设计要想使消费

者注意到并能理解、领会、形成巩固的记忆,与包装中的文字、色彩、图形以及声音等条件的新奇特征分不开。

人们的视觉认知活动,不是被动接受客观刺激物的刺激作用,而是在客观刺激物和人的主观内部心理因素相互作用下进行的。商品包装的文、图、色及造型形态对消费者来说,都是一种"视觉元素"的刺激物,而这些刺激物必须具备一定的新奇形象特征才能引起消费者的注意。

(3) 色彩协调

在商品包装设计元素中,色彩的冲击力最强。商品包装所使用的色彩会使消费者产生联想,诱发各种情感,使购买心理发生变化。使用色彩来激发消费者的情感时应遵循相关规律。心理学研究认为,在设计食品包装时,不要用或少用蓝色、绿色,宜用橙色、橘红色,使人联想到丰收、成熟,从而引起消费者的食欲,促使购买行为的发生。消费者购买保健品时,大多会对大面积暖色调的商品包装感到满意,而对洗涤用品则对冷色调包装感兴趣。

(4) 便于流通

商品的形状性质各异,有固态、液态、气态等。所以包装设计者应考虑用什么材料进行包装设计更适合生产工艺过程与流水线操作的要求,若设计美观却难以生产,则会造成麻烦和浪费。商品从离开生产线到消费者手中,在其整个流通过程中要搬运几十次,设计时必须要考虑不同场合及条件下搬运的方便性、安全性。比如,香水包装、糖果包装等,用瓶装和软包装后,要再用纸盒做外层包装,以防止日光照射而引起变质,并且能够防止运输过程中积压而造成破损。

【知识小卡片6-3】

消费心理与包装色彩的关系

消费者各有各的特点,各有各的习惯,他们的购买心理也不一样。有人做过统计并得出结论,大多数小孩子喜爱鲜艳的颜色:婴儿喜爱红色和黄色,4~9岁儿童最喜爱红色,7~15岁的孩子中男生的色彩喜好次序是绿、红、青、黄、白、黑。随着年龄的增长,人们的色彩喜好逐渐向复色过渡,向黑色接近。在消费者中,不同的人群购买心理也大不相同,如工人、农民大多喜欢经济实惠、牢固耐用、艳丽多彩的商品;知识分子大多喜欢造型典雅、美观大方、色彩柔和的商品;文艺界人士大多喜欢造型优美、别具一格、具有现代艺术感的商品。男性的消费心理同女性不同;年老的同年少的消费者购买心理不同;讲究实惠与讲究时髦的消费者的购买心理不同;热衷于大众化的同讲究个性的消费者购买心理也不同。因此要想使消费者买你的商品,就得仔细分析购买者的心理。一般来说,女性比男性更具情感性。女性的购买行为也更容易受直观感觉和情感的影响。例如,清新的广告、鲜艳的包装、新颖的样式、感人的气氛等,易引起女性的好奇,激起她们强烈的购买欲望。

包装色彩还因人们的联想和对色彩的习惯对消费者产生很大的心理影响。色彩的心理作用是复杂的,由于文化背景和生活观念的差异,同样的色彩对不同的国家或地域、不同的民族而言,会有相差很大甚至完全相反的心理作用。例如,白色在西方象征纯洁,而在中国容易使人联想到死亡;红色在西方人眼中象征血腥和暴力,而在中国人眼中则象征热烈和喜庆;英、法等国家禁忌墨绿色,因为墨绿使人联想到纳粹军服而产生厌恶感;沙漠地区的人们禁忌黄色,因为见多了风天黑地,黄沙漫漫,对黄色习以为常,因而特别珍爱绿色。

(资料来源:百度文库.商品包装与消费心理研究的文献综述.)

4. 商品包装设计的心理策略

(1) 廉价包装或无包装策略

廉价包装或无包装策略是指企业对一些日用品或食品设计廉价包装,或者直接不设计包装,以满足消费者追求实用、节俭的心理。

(2) 分量包装策略

分量包装策略是指企业根据商品的性质、重量、体积的不同,以及消费者的使用习惯和购买力的不同,分别设计不同型号的包装。

(3) 方便包装策略

方便包装策略是指企业将商品包装设计成开窗式、透明式、手提式、喷嘴式等形式,以便消费者识别、观察、购买、携带或使用。

(4) 类似包装策略

类似包装策略是指企业对品质相近的商品采用相同或相似的包装材料、形状、图案、色彩等,使商品拥有统一的视觉识别形象,强化消费者对系列商品的印象。

(5) 配套包装策略

配套包装策略是指企业将相关联的若干商品集中包装在一起,以便消费者购买、使用,或促进产品销售。

(6) 再使用包装策略

再使用包装策略是指企业采用能够在商品用完后再做他用的包装物,为商品提供附加价值,以满足消费者一物多用的心理。

(7) 附赠品包装策略

附赠品包装策略是指企业在商品包装内附加赠品(如奖券、卡片、玩具等),以刺激消费者的购买欲望。

(8) 礼品包装策略

礼品包装策略是指企业对作为礼品的商品专门设计装饰华丽、寓意美好的包装,以满足消费者人际交往的需要。

(9) 等级包装策略

等级包装策略是指企业为同类商品分别设计不同档次(如高、中、低档)的包装,以满足不同类型或不同收入水平消费者的差异消费需求。

(10) 纪念包装策略

纪念包装策略是指企业为在重要节日、纪念日销售的商品或旅游纪念品设计具有纪念意义、地方特色或民族特色的包装,以满足消费者将其留作纪念长久保存的心理。

5. 商品包装的误区

(1) 只注重商品质量,忽视包装设计

中国有句古话,"酒香不怕巷子深,皇帝的女儿不愁嫁",许多企业也认为只要商品质量过硬,就不愁没人买。一些企业不注重商品包装,甚至有的企业认为只有质量不好的商品才需要靠花里胡哨的包装来吸引消费者。因此"一流商品、二流包装、三流价格"的现象在相当一段时间较为普遍。我国有些出口商品,虽然质量好,分量十足,但由于包装简陋,很难卖到高价。一些外国人购买我国的商品后,改头换面,换个精美包装,价格就可以提高很多。俗话说"佛靠金装,人靠衣装",商品也需要包装,通过外包装传达商品信息,给人以美的享受。良好的外包装不仅使商品美观大方,卫生便携,也可以增加附加值。所以,商品质量与包装设计对于一个企业来说是至关重要的,商品质量过硬,再加上好包装,才会有生命力和竞争力。

(2) 过度包装

在现今的商业活动中,精美的包装不仅可以吸引消费者,而且是提升商品价值的重要手段。企业要注重包装,并不是指包装要极尽奢华。但是,近年来我国商品市场形成了一种"怪圈",片面追求商品的表面包装效果,而忽视商品质量,为使商品看起来显档次,包装尽量追求名贵的材质,甚至出现了黄金礼盒等令人不可思议的包装。这种包装耗材多、分量大、体积大、成本高,大大超过了保护、美化商品的要求,给消费者造成了经济上的负担,引发了消费者的反感,消费者不仅不被外包装吸引,甚至产生抵触心理,不愿购买这些看起来华而不实的商品。因此企业注重包装,必须根据消费者的心理而采用新颖的设计、奇特的构思,包装纸图案的选择、色彩搭配要符合商品特质,突出视觉效果,形成强烈的视觉冲击,诱发消费者的购买动机。

(3) 商品特点与包装不符

不少企业在设计商品包装时,没有从商品特点出发,包装设计要么不符商品特点,要么不符合消费者行为习惯。例如,有些商家抓住部分消费者崇拜"洋货"的心理,给商品套上"洋味"十足的包装,整个包装上没有一个汉字,消费者购买时由于无法获取商品的有效信息,通常会放弃购买。有些运动饮料的目标消费者是运动量大的消费人群,包装却采用易碎的玻璃瓶,运动员出于自身安全的考虑拒绝购买此饮料。再如,一些野外休闲食品由于包装重量大、不便于携带或者容易变形而失去了更多的市场机会。

【训练项目6-3】

如何对商品进行包装

【训练目标】 了解包装与消费心理的关系,能够简单地对商品进行包装。

【训练操作】 3~4人为一组,自选一种商品(或一组商品),根据所学知识,对其进行包装。

1. 根据商品特点进行包装。
2. 根据消费者心理进行包装。

【训练结果】 每个小组展示其包装,先由学生进行点评,再由教师点评。

模块二 新产品推广中的消费心理

项目一 新产品的概念与分类

1. 新产品概念

新产品是指采用新技术及新设计构思研制、生产的全新产品,或在结构、材质、工艺等某一方面比原有产品有明显改进,从而显著提高了产品性能或扩大了使用功能的产品。从市场营销的角度看,凡是企业向市场提供的过去没有生产过的产品都叫新产品。具体地说,只要产品整体概念中的任何一部分进行了变革或创新,并且给消费者带来新的利益、新的满足的产品,都被认为是新产品。

市场营销意义上的新产品含义很广,除包含因科学技术在某一领域的重大发现所产生的新产品外,还包括在生产销售、消费者两方面。在生产销售方面,只要产品在功能或形态上发生改变,与原来的产品产生差异,甚至是产品从原有市场进入新市场,都可被视为新产品。在消费者方面,则是指能进入市场给消费者提供新的利益或新的效用而被消费者认可的产品。按产品研究开发过程,新产品可分为全新产品、模仿型新产品、改进型新产品、系列型新产品、降低成本型新产品和重新定位型新产品。

2. 新产品分类

按照新产品的改进程度,通常可将其分为以下三类:

(1) 全新产品

全新产品是指运用新技术或者为满足消费者某种新的需要,而在市场上首次推出的产品。这类新产品具有明显的新特征和新性能,用户和消费者需要一个适应接受和普及推广的过程。消费者一旦接受该产品,其消费方式和心理需求有可能发生变化,甚至改变过去的使用习惯,建立全新的消费行为。例如,电话的出现,改变了人们日常沟通的方式,人们不需要面对面就能沟通交流,即使远在千里之外,只需要一个电话,人们就可以对话了。

(2) 革新产品

革新产品是指在原有产品的基础上采用新技术或新材料,使产品性能有了重大突破,或将原单一性能产品发展成为多种性能及用途的产品。这类新产品要求消费者在使用过程中部分地改变已经形成的消费行为和习惯,因而对消费者心理影响较大。例如,智能手机的出现,改变了许多人的出行习惯,上网、摄像、阅读、视频等手机的衍生新功能帮助人们在旅行中打发无聊的候车、乘车时间。而在上下班途中,智能手机的这些功能也部分甚至全部替代了打电话、发短信这些手机的基本功能,俨然成为人们使用频率最高的功能。

(3) 改进产品

改进产品指在原有产品基本用途不变的情况下,对其成分、结构、性能或款式、规格等进行改进而生成的新产品。与革新产品相比,改进产品耗时短、成本投入低,但是也面临着容易被竞争对手模仿的缺点。例如,洗面奶增加了美白功能,牙膏升级为药物牙膏。改进产品对消费者原有的消费心理与习惯影响较小。

3. 新产品购买者

(1) 消费者购买新产品的心理过程

当企业推出一款新产品时,他们的心情是喜悦的,是充满期待的,希望这种新产品能迅速占领相应的市场,满足消费者需求的同时,也可以为企业获取经济效益。但是,一种新产品进入市场后,消费者由于年龄、收入、性别、受教育程度、心理需求等个体内部因素,或经济环境、科技环境等外部因素的影响,对新产品的感知能力、接受程度、接受速度是不同的。

美国学者E·M·罗杰斯研究发现,消费者在购买一种新产品前,一般会经历五个阶段。第一阶段是了解。由于这是新技术、新事物,消费者几乎没有接触过,他们只是通过各种传播媒介知道这种新产品的存在,因而知之甚少,所以消费者会尝试去了解一下新产品。第二阶段是产生兴趣。如果消费者通过前期的了解产生了兴趣,那么他们就愿意寻求更多有关该产品的信息。第三阶段是评估。消费者会依据获取的相关资料,联系自身需求,权衡购买该产品的利弊,考虑是否需要购买。第四阶段是试验。消费者开始少量使用新产品,观察自己是否适用该产品,并正式评价自己对新产品的认识和购买决策的正确性。第五阶段是采纳。如果到了此阶段,就要恭喜这款新产品了,它已经完全被消费者接纳了,消费者将开始正式购买和重复购买,甚至可能会向身边的人推荐使用。

当然,并不是全部消费者都会完整地经历上述五个阶段,由于个性不同,不同的消费者在上述各个阶段上花费的时间的长短也不同。有的消费者可能会直接拒绝新产品,而有的消费者则可能跨过了解、兴趣阶段而直接进入评价甚至采纳阶段。从产品分类来说,选购品和特殊品所需要的评价和试用的时间要比便利品更长一些;从消费者的性格看,防卫型的消费者和软心肠型的消费者相比，愿意花更多的时间在评价和试用阶段上。因此对企业来说，根据消费者所处的不同阶段，制定相应的市场营销策略，往往可以使新产品的推广收到良好效果。

【案例讨论6-3】

> 2005年，宝洁公司无奈地宣布：出于长远发展的战略考虑，宝洁公司已经决定从当年7月起，停止"激爽"的生产。至于失败的原因，宝洁公司"激爽"品牌的中国对外事务部公关经理王虹这样解释："从市场份额上看，'激爽'沐浴露远远不如'舒肤佳'和'玉兰油'，集中精力做大后两个品牌是公司此次进行资源整合的初衷。"
>
> "激爽"是宝洁公司于2002年6月推出的一个沐浴露品牌，在推出伊始，曾以一个新品的姿态闯入全国沐浴品牌前十名，并拿下了接近2%的市场份额，甚至公开与沐浴产品老大"六神"沐浴露叫板。
>
> 专家分析，"激爽"失败的其中一个原因在于其广告诉求的超前性。类似"新奇和刺激的体验"的沐浴概念并不被普通消费者接受，因为目前中国大多数消费者对沐浴的概念还停留在清洁除菌的层面。因此虽然宝洁公司大力推广这款新型沐浴露，但消费者并不买账。数字显示："激爽"的市场占有率一直徘徊在3%左右，其在超市与对手"六神"的竞争，也基本以失败告终。这相比于3年10亿元的广告投放来说，显然是一件高投入低回报的事。
>
> （资料来源：http://zhidao.baidu.com/question/23322296.）
>
> 【讨论】
> 1. 作为一款新产品，"激爽"失败的原因是什么？
> 2. 面对市面上层出不穷的新产品，什么因素会驱使你产生购买行为？
>
> 【讨论记录】_____

(2) 新产品购买者类型

E·M·罗杰斯首先注意到个体差异是影响消费者接受新产品的重要因素。根据消费者对新产品接受的时间先后，他把新产品购买者划分为以下五种类型：冒险型，即领先采用者；影响型，即早期购买者；稳重型，即早期大众；多疑型，即晚期大众；保守型，即守旧者。

① 领先采用者。领先采用者，也称为消费先驱。世界上到处都有革新者，也不缺少第一个尝试吃螃蟹的人，任何新产品都是由这些消费先驱率先使用的。这部分人一般年纪不大，思想活跃敏锐，极具探索和冒险精神，喜欢尝试与众不同的新鲜事物，对未知事物有着极强的好奇心；每当他们通过广告宣传、产品促销等渠道接触到新产品后，具有一定的知识水平和经济能力的他们就会根据自己的判断决定是否进行购买。虽然这部分消费

者一般只占全部购买者的 2.5%,但由于他们具有示范、表率作用,所以往往是企业推广新产品的首要目标。

② 早期购买者。早期购买者是继领先采用者之后购买的消费者。这部分消费者一般约占全部购买者的 13.5%,他们受过较好教育,富于探索精神,乐于接受新事物,具有求新心理。这类消费者受人尊敬,有影响力,他们通常是某个圈子的中心人物,购物行为会对他周边的人产生一定影响力,对带动其他消费者购买有重要作用,是企业推广新产品必须大力发展的目标。

③ 早期大众。早期大众一般约占全部购买者的 34%,属于新产品购买的中坚力量。这部分消费者受过一定教育,有较好的工作环境和固定收入,较强的从众、仿效心理,购物行为一般会受中心人物的影响。他们乐于接受新事物,但是态度较为谨慎。他们经常是在征询了早期购买者的意见后才会决定要不要接受新产品。虽然这部分消费者不具备冒险和大胆尝试新事物的精神,但是他们代表了大部分消费者对待新产品的态度,企业应该对这部分消费者有的放矢,制定相应的市场推广策略,以提高产品的市场份额。

④ 晚期大众。晚期大众约占全部购买者的 34%。这部分消费者态度谨慎,对新事物反应迟钝,对周围的一切变化抱观望态度,从不主动接受新产品,直到多数人采用新产品且反应良好时,他们才会购买,购买行为往往发生在产品成熟阶段。

⑤ 守旧者。守旧者约占全部购买者的 16%,是购买新产品的落伍者。这部分消费者思想保守,怀疑任何变化,对新事物、新变化多持反对态度,拘泥于传统的行为模式,不愿意轻易改变自己的消费习惯。他们的社会地位和收入水平一般较低,当新产品过时后他们才会购买,或最终拒绝购买。

项目二　新产品的推广

1. 影响新产品推广的心理因素

影响消费者购买新产品的因素多种多样,既有新产品本身的因素,又有消费者自身的收入水平、职业特点、性别、年龄等心理和社会因素。

(1) 消费者的需要

一款新产品有没有市场,能不能迅速被消费者接受和喜爱,主要要看消费者对其需要的程度。如果是一款消费者极度需要的产品,可能没有上市,广大的"粉丝"就已经翘首以盼了。比如苹果系列产品,苹果手机还没有上市消费者就开始翘首以待,一旦苹果公布手机的上市日期,许多"果粉"甚至连夜排队也要在第一时间购买到手机。虽然这类产品是少数的,但也深刻说明新产品能否满足消费者的需要是其购买与否的决定性因素。目光敏锐的企业应当善于发现消费者的潜在需要,从而有效地引导和创造消费。

(2) 消费者的感知程度

消费者对老产品的购买常常感到习以为常,但对新产品的购买,尤其对使消费习惯产生变化的产品,消费者常常会举棋不定。一方面,他们已经习惯使用老产品;另一方面,他们对新产品充满好奇,希望它们较老产品能够有所改进,可以更好地满足自己的需求,只不过购买习惯和新产品的未知性又让他们望而生畏。这时消费者的感知程度尤为重要,消费者只有对新产品的性能、用途、特点有了基本了解后,才能进行分析和判断。当消费者确信新产品能够为之带来新的利益时,其购买欲望就会受到激发,进而采取购买行为。消费者感知能力的强弱直接影响其接受新产品信息的准确度和敏锐度,从而带来不同消费者购买行为的差异。

(3) 消费者的个性特征

消费者的兴趣、爱好、气质、性格、价值观等个性心理特征的差别,直接影响了消费者对新产品的接受程度和速度。每个人都有独特的心理素质,通常用刚强或懦弱、热情或孤僻、外向或内向、创意或保守等去描述。不同性格的消费者具有不同的购买行为:刚强的消费者富于冒险精神,在购买中表现得大胆自信,因而比较容易接受新产品;而懦弱的消费者比较保守,墨守成规,在挑选产品时往往缩手缩脚,接受新产品的速度比较慢。

(4) 消费者对新产品的态度

消费者的态度是指消费者对客体、属性和利益的情感反应,即消费者对某件商品、某个品牌或公司有一致的喜欢或不喜欢的反应倾向。这是影响消费者购买新产品的决定性因素。消费者在感知新产品的基础上,通过对新、老产品的比较与分析,形成对新产品的不同态度。如果消费者最终确信新产品具有某些特点,能为其带来新的利益及心理上的满足,他就会对新产品持肯定态度,进而产生购买行为。企业往往通过顺应消费者的既有态度而促进新产品的销售。例如,速溶咖啡刚刚推出时购买者寥寥无几,商家通过调查发现,家庭主妇对这种产品持否定态度,认为使用它会给人留下"懒惰的主妇"的印象。于是,商家针对这一点进行广泛的宣传,改变了消费者的态度,使得产品得以畅销。

【案例讨论6-4】

最近,有一些手拎肩背的商贩走街串户兜售老板杯,价格也由起初的二百余元猛跌至几十元,但购买者寥寥无几。一度畅销并被视为身份象征的不锈钢老板杯现在滞销了,而且还导致一大批热衷于生产此杯的厂家纷纷亏损。那么,老板杯滞销的原因何在?

冷静分析,老板杯滞销原因大致有二:

一是供过于求。起初是浙江杭州某家企业别出心裁,生产这种茶杯,并广而告之视为老板身份的象征,尽管价格高,但毕竟是新生事物,故而销路一时看好。该企业净赚了7000万元。但不久后,许多厂家纷纷生产此杯,造成生产过剩。

二是价格昂贵。区区一只茶杯,其功能仅仅是喝水之用,普通百姓是难以享用的。

> 知晓商品经济的人应该懂得价值规律。商品的价格除了由价值决定外,同时还受供求关系的影响,当供大于求时,商品价格就会下跌,使企业面临亏损、倒闭的危机。
>
> (资料来源:http://www.doc88.com/p-0971989763449.html.)
>
> 【讨论】 从老板杯的滞销中你得到了什么启示?
>
> 【讨论记录】_____
>
> _____
>
> _____

2. 新产品推广的心理策略

新产品上市后,要想获得消费者的认可,一方面要具备满足消费者需求的性能,另一方面要运用恰当的营销策略去推广新产品。由于消费者对新产品比较陌生,尽管新产品较老产品具有很多优点,但在上市伊始,它们的市场行情并不会太好。这就需要根据新产品的特点、目标消费者的特性,以及消费者接受新产品的规律,有效地使用市场营销组合,进行各种方式的宣传推广,采取有效措施,促使消费者意识到新产品在满足其需求方面所具有的优越性。这样才能使消费者在短时间内认识、相信并接受新产品。

(1) 投入期

新产品之所以"新",是因为其相对于老产品具有消费者之前没有见过的功能。因此企业在推广新产品时,要充分利用新产品的独特优点,抓住推广时机,占据市场的有利地位。对于广大消费者来说,对企业和产品形象的认知都是先入为主,他们认为只有第一个上市的产品才是正宗的新产品,其他产品都要以"第一"为参照标准。因此企业可以采用先发制人的策略率先将新产品推广上市,最先建立品牌偏好,从而取得丰厚利润。

新产品最初出现在市场上时,它的特征往往不容易被消费者所察觉,消费者在心理上缺少安全感,这种心理障碍会导致许多消费者采取等待观望的态度。针对这一问题,在新产品进入市场初期,企业要采用各种方式和手段,大力宣传和介绍新产品的性能、特点、使用方法以及售后服务等,包括为消费者提供试用机会。这样,虽然在一定时期内会增加费用,但是可以缩短消费者了解新产品的时间,并进一步使他们产生购买行为,加速新产品的市场推广。通过这一阶段的宣传,能够较强地影响具有强烈购买欲望的消费者,而他们购买和使用新产品会起到带头消费的作用。

(2) 成长期

进入成长阶段后,新产品在市场上已有了立足之地。这时的购买者已不仅仅限于最早期购买者,一些热衷于跟随时代潮流的消费者也加入到购买新产品的行列中。但是由于新产品进入市场的时间不长,大多数消费者还未完全消除心理上的障碍,有些消费者对新产品仍持怀疑或观望的态度。这一时期,企业的宣传策略应该着重采用消费者乐于接受的形式宣传新产品,使消费者形成新的消费习惯,并使他们感受到新消费方式的优越性和科学性等,通过宣传使消费者清楚地了解到,使用新产品能为自己带来新利益,促使消费者原有消费习惯、消费方式及价值观念产生动摇甚至瓦解。企业还要注意收集关于新产品的反馈信息,由于消费者的需求及个性心理特征不同,因而对新产品往往表现出不同的态度,企业应根据消费者的态度,有针对性地进行宣传,消除他们的心理障碍,使新产品在市场上的影响泛围不断扩大直至普及,进而使新产品顺利进入成熟阶段。

  一个成功的企业意味着它必然有一系列成功的产品,没有新的产品推动企业发展是不现实的。产品的更新换代、持续升级是企业健康发展的关键因素之一。每个企业推出一款新产品,都希望它能获得消费者的认可,为企业获得一定市场占有率和经济利润,但是新产品的推广是一个整合营销的行为,不能急于求成。对于新产品,企业要做好消费者拒绝的心理准备,积极应对新产品上市面临的问题,不断改进新产品,这才是企业发展之道。

【训练项目6-4】

新产品的设计与推广

【训练目标】 能简单设计新产品并对其进行推广。

【训练操作】 3~4人为一组。

1. 请自选一种商品(如手机),对其功能或者外观进行改进并对其进行推广。

2. 设计一种全新产品并对其进行推广。

【训练结果】 每个小组展示其设计和推广思路,先由学生进行点评,再由教师点评。

课 后 练 习

一、选择题

1. 下面不是品牌的功能的是(　　)。
   A. 溢价功能　　　　　　　　　B. 保护企业及消费者权益的功能
   C. 识别功能　　　　　　　　　D. 研发功能

2. (　　)是用商品名称直接反映商品的主要性能或用途,能使消费者顾名思义,迅速了解商品的功效的命名方式。
   A. 主要效用命名　　　　　　　B. 主要成分命名
   C. 以制作方法命名　　　　　　D. 以创始人名字命名

3. 品牌资产是一种特殊的(　　)。
   A. 有形资产　　　　　　　　　B. 无形资产
   C. 潜在资产　　　　　　　　　D. 无形资产

4. 廉价包装或无包装策略是指企业对一些日用品或食品设计廉价包装,或者直接不设计包装。下面( )不是廉价包装的设计目的。
   A. 满足消费者追求实用的心理　　B. 满足消费者节约的心理
   C. 节约成本　　　　　　　　　　D. 满足消费者审美心理
5. 革新产品是指在原有产品的基础上采用新技术或新材料,使产品性能有重大突破,或将原单一性能产品发展成为多种性能及用途的产品。下列属于革新产品的是( )。
   A. 智能手机　　　　　　　　　　B. 美白洗面奶
   C. 药物牙膏　　　　　　　　　　D. 加钙饼干

二、判断题

1. 品牌指公司的名称、产品或服务的商标和其他可以区别于竞争对手的标记、广告等构成公司独特市场形象的有形资产。( )
2. 以制作方法命名的特点是用商品名称反映出商品的制作方法,使消费者了解商品独特的制作工艺或具有纪念意义的研制过程。( )
3. 商标就是由于要识别商品的来源才得以产生的,所以有此功能者方可成为商标,无此功能者不能称作商标。( )
4. 给商标命名,除了要符合商标命名的法定要求外,还应注意遵循易认、易读、易懂、易记、易写的原则。( )
5. 使用统一商标是指企业对其所有类别的商品使用同一商标,这种策略的目的是节约商标设计成本,从而降低产品的销售价格,使产品具有竞争优势。( )

三、名词解释

1. 品牌。
2. 商品名称。
3. 商品包装。
4. 新产品。

四、简答题

1. 简述品牌的作用。
2. 简述商品命名的心理策略。
3. 简述商品包装的心理功能。
4. 简述影响新产品购买行为的心理因素。

五、案例探讨

商品的名称

【案例1】 20世纪60年代中期,美国通用汽车公司向墨西哥市场推出一款新设计的汽车,车名为"雪佛莱-诺巴"。结果汽车商们对这款车极不倾心,这使得通用汽车公司困惑不解。经调查发现,在墨西哥,"诺巴"一名的字面意思应为"新星",但其发音"诺""巴"在西班牙语中则意味着"走不动",而墨西哥的官方语言正是西班牙语。显然,这种"走不动"的车无法唤起墨西哥市场消费者的购买热情。据此,通用汽车公司立即将该车车名更改为"卡力布"(驯鹿),很快扭转了被动局面,使销售状况大有改观。

【案例2】 新近建成投产的上海华宝羊毛衫时装公司,以"标新立异、避免雷同"为经营宗旨,在公司兴建之初,就设巨奖向广大消费者征集服装款式设计,并派出大批信息员深入到许多城市了解市场情况,防止自己的产品设计与人家的款式、选料、色彩重复,就连品牌也别具一格,起名为"阿拉"(上海话"阿拉"即"我")。通过这样充满个性的追求,登台不久的"阿拉"牌羊毛衫便在市场上争得了一席之地。

(资料来源:http://wenku.baidu.com/view/673f032f0722192e4536f634.html.)

【思考与训练】 商品名称在产品的销售过程中起到什么作用?

第七章 价格与消费心理

内容简介

本章主要介绍消费者的价格心理、价格心理判断与影响价格的社会心理因素,以及商品定价与调价的心理策略。

目标规划

1. 学习目标

知识目标:了解商品价格对消费心理及行为产生的影响;了解商品价格的消费心理功能;掌握消费者的价格心理特征及价格变动对消费者心理和行为的影响;掌握商品定价的消费心理策略及商品调价的消费心理策略。

2. 能力训练目标

具备灵活运用定价消费心理策略的能力;具备从消费者心理角度来分析判断商品定价依据的能力。

模块一　消费者的价格心理

项目一　商品价格的心理功能

商品价格的心理功能是指商品价格对消费者心理的影响以及影响过程中消费者所产生的价格心理现象，主要有以下几个方面：

1. 商品价值认知功能

在现实生活中，人们用价格作为尺度和工具来认识商品，如"一分价钱一分货"便是商品价值认知功能的反映。许多商品质量相似，但包装不同，导致价格相差较大，而消费者一般认为包装好的商品质量肯定好，所以愿意购买价格较高的商品，而对于一些处理、清仓等降价幅度较大的商品，反而不愿意购买。

2. 自我意识比拟功能

消费者在购买商品时，除了会进行价值衡量以外，还往往会通过想象和联想，把商品价格与自己的气质、性格等个性心理特征联系起来，与自己的愿望、情感、兴趣、爱好结合起来，以满足自己心理上的欲望和需求，这就是商品价格的自我意识比拟功能。商品价格的自我意识比拟的主要包括以下内容：

(1) 社会地位比拟

有些消费者在社会上具有一定地位，穿着用品追求高档、名牌，认为穿着一般衣物有失身份，当然不愿出入折价商品市场，即使经济收入有限，其他方面节俭一些，也要保持自己良好的社会地位形象，并以此感到满足。

(2) 经济地位比拟

有些经济收入较高的消费者，追求时尚欲望强烈，是社会消费新潮的倡导者，他们往往以率先拥有高档电器、私人轿车、高档商品房等为消费追求目标，对低价商品不屑一顾。但也有些消费者尽管经济收入并不低，却认为自己经济条件有限，喜欢购买廉价、折价商品，喜欢讨价还价，且乐此不疲。

(3) 文化修养比拟

有些消费者喜欢购置、收集、储藏古董物品，作为家庭摆设，希望通过昂贵的古董来显示自己崇尚古人的风雅，并乐在其中。

(4) 生活情趣比拟

有些消费者以具有高雅的生活情趣为荣，即使不会弹钢琴，也要在居室里摆放一架钢琴，即使不十分喜爱音乐，也要购置高档的音响器材，获得心理上的满足。这类心理功能因人而异,各不相同,与个人的观念、态度、个性心理特征有关,会在消费者的购物中有意无意地显露出来。

【案例讨论 7-1】

> 咱们家喝茶,一年四季都喝一种茶。听我们单位老石说,春喝花茶、夏喝绿茶、秋喝青茶、冬喝红茶。真是没有想到,喝茶还有这么多讲究。从今往后,咱们也跟人家老石学学,提提生活档次,也让别人羡慕咱们一下。
> (资料来源:http://www.yszhi.com/a/xl/jb/18/86802_2.html.)
> 【讨论】 试分析案例中人物的消费心理?
> 【讨论记录】 _____
> _____
> _____

(5) 观念更新比拟

观念更新比拟的心理功能,在消费者心理上的反映可能是有意识的,也可能是无意识的,但有一个共同点,就是从满足社会需求和自尊需求出发,更多地重视产品价格的社会价值象征意义。

3. 调节需求功能

商品价格的高低对供求关系有调节作用。在其他条件不变的情况下,由于供求规律的作用,需求量的变化与价格的变动呈相反的趋势。特别是对于需求弹性大的商品,商品价格上涨时,销售量会减少;商品价格下降时,销售量会上升。精明的营销者往往根据这一趋势,适时调整价格,以把握机会,寻找商品价格对供求关系的最佳调节点。

项目二 消费者的价格心理表现及其影响因素

1. 消费者的价格心理表现

(1) 习惯性心理

消费者对价格的习惯性心理是指消费者根据自己购买经验,对某些商品的价格反复感知,从而决定是否购买的习惯性反应。消费者对商品价格的认识,往往是从多次的购买活动中逐步体验的结果,特别是一些日用消费品,消费者由于长期购买,在大脑中留下了深刻印象,并形成了习惯价格。在习惯价格的基础上,形成了一种对商品价格上限和下限的概念:如果商品价格高于上限则会认为贵;如果价格低于下限则会令消费者产生怀疑;只有商品价格处于上限和下限之间,消费者才会乐于接受。

(2) 敏感性心理

消费者对价格的敏感性是指消费者对商品价格变动的反应程度。消费者对价格变动的敏感心理，既有一定的客观标准，又有经过多年购买实践形成的一种心理价格尺度，因而具有一定的主观随意性。消费者对价格的敏感性因商品而异，对那些与消费者生活关系密切的商品价格，由于购买频率高，消费者的敏感性较高，如食品、蔬菜、肉蛋类等，这些商品的价格略有提高，消费者立即产生强烈反应。而高档消费品，如电脑、音响、钢琴、家具等，由于其购买频率较低，即使价格比原有价格高出几十元、上百元，消费者也不会太计较，即消费者对这类商品的价格敏感性较低。

(3) 感受性心理

消费者对价格的感受性是指消费者对商品价格高低的感知程度。消费者对商品价格高与低的认识和判断，不完全基于某种商品价格是否超过或低于他们认定的价格尺度，他们还会通过与同类商品的价格进行比较，以及与购物现场不同种类商品价格的比较来认识。这种背景刺激因素导致的价格在感受上的差异被称为价格错觉。不同的商品或服务，不同的环境和营销氛围，消费者的不同心境和个性，都会产生不同的价格感受。这种感受性会直接影响消费者的价格判断。例如，一瓶葡萄酒，商场售价二十几元，而在三星级以上酒店里，定价达上百元，这是因为豪华优雅的环境和气氛影响了消费者对价格的感受性。

(4) 倾向性心理

消费者对价格的倾向性是指其在购买过程中对商品价格选择所表现出的倾向。商品的价格有高、中、低档的区别，它们分别标志着商品不同的品质与质量标准。一般来说，当消费者对同类商品进行比较时，如果没有发现明显的差别，往往倾向于选择价格较低的产品。对于各种不同种类商品的价格，消费者在比较时的倾向性也是不同的：对于日常生活用品、短期时令商品，消费者倾向于选择价格较低的商品；对于耐用消费品、高级奢侈品，消费者则倾向于选择价格较高的商品。

(5) 逆反性心理

消费者对价格的逆反心理是指消费者在某些特定情况下对商品价格的反向表现。正常情况下，消费者总希望买到物美价廉的产品，对于同等质量的产品总是希望其价格更低。但是在某些特定情况下，商品的畅销性与其价格却呈反向表现，即并非价格越低越畅销，这是由消费者对价格的逆反心理造成的。

【知识小卡片 7-1】

常见的逆反心理现象

1. 感觉逆反

消费者的感觉器官持续受到某一消费对象的过度刺激，会引起感受力下降，形成感觉（迟钝、疲劳）逆反效应。例如，连续品尝糖果，会降低对甜度的感受，产生味觉逆反效应；大量吸闻香料，会减弱对香气的感受，形成嗅觉逆反效应；长时间观看同一商品的色彩，会使色彩的感受力下降，造成视觉逆反效应。

2. 广告逆反

在广告宣传中,某些不适当的表现形式、诉求方式也会形成过度刺激,引起消费者的逆反心理。比如,表现手法单一化、雷同化,会降低消费者的兴趣和注意力;同一时间连续播放几十则广告,会造成消费者的心理疲劳;过分渲染、夸大或吹嘘,会引起消费者的怀疑、不信任感,以致产生"广告好的不一定是好货"、"广告宣传越多越不能买"的逆反心理。

3. 价格逆反

价格在诸多消费刺激中具有敏感度高、反应性强、作用效果明显的特点。价格涨落会直接激发或抑制消费者的购买欲望,二者的变动方向通常呈反向高度相关。但是,受某种特殊因素的影响,如市场商品供应短缺引起的心理恐慌,对物价上涨或下降的心理预期,对企业降价销售行为的不信任等,消费者对价格变动也会产生逆反心理,产生"买涨不买落"、"越涨价越抢购"、"越降价越不买"以及"持币待购"诸如此类的逆反行为和现象。

4. 政策逆反

政府制定的经济政策,特别是对消费者收入水平、购买力等有直接影响的宏观调控措施,如工资、价格、利率、税收等的变动,是消费刺激的重要组成部分。但在不成熟的市场经济条件下,由于市场运行不太规范,宏观调控体系不够完善,消费者成熟度较低等原因,消费者对宏观政策及调控措施的心理反应经常与政府意图相悖,以致做出与调控方向相反的行为反应,使调控难以达到预期效果。

5. 购后逆反

消费者购买商品后会通过商品使用过程检验自己购买决策的正确性,确认满意程度,作为以后类似购买的参考。消费者的购后评价不仅仅取决于商品质量和性能的发挥状况,而且取决于消费者的预期和认识差距等心理因素,如果消费者对所购买的商品感觉和预期、认识相差很远,会产生不满意甚至严重的失调感,就有可能采取抵制行为,如不再购买或带动周围人群拒买等。

(资料来源:http://www.ectime.com.cn/Emag.aspx? titleid=12931.)

2. 影响消费者心理价格的基本因素

(1) 产品质量

一般来说,质量越好的商品,消费者的心理价格也就越高;商品的使用时间越长,消费者心理价格就越高。反之,消费者的心理价格就很低,即使是很小的质量问题,也会大大降低消费者的心理价格。因此企业提高产品质量,才能从根本上提高消费者的心理价格,在消费者中建立起高度的质量信任感。

(2) 企业声望

企业的声望对消费者心理价格有着重要影响,一家知名度高、深受消费者信任和喜爱的企业,它的产品往往具有很高的消费者心理价格。为了提高企业声望,一些具有名牌产品的企业可将自己的产品品牌和厂名相联系,品牌出名了,企业也就出名了。重要的是企业要生产质量过硬的产品,并通过各种方法和途径向消费者介绍和宣传自己。

(3) 销售服务

企业向消费者提供的服务是多方面、多阶段的。不仅售后服务对消费者心理价格有着重要的影响,售前和售中服务的影响也不能忽视。企业在商品畅销时,不能放松自己的售后服务,要兑现自己许诺的服务,否则会降低消费者的心理价格。

【训练项目 7-1】

了解消费者的价格心理特征

【训练目的】 消费者的价格心理特征调查。

【训练操作】 深入所在城市的商场及超市,观察和询问消费者对不同价格折扣的行为反应和心理感受。

【训练要求】 撰写调研报告,在班级中交流。

模块二 价格的社会心理

项目一 消费者的价格心理判断

1. 消费者判断价格的途径

(1) 与市场上同类产品的价格进行比较

与市场上同类产品的价格进行比较是最简单、最明了,并且被普遍使用的一种判断产品价格高低的方法。消费者眼见为实,直接权衡价格高低,立即就能决定购买或者放弃购买。例如,某消费者购买女式七分裤,同种颜色、质地、款式的七分裤,A 品牌定价为 200 元/条,B 品牌定价为 50 元/条,消费者毫不犹豫地选择了 B 品牌。

(2) 与同一售货场中不同产品的价格进行比较

如一个 3000 元的电饭煲,把它摆放在定价为 3000 元以上的精品电器柜台和摆在定价为 500 元以下产品的小家电柜台,会给消费者带来不同的价格感受和判断。多数消费者认为精品电器柜台标价 3000 元的电饭煲便宜,小家电柜台标价 3000 元的电饭煲太贵。这种心理现象是消费者在判断价格的过程中,受周围陪衬产品价格的影响而产生的一种错觉。

【案例讨论 7-2】

> 日本创意药房在将一瓶 200 元的补药以 80 元超低价出售时,每天都有大批人潮涌进店中抢购补药,按说如此下去肯定赔本,但财务账目显示出盈余逐月骤增,其原因就在于没有人来店里只买一种药。人们看到补药便宜,就会联想到其他药也一定便宜,促成了盲目的购买行动。
> （资料来源：http://wenku.baidu.com/.）
> 【讨论】 试分析为什么出现案例中盲目购买的行为？
> 【讨论记录】＿＿＿＿＿＿＿＿＿＿＿＿＿＿＿＿＿＿＿＿＿＿＿＿＿＿＿＿＿＿
> ＿＿＿＿＿＿＿＿＿＿＿＿＿＿＿＿＿＿＿＿＿＿＿＿＿＿＿＿＿＿＿＿＿＿＿＿＿
> ＿＿＿＿＿＿＿＿＿＿＿＿＿＿＿＿＿＿＿＿＿＿＿＿＿＿＿＿＿＿＿＿＿＿＿＿＿

(3) 通过产品的外观、品牌、产地、包装、使用特点比较

消费者的价格判断也来自于对有形产品特性的比较。例如,产品外观是否新潮,品牌知名度如何,产自何地,产品包装是否精良,产品是否易于使用,各种附件说明是否完备。这些都会使消费者产生不同的价格判断。例如,某消费者对上海生产的羊毛衫情有独钟,同类、同质地、相似款式的羊毛衫,只要是上海产的,哪怕价格贵一点,也会掏钱购买。

2. 影响消费者价格判断的因素

(1) 消费者的经济收入

消费者的经济收入是影响消费者价格判断的主要因素。例如,对于同一条标价 1500 元的领带,月薪 15000 元的消费者和月薪 3000 元的消费者对价格的感受和判断会完全不同,前者会认为价格并不高,而后者则恰恰相反。

【知识小卡片 7-2】

> **中等收入阶层群体消费观念**
>
> 通过对中等收入阶层群体的调查与分析发现,影响这一群体消费行为的观念主要有:关注自我发展的观念、乐于接受新事物的观念、工作与娱乐相结合的观念、独立生活与合作消费的观念。
>
> 这些观念将直接影响到相关产业的发展思路。例如,中等收入阶层群体越来越多地接受在家办公和弹性工作制的理念,这样可以有更多的自我支配时间,这一阶层的不少消费者(主要是未婚者或单身者)主张既要有独立的生活空间,又希望与朋友和家人有更多的交流机会,这又给房地产开发商带来了新的机遇与挑战,因为现在很少有楼盘考虑到满足这一消费群体的需要。各类教育项目的开发也一样,长期忽视这一群体的需要。由于这一群体的教育需要不是针对文凭,更多的是知识性自我充电,所以至今很少有成功的教育项目能满足于这一群体需要。
>
> （资料来源：http://www.emkt.com.cn/article/103/10336-2.html.）

(2) 消费者的价格心理

消费者心理会影响其在购买产品时的价格判断,一旦价格高于消费者习惯的心理价格,他们就会认为商品太贵,会在短期内产生抵触心理。

(3) 生产和出售地点

同类产品的生产工艺可能完全相同,但由于产地不同,消费者对价格的判断也不尽相同,因此会产生"原产地效应"。消费者一般认为原产地生产的产品更加优质,所定高价是合理的,而若其他产地的产品定同样的价格则难以接受。此外,同样的产品以同样的价格分别在专卖店和超市出售,消费者往往感到后者的价格偏高。例如,同款大宝SOD蜜护肤品,在商场专柜上卖,消费者认为太便宜了,放到超市里去卖,消费者认为价格合理,尽管两者价格完全一样。

(4) 产品的类别

同一种产品因其用途不同,可归入不同的产品类别。消费者对不同类别的产品评价标准不同,因而对产品价格的感受也不同。例如,一块石英手表,既可用来指示时间,也可用作装饰品。作前一种用途的石英手表属于日用品,后者则属于时尚装饰品。那么,一块1000元的石英手表,对前者来说太贵,对后者来说,则可以接受。

(5) 消费者对产品需求的紧迫程度

当消费者急需某种产品而又找不到替代品时,即使这种产品的价格较高,消费者的感受和判断也会趋于可接受。例如,冲洗照片,消费者若要在半小时内取到照片,一般要加收20%以上的费用。但即使如此,对于那些急需照片的消费者来说,这个价格可以接受。

(6) 购买的时间

在一些特定时间内购买某些产品,价格可能高,也可能低。对于季节性产品,消费者往往认为换季应该打折。夏天的服装冬天购买,只有低价才可接受。而对于具有节日意义的象征性、情感性产品,消费者对即使比平时高许多的价格也可接受。例如,情人节购买鲜花的年轻人,大多并不在乎红玫瑰的价格,售价20元一枝的红玫瑰会卖得很快,而在平时,人们可能只需花两三元钱就能买到一枝红玫瑰。

项目二 影响价格的社会心理因素

1. 影响价格的社会经济因素

社会经济因素是影响商品价格的基本因素,包括商品价值量、货币价值、供求关系、市场竞争和国际市场价格等。

(1) 商品价值量

商品价值量是凝结于商品中的社会必要劳动时间,是商品内在价值的决定因素之一,其外在形式则通过货币表现为商品的价格,也就是说,商品价格是商品价值的货币表现。因此商品价值成为商品价格的支配性因素。在实际生活中,商品价格由于受多种因素的影响,与商品价值相背离,但这种背离始终以商品价值为中心,围绕商品价值上下波动。

(2) 货币价值

货币价值是除了商品价值量之外,决定商品价格的另一个内在要素。当货币代表的价值发生变化时,即使商品本身的价值不变,其价格也必然发生变化。一般情况下,货币价值的变动会引起商品价格的反向变动。

(3) 商品供求关系

在市场经济条件下,商品价格是通过消费者心理选择过程及其表现出的购买行为来实现的,价格的最终形成表现为同消费者直接见面并为消费者接受。在现实购买行为中,价值并不能直接决定价格,而直接影响现行市场价格的是商品供求关系。当商品供给量高于市场需求量时,价格呈下降趋势;反之,则价格呈上涨趋势;只有当二者基本持平时,商品的市场价格才是均衡价格。可见,商品供求关系对商品价格表现出最直接、最外在的影响。

【案例讨论7-3】

> 某歌星一场演唱会的出场费是几十万元人民币,是普通人几年或几十年的收入,老百姓难免有不平衡之感,因为歌星的收入主要来源是门票的收入。我们分析演唱会门票的价格,如果想听演唱会的人增加了,而歌手的供给不变,则门票的价格就会上升,由于演唱会举办方与歌手都能从高价格的门票中得到更多的收益,他们会增加演唱会的场次;同理可以推出,如果没有那么多歌迷,需求减少,门票的价格必然下降,他们会减少演唱会的场次。如果歌手增加,门票的价格也会下降,演唱会的场次增加;同理可以推出,歌手减少,门票的价格也会上升,演唱会的场次会减少。
>
> (资料来源:http://wenku.baidu.com/.)
>
> 【讨论】 试分析歌星的高收入主要是由什么因素决定的?
>
> 【讨论记录】 _____
> _____
> _____

(4) 市场竞争

市场竞争包括消费者竞争和生产者竞争,这两种竞争都会影响产品价格的变动。在充分竞争的市场条件下,竞争对企业产品定价有较大的影响和限制作用。一个企业在决定其产品价格时,自主权的大小很大程度上取决于生产者竞争和消费者竞争的强度。从生产者角度分析,生产某产品的企业数量、产品质量、产量以及采取的营销策略都直接影响企业对该产品的价格决策。从消费者角度分析,消费者对产品的认知程度、需求迫切性、价格心理标准及消费偏好等同样对企业的价格决策有重要影响。

(5) 国际市场价格

随着改革开放步伐的加快,特别是中国加入WTO以后,产品的国际市场价格对国内产品价格的影响越来越大。在不考虑通货膨胀和供求关系等因素的情况下,国际市场价格高的产品,会引起国内产品价格的攀高,国际市场价格低的产品,会迫使国内产品价格下降。

2. 影响价格的社会心理因素

社会心理是人们在一定的社会环境、文化和社会条件的影响下,通过人员传播、潜移默化等方式,由社会现象引起的感情、意识等心理现象。通俗地讲,社会心理是社会生活中一般人的心理,是人与人以及群体与群体之间互相类比与互相感应的心理,如模仿、从众等。当消费者的社会心理表现为外部消费活动时,便促成了人们的消费行为。消费者的社会心理因素对市场价格的调整、涨跌起着明显的影响和牵制作用,对企业价格策略的制定和调整产生抑制或推动作用。

影响价格的社会心理因素主要有如下几个方面:

(1) 价格预期心理

价格预期心理是指在经济运行过程中,消费者群体或消费者个人对未来一定时期内价格水平变动趋势和变动幅度的一种心理估测。从总体上看,这是一种主观推测,它是以现有社会经济状况和价格水平为前提的推断和臆想。消费者群体的价格预期心理对市场某类产品现期价格和预期价格的变动水平影响较大。企业在制定价格策略时,必须考虑这一重要心理因素。

【知识小卡片 7－3】

全面体验消费模式

前不久,央视调查咨询中心结合多年来在消费者研究领域的成果,提出了中国消费市场的十大趋势,其中之一就是"全面体验消费模式"。这一模式的含义是,一方面,现今的消费者不仅重视产品或服务给他们带来的功能利益,也重视购买和消费产品或服务过程中所获得的符合他们心理需要和情感欲望满足的特定体验。在产品或服务功能相同的情况下,体验成为关键的价值决定因素,它是消费者做出购买决策的重要依据。另一层含义是,与以往的相比,人们对体验性消费的需求日增,"花钱买刺激"已经成为一种消费时尚。

(资料来源:http://www.emkt.com.cn/article/103/10336－2.html。)

(2) 价格攀比心理

攀比心理是普遍存在的一种心理活动。价格攀比心理表现为不同消费者之间的攀比和生产经营者之间的攀比。消费者之间的攀比心理会导致抢购、超前消费乃至诱发或加重消费膨胀态势,成为推动价格上涨的重要因素,拍卖市场中的竞相抬价就是这种心理的突出表现。生产经营者之间的价格攀比会直接导致价格的盲目涨跌,进而冲击消费者正常的消费判断能力,使市场出现较突然的盲目的波动消费情况。

【案例讨论 7-4】

李小姐在一家广告公司工作,她常常不由自主地在同事面前夸耀自己。比如,她刚买了一件新衣服,她就走到每个同事面前说一遍:"我昨天刚买的衣服,是名牌的,好贵的,很不错吧。"领导夸了她一句"工作完成得不错",她也要把这个新闻告诉所有的同事。总之,她不管有什么好事,她都要在别人面前炫耀一番。一开始,别人都会附和她,夸她几句。后来,别人都对她的行为感到反感,好像她自己有多了不起一样,什么都比别人好,老是在别人面前夸自己,一点也不考虑别人的心情。大家慢慢地都疏远了她,一看到她向自己走过来,就故意走开。她自己也感到了别人对她的讨厌,她觉得很烦恼,可她还没意识到别人为什么都不喜欢她。

(资料来源:http://www.cnblogs.com/lovell/archive/2010/08/13/1799117.html.)

【讨论】 试分析案例中人物的消费心理。

【讨论记录】_____

(3) 价格观望心理

价格观望心理是指消费者对价格水平变动趋势和变动量的观察等待,当其达到自己期望的水平时,才采取购买行动,从而取得较为理想的对比效益,即现价与期望价格之间的差额。消费者往往根据自身的生活经验和自我判断及社会群体的行为表现来确定等待、观望的时间。但这种心态一旦成为消费者群体的意识后,会对企业乃至社会造成很大的压力,可表现出社会性的购买高潮和社会性的拒绝购买两种极端行为,这种心理在耐用消费品及不动产的消费方面表现得较为突出。企业在确定价格策略、广告策略时,应增加市场信息的透明度,注意信息传播的广泛性,以减少观望心理带来的盲目行为。

(4) 倾斜心理与补偿心理

倾斜心理在心理学中反映了某种心理状态的不平衡,补偿心理则是反映掩盖某种不足的一种心理防御机制。二者都是不对称心理状态的反映,这种心理状态来自利益主体对自身利益的强烈追求。在日常生活中,许多人都可以被认为既是销售者又是消费者。对销售者而言,总希望产品购入价格越低越好,而销售价格则越高越好;而作为消费者,总希望产品价格越低越好。这种不平衡的心理态势,会促使人们成为"价格两面人"。这种心理态势如果在社会群体中不断强化,就会产生一种社会的冲动,在法制不健全的情况下,这种冲动将演变为市场上的假冒伪劣、低质高价、以次充好、短斤缺两等不正当现象,扰乱多年来消费者心目中形成的价格心理标准,使消费者失去对价格、质量的信任感。

【训练项目7-2】

分析商品价格的影响因素

【训练目标】 能够对商品进行定价。
【训练操作】 自选一种商品，根据所学知识对其定价。
【训练要求】 能够明确指出定价的依据。

模块三 定价与调价的心理策略

项目一 定价的心理策略

1. 新产品定价的心理策略

(1) 撇脂定价策略

撇脂定价策略是一种随着时间推移对新产品的销售采取先高价后低价的定价策略。企业利用消费者"求新"、"猎奇"等心理，在短时间内获得最大利润。新产品刚上市时，消费者缺乏对其理性认识，较高的定价塑造了优质产品的形象，扩大了价格的调整余地，增强了价格的适应力，提高了企业的盈利能力。

【案例讨论7-5】

苹果iPad是近几年来最成功的消费类数码产品之一。第一款iPad零售价高达399美元，即使对于美国人来说，也是属于高价位产品，但是有很多"苹果迷"既有钱又愿意花钱，所以纷纷购买。苹果认为还可以"撇到更多的脂"，于是不到半年又推出了一款容量更大的iPad，定价为499美元，仍然销路很好。苹果的撇脂定价大获成功。

（资料来源：http://www.795.com.cn/wz/80154.html.）

【讨论】 iPad的撇脂定价为什么会取得成功？

【讨论记录】 _____

_____

_____

(2) 渗透定价策略

渗透定价策略是指在新产品投放市场时，将其价格定得较低，采取低价出售，只求保本或微利,迎合消费者求廉、求实的消费心理,让消费者很容易接受,从而使产品在市场上迅速渗透,提高市场占有率,快速占领市场。较高的销售额能够降低成本,给企业的价格策略留有余地。这种策略通过低价薄利阻止竞争对手的加入,有利于控制市场。但采用这种定价方法的企业投资回收期限较长,因此生产能力较小的企业不宜采用。

(3) 满意定价策略

这种定价策略介于撇脂定价策略与渗透定价策略之间,它既不像撇脂定价策略把新产品价格定得偏高,也不像渗透定价策略把新产品价格定得偏低,而是根据消费者对该产品的期望并愿意支付的价格来确定商品价格。

2. 市场销售过程中定价的心理策略

企业对那些进入市场的处于增长期、成熟期和衰退期的商品,也要考虑它们的价格在消费者心目中的心理状况,并运用恰当的商品定价心理策略来组织这些商品的销售活动。

(1) 尾数定价策略

尾数定价策略适用于价格低廉的日常生活消费品的定价,是一种典型的心理定价策略。企业在定价时取尾数而不取整数,如一条牛仔裤定价为99元而不是100元,消费者会明显觉得99元便宜而100元太贵。尾数定价方法可以使消费者产生价格非常便宜的错觉而产生购买行为,还会让消费者感觉商品的价格是经过精细核算制定的,并没有虚假报价,价格合理程度高,增强消费者的信任感。

【知识小卡片7-4】

尾数定价法的适用条件

1. 超市适合尾数定价的原因

超市、便利店的市场定位决定其适用尾数定价策略。超市经营的商品以日用品为主,其目标顾客多为工薪阶层。其动机的核心是"便宜"和"低档"。超市尤其是大超市,如沃尔玛、家乐福、华联的商品多价格低廉且品种齐全,而且人们多数是周末一次把一周所需的日用品购全,这样就给商家在定价方面一定的灵活性,其中尾数定价策略是应用较广泛而且效果比较好的一种定价法。因为尾数定价不仅意味着给消费者找零,也意味着给消费者更多的优惠,在心理上满足了顾客的需要,即价格低廉。超市中的商品价格没有特别高的,基本都在千元以下,而且以几十元的居多,因此来超市中的顾客很容易产生冲动性购买,这样就可以扩大销售额。

2. 大型百货商场不适合尾数定价的原因

(1) 大型百货商场的目标市场选择及总体市场定位决定其不适用尾数定价策略。大型百货商场的高投入、高成本决定其出售廉价商品是没有出路的,它与超市、便利店相比,不具有任何价格优势。因此大型百货商场应以城市中高收入阶层为目标市场。在购物环境、经营范围、特色服务等方面展现自己的个性,力争在目标消费者心中占据"高档名牌商店"的位置,以此来巩固自己的市场地位。

(2) 大型百货商场应用声望定价策略传达的是一种满足。大型百货商场应采用声望定价策略。声望定价策略是指利用消费者仰慕名牌商品或名店的声望所产生的某种心理来制定商品的价格。消费者具有崇尚名牌的心理,往往以价格判断产品的质量,认为价高质必优。这种定价策略既补偿了提供优质产品或劳务的企业的必要耗费,也有利于满足不同层次消费需求。

(3) 我国高收入人群的日益增多是应用声望定价策略的现实土壤。据有关资料介绍,目前我国消费者中,有较强经济实力的占16%左右,而且这个比例有增长的趋势。这些消费者虽然所占比例相对不大,但其所拥有的财富比例却占了绝大多数,这部分人群消费追求品味,不在乎价格,倘若买5000元的西装会令他们会很有成就感,而商场偏要采用尾数定价策略,找给他们几枚硬币:

其一,这几个零钱他们没地方放,也用不着。

其二,这些人时间宝贵,业务忙,找零钱浪费他们的时间(当然排除直接刷卡的付款方式),让此部分顾客会感到不耐烦

最后,4888元或4999元的价格大大降低了他们的成就感和品味。因此对这些高档名牌产品尤其是适合高收入者的消费品应使用声望定价法,即整数定价法。让高收入的消费者感觉大把挣钱大把花钱很爽,很有满足感。这样就可以扩大销售份额。

(资料来源:http://baike.baidu.com/.)

(2) 整数定价策略

整数定价策略是指把商品的价格定为整数,不带尾数,这种策略又称方便价格策略,企业有意识地将商品价格的尾数去掉,适用于某些价格特别高或特别低的商品。这种定价法的优点是,给消费者以尊贵的感觉,更加符合产品形象和消费者的购买心理。

(3) 习惯定价策略

习惯定价策略是指有些商品在消费者心目中已经形成了某种习惯的价格,这种商品的价格若有变动消费者就非常敏感,甚至产生不满。厂家宁可在商品的内容、包装和分量上进行调整,也要保持习惯的价格。这种定价方法适用于消费者广泛接受的、销售量大的商品,如日常生活中的饮料、食品。

(4) 折让价格策略

折让价格策略包括商品销售过程中的折价和让价,这是商品销售者在一定条件下,用低于原定价格的优惠价格来争取消费者的一种定价策略。

(5) 声望定价策略

声望定价策略是根据消费者对某些商品的信任心理或"求名"心理而制定的高价策略。许多消费者购买商品时看重质量,更看重品牌所蕴含的象征意义,如身份、地位、名望等。该策略适用于名牌商品或高级消费品。企业可利用名牌的威望,制定出能使消费者在精神上得到高度满足的价格,满足消费者的虚荣心理。

(6) 分档定价策略

分档定价策略也称分级定价策略,这种策略是把某一类商品的不同品牌、不同规格、不同型号划分成若干个档次,对每一个档次的商品制定一个价格。

(7) 招徕定价策略

这种策略是指经营多品种商品的企业利用消费者的求廉心理将一种或几种商品的价格定得特别低或特别高,以招徕消费者。这种定价策略的目的是吸引消费者在购买招徕商品时,也购买其他商品,从而带动其他商品的销售。

【案例讨论 7-6】

> 北京地铁有家每日商场,每逢节假日都要举办 1 元拍卖活动,所有拍卖商品均以 1 元起价,报价每次增加 5 元,直至最后定夺。但这种由每日商场举办的拍卖活动由于基价定得过低,最后的成交价就比市场价低得多,因此会给人们产生一种卖得越多,赔得越多的感觉。岂不知,该商场用的是招徕定价术,它以低廉的拍卖品活跃商场气氛,增大客流量,带动了整个商场的销售额上升,这里需要说明的是,应用此术所选的降价商品,必须是顾客都需要而且市场价为人们所熟知的才行。
>
> (资料来源:http://wenku.baidu.com/view/705d0dc79ec3d5bbfd0a745f.html.)
>
> 【讨论】 1 元拍卖活动说明了什么?
>
> 【讨论记录】_____

项目二 调价的心理策略

1. 消费者对价格调整的心理反应

企业调整价格的原因主要有商品成本提高、技术含量增加、税收变化、竞争激烈、供求关系变化、商品生命周期的不同阶段等因素,价格变化必然会对消费者的消费心理与行为产生影响。

(1) 消费者对商品价格调整的一般心理反应

商品价格的变化必然会影响到消费者的切身利益,引起消费者心理与行为上的反应。通常,某种商品价格上涨时,消费者会减少该种商品的购买数量与频率。如果此类商品是生活必需品,消费者则会减少另一种类商品的购买数量,或者购买同类商品中价格较低的商品,或者购买可替代的商品。如果商品价格下调,则消费者可能增加该类商品的购买数量和频率。

(2) 消费者对商品价格上调的非常规心理反应

当商品价格上调时,有可能激发消费者的购买热情。其心理因素如下:

① 消费者存在着储备心理,认为商品涨价,可能预示着供应量减少,应尽量提早购买,以防止今后市场脱销而买不到该种商品。在短缺经济条件下,或者政局动荡、自然灾害来临前、战争爆发前的时期,消费者的这种心理状态表现明显。

② 消费者在遇到商品提价时会认为现在的提价仅仅是开始,以后价格可能还要进一步上涨,为了避免今后支出更多货币,还是提前预备划算。这种心态在通货膨胀明显的经济环

境中表现较多,以致出现抢购现象,加剧通货膨胀的发展,给社会经济造成不良影响。

③ 特殊商品如古玩、首饰、高档工艺美术品等的提价,也会引发某些消费者强化购买心理。他们希望购买的此类商品能保值、升值,以获得高额回报。

(3) 消费者对商品价格下降的非常规心理反应

通常,在商品价格下调时,消费者的购买能力相对有所提高,本应增加商品的购买数量与频率。但是一些消费者却做出相反的决策,这种行为是由以下几种心理因素引起的:

① 有质量等级观念的消费者认为,商品降价是由于商品质量等级下降所造成的,价格低就意味着质量差。

② 有趋时心理的消费者认为,降价商品是过时商品,厂商要处理库存货,或者即将有更新款式的商品上市等。因此他们不愿意购买这种降价商品。

③ 有等待心理的消费者认为,目前商品价格还未降到最低点,日后将进一步下跌。他们宁可持币待购,待价格跌到自认为的最低价时,再实施购买行为。

④ 某些商品确实已经过时,即使价格一跌再跌也不会激起消费者的购买愿望。这是由新产品、替代品已显示出明显的优越性,使原来商品处于被淘汰的地位所引起的。

2. 调价应具备的条件及心理策略

价格调整是市场销售过程中经常出现的事情。调价的原因非常复杂,除商品属于处理品外,还受市场供求状况、商品本身价值变动、市场货币价值与货币流通量变动以及国际市场价格波动的影响。

(1) 商品降价应具备的条件及心理策略

商品降价要达到促进销售的目的,要求企业在调整商品价格时选择适当的心理策略,及时、准确地把握降价时机和幅度。

造成商品降价的原因很多,如企业的生产能力过剩,需要扩大销售,而又不能通过改进产品和加强销售来达到目的;在强大的竞争压力下,企业市场份额下降,不得不降价竞销;企业的成本费用低于竞争对手,试图通过降价提高市场份额;由于新技术、新工艺的使用使得成本下降等。凡此种种,都可能导致企业将商品降价出售。

① 商品降价应具备的条件。要达到降价促销的目的,商品本身应该具备与消费者心理要求相适应的特性,具体地说主要有以下几个方面:第一,消费者注重商品的实际性能与质量,而少将所购商品与其自身的社会形象联系起来,如某品牌洗发液能使稀发变浓密的效果明显,即使洗发液降价,消费者仍会继续购买;第二,消费者是价格敏感者,而对商品的品牌并不十分在意,主要依据价格来决定自己的购买行为;第三,消费者对商品的质量和性能十分熟悉,如某些日用品和食品降价后,消费者仍对商品保持足够的信任度;第四,销售者向消费者充分说明了商品降价的理由,并使他们接受,如换季削价、清仓处理;第五,制造商和商品品牌信誉度很高,只有让消费者在购买后觉得物超所值,才会让他们感到满意。

【案例讨论7-7】

> 沃尔玛能够迅速发展,除了正确的战略定位以外,也得益于其首创的折价销售策略。每家沃尔玛商店都贴有天天廉价的大标语。同一种商品在沃尔玛比其他商店要便宜。沃尔玛提倡的是低成本、低费用结构、低价格的经营思想,主张把更多的利益让给消费者,为消费者节省是他们的目标。沃尔玛的利润率通常在30%左右,而其他零售商如凯马特的利润率都在45%左右。公司每星期六早上举行经理人员会议,如果有分店报告某商品在其他商店比沃尔玛低,可立即决定降价。低廉的价格、可靠的质量是沃尔玛的一大竞争优势,吸引了一批又一批的消费者。
>
> (资料来源:http://wenku.baidu.com/view/cb844bd076a20029bd642d02.html.)
>
> 【讨论】 你如何看待沃尔玛的折价销售?
>
> 【讨论记录】_____

② 商品降价的心理策略。

第一,控制降价次数。虽然消费者对商品提价十分敏感,但商品降价却不易引起同样激烈的心理反应。如果商品降价十分频繁,会造成消费者对降价不切实际的心理预期或对商品的正常价格产生不信任感,甚至会产生厌烦情绪。如果商品一次又一次地降价,即使原来打算购买的消费者也会改变主意,企盼着该商品继续降价。因此商品降价次数要尽量控制,宜少不宜多,最好争取一步到位。

第二,把握降价时机。企业决策者在选择降价时机时,应准确判断,综合考虑企业实力、销售季节等多种因素的影响,并根据商品和企业的具体情况而定。例如,时尚商品和新潮商品进入模仿阶段后期,就应当降价;一般商品进入成熟期的后期,就要降价;季节性商品在换季时也需降价。

第三,控制降价幅度。商品降价的目的在于促销,因此降低幅度必须足以引起消费者的关注,使之动心,以刺激其购买行为。幅度过小,难以激发消费者的购买欲望;而幅度过大,企业可能会亏本,或者造成消费者对商品品质的怀疑。一般而言,企业降价幅度以商品原价的10%~30%为宜。

第四,灵活运用直接与间接降价策略。直接降价是指直接降低某种商品售价的方法。间接降价是指维持原价格不动,只是采取增加折扣率等办法来销售商品的方法。两种方法各有利弊,直接降价容易刺激竞争对手的相继降价竞销。而间接降价有一定的隐蔽性,可以暂时避免导致全方位的降价竞销。但由于没有直接给消费者带来好处,有时很难达到应有的促销目的。

第五,宜主动降价,不宜被动降价。主动降价是指在同类商品中率先降低价格,以达到促销目的的降价方法。被动降价是指在竞争对手降价后,自己的商品才开始降价的方法。在国际市场竞争激烈的情况下,如果企业的产品质量与竞争对手的产品质量相当或略优于竞争对手,主动降价往往可使企业占据有利地位,从而扩大市场占有份额,甚至有可能挤垮竞争对手。

【知识小卡片7-5】

商品降价技巧的使用

1. 巧用对比效应

商家在向消费者传递降价信息时,一般把降价标签直接挂在商品上,使得消费者可以看到降价前后的两个价格,由于两者形成了鲜明的对比,使得消费者感到调整后的价格尤其低廉,有利于做出购买决策。

2. 集中降价实惠

企业在销售商品时,将降价实惠集中起来,将少数几种产品大幅度降价比对多种产品进行小幅降价的促销效果会更好。这主要是因为降价幅度大,消费者才能更明显地感觉到降价前后的差别。

3. 采用暗降策略

这种策略又称为变相降价,有时直接降价会招致同行的不满与攻击,甚至会引发同行间的价格战,这对于中小企业来说无异于是一场灭顶之灾。因此可以采用间接的方式来避免这些不利因素,如实行优惠券制度、予以实物馈赠、更换包装等。

(资料来源:http://baike.baidu.com/.)

(2) 商品提价应具备的条件及心理策略

在营销实践中,企业经常迫于各种原因而不得不提价,如市场商品供不应求、资源稀缺或劳动力成本上升而造成产品成本提高、开发新市场、经营环节增多等。为了使消费者接受上涨价格,增强心理承受能力,企业应针对不同的提价原因采取相应的心理策略,如做好宣传解释工作、组织替代品的销售、提供热情周到的"增值服务"等,以尽量减少消费者的损失,求得消费者的谅解和支持。

① 商品提价应该具备的条件。这主要与商品目标消费者的特点有关:第一,消费者的品牌忠诚度很高,是品牌偏好者,他们不会因为涨价而轻易改变购买习惯;第二,消费者相信商品具有特殊的使用价值或更优越的性能且是其他商品所不能替代的;第三,消费者有求新、猎奇、追求名望、好胜攀比的心理,愿意为自己喜欢的商品付出更多的钱;第四,消费者可以理解商品涨价的原因,能够接受价格上涨带来的生活消费支出的增加。

② 商品提价的心理策略。

为了确保提价策略的顺利实施。企业在采取提价策略时,需注意以下几点:

第一,掌握提价幅度。产品在提价过程中,应注意尽量减小提价幅度,避免引起消费者的抱怨和不满,减少消费者的恐惧心理。提价幅度宜小不宜大,一般应控制在5%以内。

第二,把握提价时机。企业决策者对提价时机的选择得当与否,对消费者的心理影响往往要大于价格变动本身。选择较好时机提价,会刺激消费者的购买欲望;反之,将会失去对消费者的吸引力。商品提价通常选在商品进入成长期或者在市场中处于优势地位、季节性商品进入销售旺季等情况下。比如,在国际市场上总体价格水平处在高位而且一直居高不下的条件下提价,消费者一般都难以觉察,即使觉察到了也能表示理解。

第三,宜被动提价,不宜主动提价。所谓主动提价,从某种意义上说,就是在同行业中率先提价。被动提价,就是等竞争对手的同类商品价格提高以后自己才提价。这样,既可以巩固老客户,还可以发展新客户,而且,对于以后的被动提价,消费者也会理解和接受。

第四,宜间接提价,不宜直接提价。直接提价是指随着生产成本的增加和市场因素的变化而直接提高商品的价格。直接提价往往使消费者产生反感,在可能的情况下,企业最好采用间接提价。间接提价是指企业维持商品价格不动,而采取诸如更换产品型号、规格、花色、包装等或采取提高购买起点、降低折扣率、佣金率等方法,来拓宽市场,增加销售。

第五,做好宣传解释工作。企业提价最好避免明提,如果迫不得已,应该通过传媒向消费者解释提价的实际原因,并且提供更热情周到的服务,尽量减少消费者的损失等,以诚意求得消费者的谅解和支持。

【训练项目7-3】

商品调价的心理策略

【训练目标】 掌握消费者对商品调价的反应,并提出相应的调价策略。

【训练材料】 以小组为单位,通过上网查找资料或者实地观察获得一手资料,完成表7-1。

表7-1

地点:超市(商场)	商品种类	消费者的反应情况	调价的相应策略
易降价的商品			
易涨价的商品			
价格不发生改变的商品			

课后练习

一、选择题

1. 商品价格的心理功能主要体现在三个方面,其中不包括( )。
   A. 刺激消费功能　　　　　　　B. 自我意识比拟功能
   C. 调剂需求功能　　　　　　　D. 值比质功能
2. 在新产品上市之初,通过制定高价来迅速收回投资、树立产品的特殊形象的定价策略是( )。
   A. 渗透定价　　　　　　　　　B. 声望定价
   C. 撇脂定价　　　　　　　　　D. 招徕定价
3. 企业在新产品进入市场初期,利用消费者"求新"、"猎奇"的心理,将这类刚投入市场的新产品价格定得高一些,以便获取较高的利润,这种定价策略为( )。
   A. 撇脂定价　　　　　　　　　B. 渗透定价
   C. 满意定价　　　　　　　　　D. 声望定价
4. 企业在采取商品提价措施时,合适的提价心理策略不包括( )。
   A. 不改变销售价格,减少商品容量或数量

B. 选择好提价商品的销售地点
C. 在价格变动的同时,努力搞好全方位的服务
D. 努力改善经营管理,降低费用开支

5. 市场销售过程中定价的心理策略不包括(　　)。
   A. 非整数定价策略　　　　　　B. 声望定价策略
   C. 折让价格策略　　　　　　　D. 渗透定价策略

二、判断题

1. 高档商品、大件消费品等都属于需求弹性较小的商品。（　）
2. 价格预期是一种主观推测。（　）
3. 价格预期心理是价格观望心理的一种表现形式,是以主观臆断为基础的心理活动。它一般产生于市场行为比较活跃的时期。（　）
4. 消费者的经济收入是影响消费者价格判断的主要因素。（　）
5. 尾数定价法是一种典型的心理定价策略,运用消费者对价格的感觉、知觉的不同来刺激他们的购买欲望。（　）

三、名词解释

1. 商品价值量。
2. 价格预期心理。
3. 价格攀比心理。

四、解答题

1. 简述消费者的价格心理特征。
2. 简述商品降价与提价的心理策略。
3. 论述新产品定价的心理策略。
4. 简述撇脂定价策略的概念、适用范围及优缺点。

五、案例探讨

抢购黄金背后的消费心理

李奶奶是去年轰动华尔街的"中国大妈"一分子,早在去年7月份国际金价下跌伊始,李奶奶在澳门抢购了100克黄金,成本约24000元;此后金价持续暴跌,李奶奶又购进100克金条,买入价格是23000元左右;临近去年年底,李奶奶又购买了80多克的金首饰,当时每克首饰的价格大约是320元。

李奶奶先后三次购入了280多克黄金,加上此前家中留存的一些金饰,其手中的黄金足足超过400克。不承想,此后黄金价格一泻千里,李奶奶被"套"住了。

直到上个月,黄金价格出现持续性的上涨,李奶奶低落的心情重新振作了起来。为了降低风险,李奶奶在上月末出手150克金条,当时价位在270元左右,扣除中间费用后获利5000多元。对于剩余的金条和金饰,李奶奶表示并不急于出手,平时自己可以佩戴,更多的作用是留给子女结婚所用:"对我来说已不是单纯的投资黄金了。"

(资料来源:http://money.sohu.com/20140306/n396129485.shtml.)

【思考与训练】　你如何看待李奶奶的抢购黄金的行为?

第八章 促销与消费心理

内容简介

本章主要介绍传统促销策略与消费心理的关系,着重介绍人员促销与消费心理、广告与消费心理、营业推广与消费心理、公共关系与消费心理以及消费体验的内涵(概念、特征等)。

目标规划

1. 学习目标

知识目标:掌握人员促销与消费心理;掌握广告与消费心理;理解营业推广与消费心理;理解公共关系与消费心理。

重点掌握:人员促销与消费心理。

2. 能力训练目标

能掌握传统促销策略与消费心理的关系;能够在以后的营销活动中,依据消费者的消费心理正确使用促销策略。

模块一　促销及促销组合

项目一　促销的基本含义及对消费者的心理作用

1. 促销的基本含义

促销(promotion)就是营销者向消费者传递有关本企业及产品的各种信息,说服或吸引消费者购买其产品,以达到扩大销售量的目的。促销实质上是一种沟通活动,即营销者(信息提供者或发送者)发出刺激消费的各种信息,把信息传递到一个或多个目标对象(即信息接受者,如听众、观众、读者、消费者或用户等),以影响其态度和行为。常用的促销手段有广告推销、人员推销、营业推广和公共关系等。企业可根据实际情况及市场、产品等因素选择一种或多种促销手段的组合。

在社会化大生产和商品经济条件下,一方面,生产者不可能完全清楚谁需要什么商品,何地需要,何时需要,何种价格消费者愿意接受等;另一方面,广大消费者也不可能完全清楚什么商品由谁供应,何地供应,何时供应,价格高低等。正因为客观上存在着这些生产者与消费者间"信息分离"的"产"与"消"的矛盾,企业必须通过沟通活动,利用广告、宣传报道、人员推销等促销手段,把生产、产品等的信息传递给消费者或用户,以增进其了解、信赖并购买本企业产品,达到扩大销售的目的。随着企业竞争的加剧和产品的增多,消费者收入的增加和生活水平的提高,在买方市场上的广大消费者对商品要求更高,挑选余地更大。因此企业与消费者之间的沟通更为重要,企业更需要加强促销,利用各种促销方式使广大消费者和用户加深对其产品的认识,使消费者愿意购买其产品。

【知识小卡片8-1】

最早的促销活动

早在1853年,美国有一家专门销售帽子的商店,为了扩大商店的影响,加快商品的销售,曾做过这样一个促销活动:凡是在该店买帽子的顾客,都可以免费拍摄一张戴帽子的照片,以作为纪念。

由于当时照相机还没有普及,也并不是每个人都舍得花钱为自己拍一张照片,因此这一促销广告打出来之后,立即吸引了许多顾客。他们都被这家商店的促销方式所打动,纷纷掏钱购买帽子,然后摆好姿势坐在照相机前,给自己留下一张照片。照片出来之后,他们都将自己戴帽子的照片出示给自己的亲友欣赏,并且感到非常自豪。

> 从此,这家商店的名声大振,甚至住在几十里之外的人也从家中赶来购买帽子,有的人甚至还带来了全家老小,只要其中一个人购买帽子,全家就能集中在一起拍摄全家福。因此当时就有人说出了自己内心的真实感受:"我来买帽子是假的,其实是想来这里拍照片。"
>
> (资料来源:伊刚.优秀促销员工作技能手册.)

2. 促销对消费者的心理作用

威廉·斯坦顿认为,在不完全竞争市场下,企业通常利用促销来宣传产品、吸引消费者,并把更多的信息引入购买决策过程。促销对消费者的心理作用有以下几个方面:

(1) 激励消费者初次购买

许多消费者对新产品不熟悉,认为购买新产品具有较大风险,若对新产品不满意,还需要花钱重新购买老产品,购买成本太高,导致许多消费者不愿冒险进行尝试。而促销向消费者介绍产品情况,并帮助他们买到适合的产品,从而使消费者降低初次消费成本,愿意接受新产品。

(2) 激励消费者再次购买

当消费者使用了某产品,感觉该商品不错,可能会产生重复使用的意愿。但是由于种种原因,比如价格偏高、家里还有剩余产品等,导致他们的购买意愿不强烈。通过折扣促销或者赠品促销,可能诱使他们产生购买行动。持续的、定期的促销活动有利于消费群体的固定。

(3) 提高销售额和市场占有率

促销是一种竞争手段,对不少产品而言,它可以改变某些消费者的使用习惯及品牌忠诚度。当产品处于促销阶段时,消费者的购买活动增加,产品的销售量相应提高,从而企业的销售额和市场占有率得到提高。

(4) 扩大产品的知名度

对于不少产品,由于价格等因素消费者不愿问津或者较少关注,在促销期间,优惠的价格会吸引不少消费者的注意力。不少消费者由于产品的促销活动而第一次知道某产品、了解该产品甚至使用该产品。因此促销活动扩大了产品的知名度。

项目二 促销组合

1. 促销组合的概念

促销组合是指履行营销沟通过程各个要素的选择、搭配及其运用。促销组合的主要要素包括广告促销、人员推销、营业推广和公共关系促销。由于各种促销方式都有其优点和不足,在促销过程中,企业常常将多种促销方式组合运用。

2. 促销组合的主要要素

广告促销是指企业按照一定预算方式，支付相应数额的费用，通过不同的传播媒体对产品进行宣传，促进产品销售的一种传播活动。

人员推销是指企业派出推销员或者委托推销员，直接与消费者接触，向选定的目标消费者进行产品介绍、推广，促进销售的一种沟通活动。

营业推广是指企业为刺激消费者购买而制定的一系列由具有短期诱导性的营业方法组成的沟通活动。

公共关系促销是指企业通过开展公共关系活动或者通过第三方在各种传播媒体宣传企业的形象，促进与内部员工、外部公众良好关系的一种沟通活动。

【训练项目 8-1】

> 【训练目标】 能够根据所学知识理解促销活动。
> 【训练内容】
> 1. 访问班上同学，请他们讲述遇到过的最具吸引力的促销活动，并阐述吸引他们的原因。
> 同学 A：＿＿＿＿＿＿＿＿＿＿＿＿＿＿＿＿＿＿＿＿＿＿＿＿＿＿＿＿＿＿＿＿＿＿＿
> 同学 B：＿＿＿＿＿＿＿＿＿＿＿＿＿＿＿＿＿＿＿＿＿＿＿＿＿＿＿＿＿＿＿＿＿＿＿
> 同学 C：＿＿＿＿＿＿＿＿＿＿＿＿＿＿＿＿＿＿＿＿＿＿＿＿＿＿＿＿＿＿＿＿＿＿＿
> 同学 D：＿＿＿＿＿＿＿＿＿＿＿＿＿＿＿＿＿＿＿＿＿＿＿＿＿＿＿＿＿＿＿＿＿＿＿
> 同学 E：＿＿＿＿＿＿＿＿＿＿＿＿＿＿＿＿＿＿＿＿＿＿＿＿＿＿＿＿＿＿＿＿＿＿＿
> 2. 讨论：校园超市设计什么样的促销活动会比较吸引人？
> 【讨论记录】＿＿＿＿＿＿＿＿＿＿＿＿＿＿＿＿＿＿＿＿＿＿＿＿＿＿＿＿＿＿＿＿＿

模块二　各促销组合要素与消费心理

项目一　人员推销与消费心理

1. 人员推销的概念

人员推销是指企业通过派出销售人员与一个或一个以上可能成为购买者的人交谈，做口头陈述,以推销商品、促进和扩大销售为目的,也就是销售人员帮助、说服购买者购买某种商品或劳务的过程。人员推销是一项专业性很强的工作,同时也是一种互惠互利的推销活动,它必须同时满足买卖双方的不同需求,解决各自不同的问题。

人员推销不仅是销售的过程,同时也是帮助消费者做出购买决策的过程。由于人员推销手段的独特性,它可完成许多其他促销手段无法实现的目标。人员推销适用于推销性能复杂的产品,当销售活动需要解决消费者心中疑问或说服消费者发生购买行为时,人员推销是最佳选择。

2. 人员推销的特点

(1) 信息双向沟通

推销活动中的信息沟通是信息传递与反馈的双向沟通过程。推销员向消费者提供有关产品、企业及售后服务等方面信息时,还必须观察消费者的反应,及时了解消费者对产品的意见与要求,听取消费者的意见或建议,并将消费者的意见或建议反馈给企业。在实际工作中,推销员反馈的市场信息常常是企业决策层做出正确经营决策的重要依据。因此人员推销是一个信息双向沟通的过程,推销员不仅是企业信息的发布者,同时也是市场信息的反馈者。

(2) 推销过程的灵活性

虽然推销的对象具有特定性,但由于消费者的文化、年龄、性别、职业、地位、收入等各种因素的影响,导致推销对象的需求千变万化。推销活动必须适应这种变化,灵活运用推销原理和技巧,恰当地调整推销策略和方法。

(3) 推销目的的双重性

如前所述,推销是一种互惠互利的双赢活动,必须同时满足买卖双方的不同要求。只有买方与卖方都有积极性,实现双赢,才能达到交易的目的。因此在推销过程中,推销员不仅要考虑自身利益,也要照顾到顾客的利益,只有这样,才会有长久稳定的消费者群体。

(4) 推销合作的长期性

推销员与消费者直接见面,长期接触,可增进双方友谊,使企业与消费者之间的关系更加密切。因此在长期保持友谊的基础之上开展推销活动,有助于建立长期的买卖关系。

(5) 成本较高

人员推销主要依靠推销员与消费者面对面的直接沟通来说服消费者产生购买行为。在市场密集度高,消费者比较集中的情况下,人员销售扮演了重要角色。但是,在市场范围广泛,而消费者又较分散的状态下,人员推销成本费用较高,无形中增加了产品的销售成本,削弱了产品的竞争力。

3. 人员推销的基本形式

(1) 上门推销

上门推销是最常见的人员推销方式。所谓上门推销是指由推销员携带产品的样品或图片、说明书和订货单等走访消费者,从而推销产品。上门推销既可以使推销员积极主动地向消费者靠拢,与消费者面对面地接触,能够增进推销员和消费者之间的情感联系。但随着工作压力的增大和生活方式的变化,人们对陌生人的警惕性越来越高,导致上门推销的难度增加。

(2) 柜台推销

柜台推销是指营业员向光顾商店的顾客销售商品。与上门推销不同,这是一种非常普遍的"等客上门"的推销方式。营业员与消费者直面接触,面对面交谈,介绍商品,解答消费者的疑问,激发消费者的兴趣,满足其需要,进而促成销售。柜台推销与上门推销不同之处具体为：首先,柜台推销是消费者寻求所购商品,主动地向推销员靠拢,而上门推销则是推销员寻求消费者,向消费者积极靠拢；其次,柜台的商品相对上门推销员所携带的商品,种类繁多,花色、式样丰富齐全,便于消费者挑选和比较。

(3) 会议推销

会议推销是指利用各种会议向与会人员宣传和介绍产品,开展推销活动。这种推销接触面比较广泛,推销集中,可以同时向多个推销对象推销产品,成交额比较大,推销效果好。

4. 推销员的素质与消费者的购买心理

推销员通过同消费者面对面交流,为他们提供服务,帮助他们解决问题。消费者固然更易被产品所吸引,但是推销员的个人素质也是促使交易活动能够继续下去的重要因素。因此作为一名推销员,只有具备了相应的职业能力和产品知识,才能胜任灵活多变的推销工作。推销员的素质主要包括以下几个方面：

(1) 语言能力

语言是传递信息、交流思想和感情的工具。推销员每天要接洽不同的消费者,在推销活动中主要借助语言来介绍推销品带给消费者的利益,能否激发消费者的欲望最终促成交易,语言表达能力起到了最基本的作用。

(2) 沟通能力

推销员必须善于与他人交往,有较强的社交能力和沟通技巧才能维持、发展历程与消费者之间长期稳定的关系。推销员在与消费者交往的过程中,要热情诚恳,待人友善,设身处地为消费者着想,替消费者分忧,这样才能取得消费者的信任、理解、支持与合作。推销员要用热情去感染对方,用热情所散发出来的活力和自信会引起消费者的共鸣,但是不能死缠烂打。

(3) 文化素质

推销工作是一项极富挑战性的工作,推销员除了需具备过硬的思想素质外,还要具有宽广的知识结构和文化素质。推销员接触的消费者众多,而消费者的心态和想法各不相同,在推销活动中,推销员必须在较短的时间内迅速做出判断和分析,从而确定推销的方式和技巧。推销员具备的文化知识越丰富,推销成功的可能性越大。

(4) 心理素质

良好的心理素质是对推销员的第一要求。推销员经常会受到冷落、拒绝、嘲讽、挖苦、打击和失败,每一次挫折都可能导致他们情绪低落,造成自我形象的萎缩或意志的消沉,最终影响业务的拓展,或者干脆退出竞争。在市场竞争激烈的环境中,推销员若没有良好的心理素质,无论其他方面的条件多么好,也难完成销售任务。

(5) 道德品质

良好的道德品质是现代推销员必备的基本条件之一。推销员要想赢得消费者,不仅要向消费者提供满意的产品,而且必须切实树立为消费者服务的思想,本着不欺骗消费者、实事求是、买卖双方双赢的原则去推销产品,才能将推销工作做长久。反之,满嘴谎话,为了销售产品不择手段地夸大产品功能欺骗消费者,这样虽然能在短时间内将产品销售出去,但是当消费者意识到他们的谎言后,不仅推销员本人会受到消费者的谴责,而且整个企业的形象也会受到影响。

【案例讨论 8-1】

> 日本著名的企业家江口出身贫寒,20 岁时在一家机器公司当推销员。有一段时期,他推销机器非常顺利,半个月内就同 43 位客户做成了生意。一天,他偶然发现他正在卖的这种机器比别家公司生产的同样性能的机器贵一些。他想:假如客户知道了,一定以为我在欺骗他们,会对自己的信用产生怀疑。深感不安的江口立即带着合约和订单,整整花了五天的时间,逐个拜访客户,如实向客户说明情况,并请客户重新考虑。这种诚实的做法使每个客户都很感动。结果,43 个客户中没有一个解除合约,反而都成了他更加忠实的客户。
>
> (资料来源:张晓青.现代推销实务.北京:地质出版社,2010:28.)
>
> 【讨论】 为什么 43 个客户没有一个解除合约?
>
> 【讨论记录】 _____
> _____
> _____

5. 消费者对营销人员心理的影响

推销活动是一个双向沟通的过程,推销员在向消费者提供有关产品、企业及售后服务等方面的信息时,还必须随时观察消费者的反应,及时对消费者的意见与建议进行反馈。因此消费者的言行、反应对推销员也会产生一定的心理影响。

(1) 对推销员自我认知的影响

推销员与消费者的沟通交流过程中,消费者的反应会对推销员产生重要的心理影响。每个人都有求认同的心理诉求,如果消费者对产品充满好奇、能够根据推销员的讲述仔细研究与观察手中的产品、不停地询问产品的相关性能,毫无疑问能够激发推销员的推销热情,这对推销员是一种激励,且对其保持对本职工作的热爱以及工作技能的提高有帮助。相反,如果推销员热情的笑脸面对的是冷淡的消费者,甚至有的消费者用不耐烦、蔑视、厌恶的态度相对,那么推销员的心理必然会受到伤害。如果这种现象持续存在,推销员会对自己的能力给予否定,会对工作的意义产生怀疑,也必然会削弱推销工作的积极性。

(2) 对推销员情感过程的影响

推销员作为一个正常的社交成员,虽然在与消费者交流的过程中有着工作任务的要求,但是他们与消费者的地位是平等的,也希望获得消费者的尊重。不同的消费者在交易中的不同表现直接影响双方的关系状态。推销员与热情、文明、礼貌、有修养的消费者接触,会获得一种享受,产生良好的心境,容易采取促使双方关系更加融洽、和谐的行为。而同刻薄、不懂礼貌、出言不逊的消费者交往,虽然消费者是上帝,但推销员也会觉得心情不悦,有意或无意产生疏远的行为,降低推销热情。

因此作为一名推销员,要及时调整自己的心态,正确面对工作上的难题,不断摸索与消费者沟通交流的技巧。大部分消费者面对热情的推销员还是持欢迎态度的,对于少部分消费者的冷淡,推销员首先应该反思自己是否有失误之处,如是否在不恰当的时候进行推销、是否言语中有所冒犯,然后以一种积极向上的态度去处理,而不是心生怨气,与消费者相看两厌。

6. 人员推销过程中如何迎合消费者心理

(1) 及时抓住潜在消费者的购买意图

作为推销员,首先要判断消费者的来意,积极识别消费者类型,如潜在消费者——或有购买兴趣、购买需求或有购买欲望、购买能力,但尚未与企业或组织发生交易关系的消费者。因此对于这类消费者,推销员应当能够通过他们的表现,及时捕捉消费者的购买意图,针对他们的需求点进行产品推销,引起兴趣,为进一步推销做准备。

(2) 正确启发消费者的购买欲望

推销员虽然无法创造消费者的基本需求,但却可以采用各种销售手段来激发消费者的欲望,通过开发及销售特定的服务或产品来满足这种欲望,促使其购买。推销员面对的每位消费者都是销售人员的潜在消费者,都有销售成交的可能。销售人员通过主动地把握机会,运用恰当的激发技巧,可以成功地刺激消费者的购买欲望。让消费者从感兴趣到具有购买欲望,这是一个重要的环节,而对于推销员来说更是一个挑战性的环节,是推销员和消费者进行的一场心理战。

(3) 及时扭转消费者的拒买态度

只要没有成交,消费者随时有可能产生拒买态度。推销员需要在推销过程中随时关注消费者情绪的变化,了解导致消费者情绪变化的原因,将消费者出现的拒买态度及时扭转。一般来说,消费者的拒买分为真心拒买和违心拒买。如果真心拒买,那就表示消费者对产品不认同,或者对产品没有产生购买欲望,只不过出于礼貌或者抱以无所谓的态度愿意倾听推销员推销。对于这类消费者,推销员可以通过良好的服务削弱消费者的拒买态度,引导消费者将注意力转移到同类产品或者替代品上。但是有的消费者拒买是因为产品价格太高或者对销售人员的表现不满,或者是与同行人员的意见相左等,并非对产品不满意。这时推销员就需要本着尊重消费者的原则,有的放矢进行解释,提高产品的吸引力。

【案例讨论 8-2】

　　潘先生曾在一家办公用品公司当推销员。一次,他来到一个客户办公室推销自己公司的碎纸机,客户在听完了产品介绍,弄清了购买细节后,说他愿意买一台,并表示将在第二天到潘先生处订货。

　　第二天,潘先生左等右等,还不见客户前来。他便登门拜访,却发现客户正坐在桌前看另外一家办公用品公司的样本册,而且目光停留在其中一页一动不动。潘先生凭着对本行业产品的全面了解,一眼便知客户正在关注的产品和昨天他所推荐的碎纸机属于同一类型,区别仅仅在于前者有扇清除纸屑的小拉门。

　　潘先生彬彬有礼地说:"打扰您了,我在公司等了好久还不见您来,知道您一定很忙,所以又亲自来您这儿了。"

　　客户只应了一声"请坐",又低头去看刚才那一页。潘先生已经猜出客户喜欢碎纸机上有门。沉思片刻,找到一把椅子在客户边上坐下,和和气气地说:"我们公司的碎纸机上有圆洞,同样可以取出纸屑,而且方便得多。"

　　客户点点头,想了想又说:"圆洞是能取出纸屑,但是未必比拉门来得方便啊。"潘先生不慌不忙地应道:"您是搞工程技术的,一定知道废纸被切碎时洞口要承受不小的震击,如果洞口是圆形的,圆上各点的曲率完全相同,整个边受力均匀,不易损坏,反之拉门的洞口是方形的,受力不均,使用寿命要打折扣。"

　　客户看着潘先生,迟疑了一会儿:"您的解释的确有道理,可我虽是技术出身,却很注重美观,圆形难免叫人感到呆头呆脑的。"

　　"圆是由一组到平面一点距离相等的点组成的,它线条光滑、流畅,一气呵成,多么和谐,多么完整,平时所言'圆满',就是这个道理啊。您买了以后,保您用了会非常满意。"

　　这位客户被这位潘先生丰富的力学、美学知识所折服,终于微笑着签了订单。

　　(资料来源:钟立群,李彦琴.现代推销技术[M].3版.北京:电子工业出版社,2013:26.)

　　【讨论】　潘德仁是如何把握客户心理,抓住客户要求,并用娴熟的语言技巧来引导客户做出购买决定的?

　　【讨论记录】＿＿＿＿＿＿＿＿＿＿＿＿＿＿＿＿＿＿＿＿＿＿＿＿＿＿＿＿＿＿＿＿
＿＿
＿＿

项目二 广告与消费心理

1. 广告的含义

广告是为了某种特定的需要,通过一定形式的媒体,公开而广泛地向公众传递信息的宣传手段。广告有广义和狭义之分,广义广告包括非经济广告和经济广告。非经济广告是指不以盈利为目的的广告,又称效应广告,如政府行政部门、社会事业单位乃至个人的各种公告、启事、声明等,主要目的是推广。狭义广告仅指经济广告,又称商业广告,是指以盈利为目的的广告,通常是商品生产者、经营者和消费者之间沟通信息的重要手段,或企业占领市场、推销产品、提供劳务的重要形式,主要目的是扩大企业的经济效益。本书主要对经济广告进行阐述。

【案例讨论8-3】

> 豆浆在中国已有两千年的历史。它的形象与可乐、牛奶相比,浑身上下冒着"土气"。但现在,豆浆在国外的超级市场上随处可见,与可乐、七喜等国际饮品并列排放,且价高位重,有形有派。当然,它改了名,叫维他奶。
>
> 豆浆改名维他奶,是中国香港一家有50年历史的豆浆公司为了将街坊饮品变成一种国际饮品,顺应不断变化的价值和现代人的生活形态,不断改善其产品形象而特意选择的。50年前,香港人的生活不富裕,当时维他奶的用意,就是要为人们提供一种既便宜又有营养的牛奶代用品——穷人的牛奶。在以后的20年中,维他奶都是以普通大众的营养饮品这个面貌出现的,是一种"廉价饮品"的形象。
>
> 到了70年代,香港人的生活水平提高,如果还标榜"穷人的牛奶",那么喝了它自己不就掉价了吗?于是豆品公司试图把维他奶树立为年轻人消费品的形象,与年轻人多姿多彩的生活息息相关。这时期的广告便摒除了"解渴、营养、充饥"等字眼,而以"岂止像汽水那么简单"为代表。1983年,又推出了电视广告,背景为现代化城市,一群年轻人拿着维他奶随着明快的音乐跳舞,可以说,这个时期维他奶是"休闲饮品"的形象。
>
> 到了80年代,香港年轻人对维他奶怎么喝也喝不出"派"来了。于是,从1988年开始的广告便重点突出它亲切、温情的一面。对于很多香港人来说,维他奶是个人成长过程的一个组成部分,大多数人对维他奶有一种特殊的亲切感和认同感,它是香港本土文化的一个组成部分,维他奶对中国香港人如同可口可乐对美国人一样。由此,维他奶又开始树立一个"经典饮品"的形象。
>
> 在同一时期,维他奶开始进入国际市场。在美国,维他奶标榜高档"天然饮品"。所谓天然饮品,就是饮品没有加入人工的成分,如色素和添加剂等,可以使消费者避免吸收太多的脂肪,特别是动物脂肪。标榜天然,当然受美国人的欢迎。

于是便出现了这样历史性的趣事：维他奶创始之初，标榜穷人的牛奶，强调它与牛奶的相似之处，并且价格比牛奶要低；今天在美国市场，维他奶强调具有牛奶所有的养分，而没有牛奶那么多的动物脂肪，其价格也比牛奶高。

（资料来源：http://www.chinavalue.net/Management/Blog/2013-4-7/965929.aspx.）

【讨论】

1. 从豆浆到维他奶，再到风行一时的国际饮品，这一过程给了我们哪些启示？
2. 维他奶不同时期的广告迎合了消费者的哪些心理？

【讨论记录】_____

_____

_____

2．广告媒体的种类

只有借助各种广告媒体，广告才能向消费者传递产品信息，才能引起消费者的注意，从而形成消费刺激。广告媒体即传递广告信息的媒介物，它指所有使广告接收者产生反应的物质手段和方法。广告媒体的种类很多，各有其特点和使用途径。为了达到广告的最佳宣传效果，必须深入了解或比较各种广告媒体的特点与差异。

(1) 报纸广告

报纸是最古老的广告媒体，它的影响力和普及性远远超过其他媒体形式。在我国，随着物质生活水平的提高，人们对精神生活的关注越来越强烈，报纸作为人们精神食粮的一部分，深刻影响着消费者的生活。

(2) 杂志广告

我国杂志种类繁多，发行量相当大，且大多数杂志都兼营广告业务，并以此作为主要收入来源。因此杂志也是我国主要广告媒体之一。

(3) 广播广告

广播广告是以无线电波为载体的大众传播媒体，是传播范围最广、速度最快的广告媒体之一。广播广告的局限性也很突出，如只限于声音，使其传递的信息转瞬即逝，不易保留。同时，由于缺少视觉形象，留在消费者记忆中的印象比较模糊，如果消费者事先没有注意，很难在短时间内抓住广告的要旨。

(4) 电视广告

通过电视播放广告，可以把视觉、听觉刺激结合起来，因而具有强大的宣传魅力，容易引起消费者的注意与兴趣。现代电视广告已成为广告宣传的主要媒体，同时也是最受消费者欢迎的广告传播形式。

上述广告媒体被誉为传统的四大宣传媒介。户外广告、交通广告、包装物广告、POP广告(销售现场广告)、网络广告等近年来也发展迅速，成为广告媒体的新宠。

3. 广告设计的心理原则

(1) 广告内容真实

真实性原则是广告设计的首要和最基本的原则。我国《广告法》第三条规定：广告应该真实合法，符合社会主义精神文明建设的要求。第四条规定：广告不得含有虚假的内容，不得欺骗和误导消费者。第五条规定：广告主、广告经营者、广告发布者从事广告活动，应该遵守法律、行政法规，遵循公平、诚实信用的原则。广告的真实性原则主要体现在广告内容真实，广告描述商品的功能、外观、产地等必须真实可靠，不能言过其实、虚假夸大。

(2) 表达简洁

广告应该简洁明了地表达产品的个性特点，过于冗长、繁琐的广告会使消费者厌烦。如果广告内容过于复杂，消费者抓不到中心思想，可能会选择放弃购买该产品。因此广告表达的内容应该简洁，以使消费者在短时间内了解产品的相关信息。

(3) 符合大众的审美观

作为宣传产品的重要手段，广告的创意不仅要独特、新颖、突出设计主题，更要符合大众的审美标准。广告在设计时要形象美、意境美，内容表达力求展现出产品的深层形象，使消费者可以通过阅读、联想和想象来了解广告的内容，拓展消费者对产品体验的心理空间。切忌为了宣传效果、实现广告效用的最大化，将广告设计得哗众取宠、特立独行。

(4) 具有感染力

广告感染力是指广告通过向消费者展示某产品或企业的特点，吸引消费者注意，激发消费者的需要和动机，并影响其感情的力量。广告应该利用传播方式灵活、表现方式全面、技术性强的优势，结合消费者情感产生过程，积极挖掘品牌的核心价值。具有感染力的广告能触及消费者心灵最柔软的地方，消费者通过观看广告，建立与产品之间的对话，对广告中的品牌产生深刻的印象和强烈的情感共鸣，满足其实用与审美的双重需求，达到刺激消费者产生购买欲望，进而产生消费行为的目的。

4. 广告对消费者购买心理的影响

(1) 引起消费者注意

通过广告，消费者可以获知陌生产品的信息，而这些产品可以满足他们的某种需要，消费者需求一旦被激发，就会对产品产生注意与兴趣，进而产生购买行为。

(2) 唤起潜在需求

消费者对某产品的需求往往是潜在的需求，这种潜在的需求与现实的购买行为有时是矛盾的。广告造成视觉、感觉印象以及诱导往往会勾起消费者的现实购买欲望。物美价廉、适销对路的新产品，刚开始不为消费者所知晓，知名度不高，此时进行广告宣传，易唤起消费者的潜在需求。

(3) 介绍商品信息

通过广告，企业或公司把商品的商标、品牌、性能、质量、用途、使用和维护方法、价格、购买时间、购买地点以及服务的内容等信息传输给不同地区和不同层次的消费者。通过向目标受众介绍有关商品信息,突出商品特性,以引起目标受众的关注,产生直接和即时的广告效果。

(4) 强化记忆

广告宣传充分利用形象记忆设置鲜明特征的广告,进行适度重复播放与变化播放,使消费者不知不觉在大脑中对信息进行编码、储存。虽然消费者没有特意去注意广告内容,但由于广告可以强化人们对产品的记忆,消费者对一些广告歌曲、广告词仍然可以脱口而出。例如,大家耳熟能详的脑白金广告"今年过节不收礼,收礼只收脑白金"。当消费者产生需要时,就会从记忆中将产品提取出来,为自己的购买决策提供选择。

【训练项目8-2】

【训练目标】 能够根据所学知识更好地理解广告在促销中的作用。

【训练内容】

1. 访问班上同学,请他们立即回答出一句最熟悉的广告词。

同学1：_____
同学2：_____
同学3：_____

2. 学生讨论:为什么在没有思考的情况下,你会脱口而出这句广告词?

同学1：_____
同学2：_____
同学3：_____

3. 请同学阐述令他印象最深的广告是否是他最喜欢的广告?

同学1：_____
同学2：_____
同学3：_____

项目三 公共关系与消费心理

1. 公共关系的含义和特征

(1) 公共关系的含义

由于每个人的认识角度不同,所以对公共关系含义的理解各异。20世纪70年代中期,美国著名的公共关系学者莱克斯·哈洛(Rex Harlow)就搜集到47个公共关系的定义。

总的来说,公共关系是指一个企业或组织为了促进其产品销售,争取消费者对产品的了解、信任、支持与合作,以树立企业及产品良好形象和信誉而采取的有计划的行动。任何社会组织、集体或个人必须与其周围的内部、外部公众建立良好的关系。它是一种状态,任何一个企业或个人都处于某种公共关系状态之中。它又是一种活动,当工商企业或个人有意识地、自觉地采取措施去改善和维持自己的公共关系状态时,也就是在从事公共关系活动。

【案例讨论8-4】

【案例1】 在某年夏季的洪灾中,有一批扬子牌冰箱在1米深的水中浸泡了14天。大水退后,厂家减价出售,并承诺免费返修。结果半年内无一返修。中央电视台在新闻联播中播出了这条新闻,给公众留下深刻印象。扬子冰箱一时间声名大噪,消费者纷纷涌到卖场要求购买扬子冰箱。这条新闻的作用远远超过了广告所带来的效应。

【案例2】 格兰仕集团为了挖掘微波炉潜在市场,在全国各地开展大规模的微波炉知识推广活动,全方位介绍微波炉知识。此外,还编出目前世界上微波炉食谱最多最全的《微波炉使用大全及菜谱900例》,连同《如何选购微波炉》一书免费赠送几十万册,使格兰仕微波炉品牌深入人心,使市场占有率遥遥领先其他品牌。

(资料来源:http://info.service.hc360.com/2009/02/26071048589.shtml.)

【讨论】
1. 什么原因使扬子冰箱和格兰仕微波炉销量大增?
2. 良好的公共关系给这两家企业带来了什么?

【讨论记录】
_____
_____

(2) 公共关系的特征

① 情感性。公共关系是一种创造美好形象的艺术,它强调人和自然环境、社会环境的和谐相处,以赢得社会各界的了解、信任、好感与合作。我国古人办事讲究"天时、地利、人和",把"人和"作为事业成功的重要条件,"人和"也是公共关系追求的最高境界。

② 双向性。公共关系是企业与社会公众的双向沟通,并不是企业单向向公众传达产品或企业信息,也不是对公众舆论进行调查、监控。企业一方面要吸取公众的意愿以调整决策,改善自身;另一方面又要对外传播,使公众认识和了解自己,达成有效的双向意见沟通。

③ 广泛性。公共关系的广泛性包含两层意思:一层意思是公共关系存在于主体的任何行为和过程中,即公共关系无处不在,无时不在,贯穿于主体的整个生存和发展过程中;另一层意思指的是公众的广泛性,公共关系的对象可以是个人、群体和组织,既可以是已经与主体发生关系的公众,也可以是将要或有可能发生关系的暂时无关的人。

④ 整体性。公共关系的宗旨是使公众全面了解自己,从而建立企业的声誉和知名度。它侧重于组织机构或个人在社会中的竞争地位和整体形象,使消费者对自己产生整体性

认识。

⑤ 长期性。公共关系人员不应该是"救火队",而应是"常备军"。公共关系的管理职能是经常性与计划性的,它是一种长期性的工作。

2. 处理公共关系的心理策略

(1) 树立良好的企业公众形象

良好的公众形象是企业的软实力,优良的产品、优质的服务是企业良好信誉和形象的表现,也是企业吸引消费者最直接和最有效的手段之一。在现代社会中,企业之间的竞争是产品品牌的竞争,是企业信誉和形象的竞争。一个信誉良好的企业,更容易在面临众多的竞争对手时赢得消费者的信任。企业形象的好坏与媒体的报道分不开,所以企业要与媒体尤其是知名媒体建立良好的关系,媒体可以有针对性地通过丰富多彩的公共关系活动,经常、及时、全面地向公众宣传企业宗旨、政策、经营范围和企业的特色等有关信息,争取公众的信任和支持,提高企业的知名度和美誉度。

(2) 增加企业信息透明度

当消费者对企业或者产品产生疑惑时,企业必须当机立断,快速反应,果断行动,一切以消费者的利益为重,不回避问题和错误。与媒体和公众进行沟通,说明事实真相,向消费者说明事件的进展情况,消除消费者的疑虑与不安,重拾消费者的信任和尊重。千万不要有侥幸心理,企图靠说谎、糊弄大众蒙混过关。

【案例讨论 8-5】

2006 年 7 月,菲律宾食品药品局对从中国进口的部分食品进行检验,其中检测出大白兔奶糖含有福尔马林(甲醛的水溶液),而甲醛是公认的高致癌物。随后,菲律宾方面对大白兔奶糖下达禁售令,并劝市民不要购买,同时要求出口商召回相关产品。此消息通过电视新闻网公布后,美国、新加坡、中国澳门及香港等多家媒体都做了转载,引起了海内外高度的关注,以致连中国香港、广州部分超市也将大白兔奶糖下架。

发生"甲醛事件"后,大白兔奶糖的生产企业冠生园集团迅速采取了一系列的行动:

首先自己主动停止了大白兔产品的出口并发函给菲律宾方面进行沟通,了解具体情况;而后马上与相关部门联系,上海市质监部门和国家质检总局及时派员在第一时间介入,对此事件进行调查,随后出具了权威检测报告,证明中国上海冠生园食品有限公司生产的大白兔奶糖在生产过程中没有添加甲醛,产品是安全的。同时,请新加坡政府的检验机构也对冠生园新加坡经销商福南公司仓库中的大白兔奶糖进行了抽样检测,检测结果同样是不含甲醛,符合世界卫生组织的安全标准。

检测结果出来后冠生园马上召开中外媒体见面会,宣布检测结果。权威部门的检验结果迅速获得了公众的信任,国内外经销商对大白兔奶糖质量的疑虑消除,美国、新加坡、哥斯达黎加、马来西亚、印度、尼泊尔等国家的企业纷纷恢复进货。

(资料来源: http://guanli.100xuexi.com/view/otdetail/20121203/2434f183-ec19-47ff-a993-6c28e7b3ba80.html.)

【讨论】 本案例给你带来什么启示?

【讨论记录】

(3) 增强与消费者的沟通交流

通过对消费者进行消费教育和引导,培养企业与消费者之间的感情和友谊,提高消费者的忠诚度,使企业拥有相对稳定的消费者群体。企业应不断向消费者提供信息,指导消费者识别商品质量的优劣,避免消费者对企业产生偏见。

(4) 正确对待消费者的投诉

随着人们对服务认识的深入,越来越多的消费者开始注重保护自身权益,消费者投诉也随之变得越来越多。如果不能正确处理消费者的投诉,愤怒的消费者不但会终止购买企业的产品,而且还会向他人诉说自己的不满,甚至利用互联网等媒体诉说自己的遭遇,传播范围极广,会给企业造成负面影响。但是,如果企业能够在消费者投诉伊始,认真对待,将投诉问题迅速、圆满地解决,反而会把消费者的不满转化为满意,赢得消费者的信任。因此正确利用处理消费者投诉的时机而锁定他们对企业和产品的忠诚,获得竞争优势,对企业的发展至关重要。

(5) 注重社会效益

社会效益是企业对社会、环境、居民等带来的综合效益,是在就业、增加经济财政收入、提高生活水平、改善环境等社会福利方面所做出的贡献的总称。在市场经济条件下,企业的社会责任已经成为了一种独立的竞争力,是全面提升企业核心竞争力和社会影响力的高效途径。注重社会效益的企业往往能获得双赢:一方面,企业可以通过履行企业社会责任影响社会、服务社会、回报社会;另一方面,一个具有社会责任感的企业能够获得良好的社会信誉以及消费者的好感,进而促进企业的生产经营更好更快地发展。例如,加多宝凉茶在汶川地震和雅安地震期间不仅提供高额的捐助,在黄金救援期第一时间送去灾区最急需的"生命之水",还在灾情稳定后,与中国扶贫基金会合作,为当地灾民恢复生产生活提供可持续性的扶贫项目,与灾民同渡难关。加多宝的此举感动了许多网友,他们纷纷在网上喊出口号:"支持国货,喝饮料只喝加多宝。"

【训练项目8-3】

了解公共关系的策划活动

【训练目标】 能够根据所学知识策划公共关系活动。

【训练操作】 某公司是一家生产白酒的企业,现针对年轻消费群体推出一款啤酒,为配合新产品的推出,请策划一场公共关系活动。

1. 首先让学生复习公共关系的特点及处理公关活动的策略。
2. 将全班学生分组,并选出小组负责人。教师说明训练内容及成果要求。
3. 小组成员通过网络等媒体寻找成功公共关系活动的案例。
4. 小组长带领小组成员完成策划活动,并制作PPT。
5. 对学生们的策划活动进行分析、总结。

【训练要求】

1. 每小组演示PPT。
2. 每人指出在本次任务中所承担的任务。
3. 根据小组整体表现与个人的任务完成情况为每位学生评估打分。

项目四 营业推广与消费者心理

1. 营业推广的概念

营业推广又称销售促进,是指企业运用各种短期诱因鼓励消费者和中间商购买、经销或代理企业产品的促销活动。营业推广具有如下特点:

(1) 短期促销

营业推广是一种短期促销形式,其目的是借助沟通赢得消费者的支持、认可和关注,是一种为刺激短期需求而采取的措施。它主要通过赠送、减价、展销、陈列、现场表演、有奖购货等形式进行宣传。

(2) 促销效果明显

广告和公共关系需要较长时间才能看见宣传效果,而消费者对营业推广的反应十分迅速,只要选择正确的促销方式,产品的销量在短时间内会急剧增加。

(3) 辅助性促销活动

人员推销、广告和公关关系是常规性的促销方式,营业推广则是补充性或者辅助性的促销方式,具有非正规性和非经常性。它一般不能单独使用,要与人员推销、广告和公共关系配合使用才会产生明显效果。

(4) 限制使用次数

消费者经常会看到"年终最低价、挥泪大甩卖"等字眼,这些用语能够调动消费者的积极性,诱导消费者采取积极购买行动。但是,如果过分渲染或频繁地开展营业推广活动,容易使消费者曲解企业推广的目的,进而对产品的质量、价格产生怀疑,甚至认为促销价就是产品的实际价格,导致消费者对产品或企业产生厌恶心理。

2. 营业推广的方式

营业推广方式常分为三类:

(1) 针对消费者

针对消费者,营业推广的主要目的是配合广告活动,鼓励老消费者继续购买、使用本企业产品,促使新消费者产生购买行为。

① 赠送促销。向消费者赠送样品、试用品或其他便宜而好用的产品,以达到促进销售的目的。赠送样品是介绍新产品最有效的方法,使消费者很快熟悉产品,刺激他们的购买欲望,使产品迅速打开市场,为企业赢得高额利润。赠送样品可以选择在商店或闹市区散发,或附在其他产品中赠送,也可以公开广告赠送,或入户派送。

② 赠送优惠券。优惠券作为产品免付部分价款的证明,消费者在购买企业产品时,持券可以免付一定金额的钱。优惠券可以附在产品或者广告中赠送,还可以通过消费者购物满一定金额或数量后向消费者赠送。

③ 包装促销。采用产品包装来兑换现金或产品的方法促销。例如,收集若干某产品的外包装袋,即可兑换相应的现金或者实物产品,借以鼓励消费者重复购买和使用企业产品。

④ 抽奖促销。当消费者购买一定金额或者数量的产品之后,即可获得抽奖机会。抽奖促销能够覆盖大范围的目标消费群体,对销售具有直接的拉动作用,吸引新消费者尝试购买,促使老消费者再次购买或者多次重复购买。

⑤ 现场演示。促销员在销售现场演示企业产品,向消费者介绍产品特点、用途和使用方法等。质量上乘、价格优惠、能提供良好服务的产品可以通过这种方式取得较好的推广效果。

⑥ 联合推广。企业与零售商联合促销,将能显示企业优势和特征的产品在商场集中陈列,边展示边销售。

(2) 针对中间商

针对中间商,营业推广的主要目的是取得中间商的支持与合作,鼓励中间商大批进货或代销。

① 购买折扣。企业为刺激、鼓励中间商大量购买本企业产品,针对中间商予以相应购买折扣,购买数量越多,折扣越大。折扣可以直接从货款中扣除,也可以通过赠送商品的方式实现购买折扣。

② 销售奖励。根据各个中间商销售产品的业绩,给优胜者以不同奖励,如现金奖、实物奖、免费旅游度假奖等,以激发中间商的销售积极性。

③ 扶持零售商。为了刺激中间商尽可能多地销售产品,企业对销售有突出业绩的零售商予以奖励,促使其投入更多的精力在本企业产品上,更加积极主动地完成销售目标。

(3) 针对销售人员

针对销售人员,营业推广的主要目的是调动推销员的积极性,鼓励他们大力推销新产品,开拓新市场,如按推销绩效发红利、奖金等。

3. 营业推广对消费者购买心理的影响

(1) 吸引消费者,促进购买行为

吸引消费者购买商品是营业推广的首要目的,尤其在推出新产品或吸引新消费者方面,由于营业推广刺激性强,容易吸引消费者的注意力,消费者采取购买产品的可能性高。

(2) 回馈忠实消费者

营业推广可以起到回馈忠实消费者的作用。营业推广活动譬如销售奖励、赠券等通常都附带价格让步,这些直观的优惠可以让没有购买意愿的消费者采取购买行动。很多受惠者是经常使用本产品的消费者,促销活动将大大提高他们的购买积极性。

(3) 抵御竞争对手,提高产品销量和知名度

营业推广可以让利于消费者,使广告宣传效果得到强有力的保障,削弱消费者对其他品牌的忠实度,从而达到提高本企业产品销量的目的。同时,优惠活动还可以引起不关注该品牌的消费者注意,提高品牌的知名度。

4. 营业推广的心理策略

(1) 推广目标明确

确定营业推广目标,要明确推广对象是谁,要达到的推广目的是什么。企业只有事先确定参与者的基本条件,才能有选择地排除那些不可能成为产品使用者的人,做到既不盲目推广,又不因条件过严而只有部分消费者才能参与本次推广活动。例如,要弄清营业推广的目标是培育消费者的忠诚度,还是鼓励消费者或中间商大批量购买。企业为了使营业推广效果更佳,必须详细规划推广目标与推广对象,有针对性地制订推广方案。

(2) 推广方式符合消费者接受习惯

营业推广的方式很多,且各种方式都有各自的适应性,如果使用不当,会适得其反。因此选择合适的推广工具是营业推广是否成功的关键因素。企业一般要根据目标对象的接受习惯、产品特点和目标市场状况等因素综合分析并选择合适的推广方式。例如,采用折扣活动时,对折扣活动的条件设限制,根据消费者购物金额制订打折幅度、不同级别的会员享受不同折扣、凭借宣传广告页打折,等等。企业应认真分析各种途径的利弊,统筹兼顾,针对目标消费者,采取既经济又高效的营业推广方式。

(3) 推广时间设置符合消费者期待心理

营业推广时间的设置需要考虑开展推广的时机和持续时间的长短两个因素。

从推广时机上看,节假日及纪念日是营业推广的最佳时机。一是消费者有较多的闲暇时间,增加购物机会;二是消费者对节假日的促销活动充满期待,认为推广活动力度大、范围广。

从推广的期限来看,长短要适宜。推广时间过长,消费者的新鲜感丧失,容易对产品产生疑问与不信任。对企业来说,促销费用开支增大,销售成本上升。推广时间过短,会使部

分消费者来不及参加本次活动或是无法实现重复购买，促销效果得不到保障。

(4) 要掌握好推广力度"最利点"

营业推广在确定优惠及让利时，必须掌握好"最利点"。给予消费者某种程度的优惠及让利是吸引消费者目光、刺激销售的根本所在。优惠及让利幅度太小难以吸引消费者，过大又会使企业蒙受损失，唯有适当的优惠及让利才能以较小的投入获得满意的销售效果。而且，还要考虑参与活动的消费者数量，在企业让利总额度一定的前提下：优惠活动的覆盖面广，让利幅度较小，但是影响范围大，受惠消费者人数多；反之，优惠活动的覆盖面小，奖品丰厚，对消费者的吸引大，但是参与条件比较高，受惠消费者人数少。

【训练项目8-4】

了解营业推广对消费者心理的影响

【训练目标】 通过分析案例，了解营业推广对消费者心理的影响。

【训练资料】 代金券、体验券、礼品券、换购券、积分券、打折券……越来越多的商家通过发放优惠券来吸引消费者进店，达到促销目的。这原本是件好事儿，但由于优惠券使用起来限制重重，不少市民手里捏着一堆优惠券却花不出去，优惠难享。

"像一家米线、一家麻辣烫店发放的代金券，都是有消费金额限制的。当消费满35元时，才可以使用5元代金券。但一碗米线才8元，我和男朋友去吃顿饭通常只花20元左右就够了，几乎没有机会能用上代金券。有一次，我俩花费超过35元，心想终于能用上代金券了，却被告知已经过期。"周女士告诉记者，她发现自己收集的不少代金券在使用时都有一定限制。例如，某点心店的代金券只可以在购买生日蛋糕时使用；某理发店的打折卡在节假日期间不能使用；某商场赠予消费者的礼品卡还需再掏百余元才能得到一条完整的项链，否则只能拿到一个孤零零的吊坠……记者在采访中还了解到，不少网络商家所提供的优惠券也存在同样问题，有些优惠券只能在达到一定购物金额后才可以使用，消费者为了"优惠"而拼命凑单，花了不少冤枉钱；有些优惠券使用日期则非常短，比如某网上商城推出了"满1000元减200元"的优惠活动，但其所赠送的优惠券只有不到一个月的有效期，不少消费者埋怨，在如此短的时间内并不能有充裕时间做出购买决定，想省掉200元并非易事。

"商家赠各种优惠券给消费者的确令人高兴，但由于长时间遭受各种优惠券使用门槛的拦截，我现在已经对优惠券失去了最初的兴趣。"市民杜先生表示。

(资料来源：商家促销常用优惠券"规矩"太多市民难享优惠.威海晚报·威海新闻网，2014-02-10.)

【思考】

1. 什么原因让优惠券成鸡肋？
2. 如何使优惠券真正做到优惠消费者？
3. 请为一家蛋糕房的一款优惠券设计使用方法。

课 后 练 习

一、选择题

1. 促销的目的是引发、刺激消费者产生（　　）。
   A. 购买行为　　　　　　　　　　B. 购买欲望
   C. 购买决定　　　　　　　　　　D. 购买倾向
2. 人员推销有的缺点是（　　）。
   A. 成本低、消费者量大　　　　　B. 成本高、消费者量大
   C. 成本低、消费者有限　　　　　D. 成本高、消费者有限
3. 下列哪个选项不是人员推销的形式（　　）
   A. 上门推销　　　　　　　　　　B. 会议推销
   C. 广告推销　　　　　　　　　　D. 柜台推销
4. 不同广告媒体所需成本是有差别的,其中最昂贵的是（　　）。
   A. 报纸　　　　　　　　　　　　B. 电视
   C. 广播　　　　　　　　　　　　D. 杂志
5. （　　）活动可以为企业构建良好的企业形象,提高企业的知名度和美誉度。
   A. 广告宣传　　　　　　　　　　B. 营业推广
   C. 人员推销　　　　　　　　　　D. 公共关系

二、判断题

1. 只要进行促销活动,企业一定能够提高销量。（　　）
2. 营业推广是一种长期促销形式,其目的是借助沟通赢得消费者的支持、认可和关注,是主要为了刺激短期需求而采取的措施,是一种补充形式。（　　）
3. 推销员要用热情去感染对方。热情所散发出来的活力和自信会引起消费者的共鸣,但热情不是死缠烂打。（　　）
4. 促销可以缩短消费者认识某产品的时间。（　　）
5. 只有借助各种广告媒体,广告才能达到向消费者传递产品信息的目的,才能引起消费者的注意,从而形成消费刺激。（　　）
6. 营业推广活动应该频繁使用,这样才能起到极好的促销效果。（　　）

三、名词解释

1. 人员促销。
2. 广告。
3. 公共关系。
4. 营业推广。

四、简答题

1. 简述促销对消费者的心理作用。
2. 简述人员推销的特点。
3. 简述营业推广的心理策略。

4. 简述广告设计的心理原则。

五、案例探讨

"统一"方便面的成功之处

20 世纪 90 年代初,在方便面的广告大战中,"康师傅"方便面以"好吃看得见"一语深入人心。"统一"牌方便面知难而进,以古喻今,广告画面上出现一位古代戎装勇士,威风凛凛地喊出"统一面",给人以热烈的情绪感染,取得了初步成绩。这种宣传持续了一段时间以后,企业又推出了与前一广告格调不同的画面:一男一女像拉家常一样,娓娓道出各自喜欢"统一面"的理由,不知不觉中缩短了与消费者的距离。

(资料来源:http://wenku.baidu.com/link?url=3j4dX8kP8LW8plmTvUV1ArnRx9_34GPXDPHOppION1JoCIOnIQ2BWzVOerWCH6SUYmr9m4k07C1hb4FxXWqNrv1Nk-dzIR8byIBmZT_nhcC.)

【思考与训练】 请分析"统一"方便面是如何成功地利用广告引起消费者注意的。

第九章　购物环境与消费心理

内容简介

本章主要介绍营业场所的外部环境与消费心理,内部设计与消费心理,销售服务的心理策略以及销售人员素质的培养。

目标规划

1. 学习目标

知识目标:了解商店选址的基本原则;了解选址的注意事项;分析橱窗设计的基本心理原理,通过橱窗设计显示商店的特色和商品的品味;掌握货架的设置与商品的摆放的心理效应,吸引消费者购买。

2. 能力训练目标

能够分析各种类型商店内部环境布置的优缺点。

模块一　物理环境与消费心理

项目一　营业场所外部环境与消费心理

1. 商店选址与消费心理

俗话说,一步差三市。与其他行业相比,商品流通企业良好的地理位置是企业取得成功的主要因素。商店选址是指在组建商店之前对商店的地理位置进行调查和分析,最终选择经营场所的过程。包括商店要进入区域的环境分析,商店设置具体地理位置的选择等。

(1) 商店的选址符合的条件

① 交通便利。车站附近是过往乘客的集中地段,人群流动性强、流动量大。如果是多个车站交汇点,则该地段的商业价值更高。商店的位置如果选择在这类地区,就能给消费者提供便利的购物条件。

② 人群聚集程度高。例如,影剧院、商业街、公园等地,可以让消费者享受到购物、休闲、娱乐等多种服务,是组建商店的最佳选择地点。但是,此类地段属于经商的黄金之地,寸土寸金,地价高、费用大,竞争性也强。因此商业效益虽然好,但并非适合所有商店经营,一般只适合大型综合商场或者有鲜明个性的专业店。

③ 人口居住稠密或机关单位集中的地区。由于这类地段人口密度大,且距离较近,消费者购物比较方便。商店地址若选在这类地段,对消费者具有较大吸引力,很容易培养忠实的消费者群。

(2) 商店选址的策略

商店选址是一项重要的长期性投资,选择要注意"天时"、"地利"、"人和",只有这样才能不断地吸引消费者,获得长远的经济效益。店址的选择应采取以下策略:

① 有效地进行商圈分析。商圈是指以商店所在地为中心,沿着一定的方向和距离扩展的、能吸引消费者的范围。简单地说就是经常来店的消费者所居住的地理范围。

依据不同消费者占商店总消费者的比例和距商店的距离远近不同,可把商圈分为核心商圈、次级商圈和边缘商圈。一般来说,核心商圈的消费者占商店消费者总数的55%～70%,它距离商店最近,约500米,住户数约1500～2000户;次级商圈的消费者占商店消费者总数的15%～25%,位于核心商圈的外围,距离约1000米,消费者较为分散;边缘商圈包括所有剩余的消费者,消费者最为分散,距离在1500米以上。

② 根据主营商品来确定选址区域。营业地点的选择与主营商品及潜在客户群息息相关,各种商品均有其不同的特点和消费对象,商业繁华区并不是唯一的选择。仓储式大卖场一般选在远离闹市且交通便利地区的边缘处,体育用品店除闹市区外还可开在大学校园附

近等。所以,这也就要求经营者首先要对经营的产品及目标消费群体有清醒的认识,知己知彼,方可制胜。

③ 考察店址的地理环境。地理环境是指对开店有影响的日照、地势、道路走向等地理条件。对地理环境进行细致分析后,再对商店位置做出选择,主要注意三个方面:首先,商店应尽可能多接受日光照射,以利于室内自然采光;其次,商店地面应与临街路面处在一个水平面上,以利于消费者出入店堂;最后,在交叉路口,商店应选择客流量最大的街面作为商店的最佳位置和店面的朝向。

商店选址时既需要科学考察分析,同时又应该将它看成一种艺术。经营者应有敏锐的洞察力,善于捕捉市场商机,用出奇制胜的策略、与众不同的眼光来选择商店位置,可能也会得到意想不到的收获。

【案例讨论9-1】

沃尔玛在进入中国之前,就对中国市场进行了长达数年的深入细致的市场调查。其实早在1992年,沃尔玛就已经被获准进入中国,但是沃尔玛在1996年才在深圳落户。在落户中国之前它一直在对当地商圈的交通、人口、竞争状况和市场发展格局进行考察,以便于选择一个好的店址。

随着越来越多的店铺的开设,沃尔玛总结出了一套自己的选址经验,并在新店的选址过程中遵循这些经验。

1. 从连锁发展计划出发

沃尔玛设立门店要从发展战略出发,通盘考虑连锁发展计划,以防设店选址太过分散。沃尔玛门店分布有长远规划,并且具有一定的集中度,这有利于总部实行更加精细科学的管理,节省人力、物力、财力,而且每一个门店的设立都为整个企业的发展战略服务。

2. 选择经济发达的城镇

经济发达、居民生活水平较高的城镇是零售商店的首选地。因为在这些城镇人口密度大,人均收入高,需求旺盛,工商业发达,零售店在当地有较高的发展水平。有研究报告指出,有沃尔玛折扣店的城镇一般比没有折扣店的城镇经济更发达。在这样的城镇中沃尔玛会保证自己有充足的客源。

3. 选择城乡接合部

在该商场周围要有20万~30万人的常住人口。这样的地点也一般应具备这样两个条件:第一,该地点土地价格和房屋租金要明显低于市中心,土地价格一般为市中心的1/10以下,这样减少了零售店投资,降低了运营成本,为沃尔玛仓储零售店的低价格销售创造条件;第二,要符合城市发展规划,与城市拓展延伸的轨迹相吻合,这样城市的发展会给仓储式零售店带来大量客流量,降低投资风险。

4. 交通便利性

主要需要了解两方面的情况：一是该地点是否接近主要公路，交通网络能否四通八达，商品从火车站、码头运至商店是否方便，白天能否通过大型货车，因为大城市普遍对大型货车实行运输管制，中心区许多街道不允许货车通过，有的只允许夜间通行；二是该地是否有较密集的公交汽车路线，附近各条公交路线的停靠点能否均匀全面地覆盖整个市区。

5. 可见度

可见度用来衡量店铺被往来行人或乘车者所能看到的程度。该店的可见度越高，就越容易引起客流的重视，他们来店里购物的可能性越大。所以，沃尔玛选址时要选择可见度高的地点，一般都会选在两面临街的十字路口或三岔路口。

6. 适用性

如果要征用土地建房子，沃尔玛就要考虑土地面积形状与商店的类型能否相符。若租用现成的房子，就要考虑建筑的构造、材料、立面造型及其可塑性。沃尔玛仓储式零售店货架比一般商场的要高，相应地要求建筑物的层高也比较高。同时还要了解城市建设发展规划有关要求，详细了解该区点的交通、市政、绿化、公共设施、住宅建设或改造项目的近期和远期规划。

（资料来源：http://www.gdhjc.com/info.asp? id=1545.）

【讨论】 你如何看待沃尔玛的选址策略？

【讨论记录】_____

_____

2. 店面橱窗的设计与消费心理

人靠衣装马靠鞍，商店也一样。生意兴隆的商店不仅需要畅销的商品、良好的内部装饰和商品布置，还需要有能吸引消费者的店面外观。因此商店要与时俱进，把握消费者的审美心理变化，使店面外观与橱窗设计能够迎合消费者的心理需求，给新老顾客以美的享受。

(1) 店面的设计

消费者往往会不由自主地依据对商店店面外观的第一印象来判断商店整体的经营状况，这个印象会先入为主，左右消费者进入店内消费的决定。因此商家在进行店面设计的时候，必须从消费者的角度出发，这样才能设计出令消费者满意的店面外观。一般来说，店面的设计应该做到以下几点：

① 显示商店的个性。消费者对商店的印象往往首先来自于店面个性化的设计风格，包括建筑风格、装饰风格。商店以什么样的形象呈现在消费者面前，需要企业经营管理者根据商店的经营内容、经营规模、经营档次及其周围建筑的风格来综合考虑，但最重要的一点是

商店外观设计要能体现出其经营特色和商业品味,让店面成为消费者选择商品的向导。

② 体现艺术的美感。不管店面风格是中式还是西式,是仿古还是现代,商店外观的造型要有独特的建筑特色,外观的色彩要整体一致,整个店面要体现艺术美感,给消费者以美的视觉享受,要让商店成为当地商业建筑中一道亮丽的风景,成为消费者休闲消费的神往之处。但是,要注意商店的外观也应该与周围的商业环境保持和谐统一的风格。

(2) 橱窗的设计

橱窗的设计其实是一门艺术,每个橱窗都有属于自己的故事,体现了设计师的独特构思。设计是通过把握消费者的心理,使消费者感受一种自我的存在,带给消费者情感的触动。橱窗也可以很有诗意,带给消费者无限的遐想,与消费者互动,引起他们的购买欲。

① 橱窗设计的基本要求。

第一,橱窗设计要反映商店的经营特色。橱窗面积虽然有限,但可以通过精心布置,重点展示商店经营的主打商品,向过往的消费者传递商店的经营特色和目标市场定位理念,吸引消费者进店浏览更多商品。这就要求橱窗设计要准确把握展品与消费者需求心理的契合点,使有限的橱窗能够发挥最好的实物宣传和刺激消费的作用。

第二,橱窗设计应艺术化地传递商业文化。橱窗是一个城市商业文化的缩影,每一个橱窗展示都融入了企业的文化与情感,透过橱窗我们可以把握城市的脉搏,欣赏到各个商店展示的不同风格的实物广告。因此橱窗的设计应为充满灵性的创意,要有较高艺术审美情趣,展示的内容要能唤起消费者的美好联想和对高雅生活情调的追求。

② 橱窗的制作要求。

第一,背景要求。背景是橱窗广告制作的空间,对背景的要求类似室内布置的四壁。形状上一般要求大而完整且单纯,避免小而复杂的繁琐装饰。颜色上尽量采用明度高、纯度低的统一色调,即明快的调和色(如粉、绿、天蓝等颜色)。如果广告宣传商品的色彩大而一致,也可用深颜色做背景(如黑)。总之,背景颜色的基本要求是突出商品,避免喧宾夺主。

第二,道具要求。道具包括布置商品的支架等附加物和商品本身,支架的摆放越隐蔽越好。现在常用有机和无机玻璃做材料。如果是服装用的模特,其裸露的部分如头、脸、手臂部分的颜色和形状也不一定和真人一样,可以是简单的球体、灰白的色彩,或者干脆不用头脸,这样反而比用真人模特更能突出服装特色。商品的摆放要讲究大小对比和色彩对比。其构图和背景色彩都可以在纸上画出平面或者立体效果,以突出广告商品为原则,注意形式上的美。商品名称、企业名称或者简洁的广告语可以安排在台架上,或者悬挂起来,或直接粘在橱窗玻璃等突出部分。

第三,灯光要求。光和色是密不可分的,按舞台灯光设计的方法,为橱窗配上适当的顶灯和角灯,不但能起到一定的照明作用,而且还能够使橱窗原有色彩产生戏剧性的变化,给人以新鲜感。对灯光的一般要求是光源隐蔽、色彩柔和,避免使用过于鲜艳、复杂的灯光。尽可能在反映商品本来面目的基础上,给人以良好的印象。例如,食品的橱窗广告用橙色之类的暖色调,更能增强消费者对食品的食欲。而家用电器陈列则用冷色调,能给人一种高科技和贵重的心理感受。

总之,随着科学的发展、人们生活品味的提高和国际化商业文化的渗透,商店橱窗的设计思想也在不断更新,橱窗展示从内容和形式等方面也得到了不断创新,使橱窗文化对消费者的影响越来越大。

【案例讨论9-2】

某小区有A、B两个小吃店,都是面食店。它们提供的商品相同:面条加荷包蛋。它们提供的质量相同、价格相同、服务相同、环境卫生也相同,但是A店的营业额持续上升,B店的营业额却出现下降的趋势。

(资料来源:http://money.sohu.com/20140306/n396129485.shtml.)

【讨论】 请分析导致A店营业额持续上升的可能的原因。

【讨论记录】_____

_____

_____

项目二 营业场所的内部设计与消费心理

1. 总体布局与消费心理

总体布局是指营业环境内部空间的总体规划和安排。良好的总体布局不仅方便消费者,减少麻烦,而且在视听效果上让人产生一定的美感享受,是吸引回头消费者、保持消费者忠诚度的因素之一。

(1) 总体布局的原则

① 根据商品的特性和购买的规律进行安排。一般说来,主副食品和一些购买频率较高的商品专柜应安排在底楼和入口处,以利于消费者购买;大件耐用商品专柜安排在底楼的里面,以利于搬运;挑选性强且价值高昂的商品应安排在顶楼,以利于挑选。

② 应充分考虑能否引起消费者的无意注意。进入商店的消费者可以分为两种:一种是抱着明确购买目的的消费者,另一种是没有明确购买目的的消费者。货柜的摆放主要引起后一种消费者的无意注意,如将一些新商品和试销商品专柜设置在入口和正面。对有明确购买目的的消费者,可将性能有某种内在关联的商品货柜排列在一起,以利于消费者在选择已认定的商品时,不断强化对相关货柜内商品的无意注意,以达到促销的目的。

③ 以最大限度地促使消费者产生正向优先效应为前提条件。优先效应是指某一行为过程中,最先接触到的事物给人留下的印象和强烈影响,即第一印象、先入为主的作用。实践证明,如果总体布局能够使消费者一踏入店堂即产生正向的优先效应,那么对消费者以后的购买行为将产生积极的影响和促进作用。因此能否促使消费者产生正向优先效应是直接关系到店堂总体布局成败的关键。在设计中,有关人员应在这方面进行深入分析,反复实

践,并力求将这一原则贯穿于设计过程中。

(2) 总体布局的形式

就目前而言,商店、商场总体布局的形式一般可分为格栅布局、自由式布局、半封闭半敞开式布局和主题式布局四种。

① 格栅布局。格栅布局是一种封闭式的柜台布局,即采用货柜与货柜相连的办法,使货柜外面形成通道。消费者可沿着由货柜之间形成的通道寻觅、选购自己所需要的商品。这种布局形式在我国较为流行,也是一种传统的布局形式,其优点是消费者只需花较少的时间和精力,就能找(或选购)到自己满意的商品,且能避免商品丢失,容易引起消费者的无意注意。但是,由于这种布局具有一定的封闭性,其效果不及自由式和主题式布局。

② 自由式布局。自由式布局亦称开架布局,即将一些大、中型商品集中在一起,并放在桌上或挂在架上让消费者进行自由挑选的一种布局形式。其优点是能够使消费者随心所欲地浏览、观看、比较、评价和选购商品,从而引起消费者的无意注意。同时还能消除消费者购买商品时的心理障碍,迎合某些精于选购商品的消费者的心理需要。可见,自由式布局不仅可调动消费者购物的积极性,同时可使销售人员抽出更多的时间为消费者服务。其缺点是不够安全,容易遗失商品。

③ 半封闭半敞开式布局。半封闭半敞开式布局是将格栅式和自由式相结合形成的一种布局形式。店堂内虽然没有设置柜台,但消费者可进入其内选购商品,货物一般放在消费者能接触到的桌子和货架上。这种布局融合了格栅式和自由式两种布局的优点,基本消除了两种布局方式所存在的缺陷,故被国内许多企业采用。

④ 主题式布局。主题式布局是指超级市场、商店的经营者和摊主们在其共同议定有关时令或旅游等主题之后,集合相关商品及不同行业,成立主题式专卖柜,开辟一个全新的有形市场。例如,台湾统一超级市场创立的主题式专卖柜,以"春游"为主题,各色各样的春游用品专柜就是针对消费者的需求而设立的。柜中的商品包括烤肉工具、木炭、纸杯、组合包、零食、照相用的胶卷、轻便型背包、地图、旅游书籍、矿泉水等,让消费者一次购足所需的各种旅游用品,既省时又省事。

【案例讨论9—3】

在宜家,沿着铺在地上蜿蜒的地毯观看样板间,就像是被放牧的牲口群,最后被赶到收银台。

在宜家,顺着牌子指引的铺着红地毯的走道,浏览陈列在两边的商品,一般逗留的时间都要两三个小时。哪怕是买一样你已经看好的商品,你也没有办法直奔商品的陈列位置,因为弯弯曲曲的地毯走道一定要你走完它规定的路程,不容你走直线。

> 你知道外国人是怎么评论这条"红地毯"的吗？他们比喻：在宜家沿着铺在地上蜿蜒的地毯观看样板间，就像是被放牧的牲口群，最后被赶到收银台。这根本就是一条狡猾的商业走道！表面上看，宜家是在为客户指引道路，实际它是在为你指引商品，不管你愿不愿意。换句话说，红地毯设计了一种带有强制性的购物环境。这样的购物是在被洗脑。
>
> （资料来源：商场的布局秘密.杭州日报，2009-07-24.）
>
> 【讨论】 请分析宜家的红地毯设计为什么会失败？
>
> 【讨论记录】_____

2. 视觉设计与消费心理

(1) 光线设计与消费心理

购物场所的光线可以起到引导消费者的作用，使购物场所形成明亮、愉快的气氛，可以使商品显得光彩夺目、五光十色，引起消费者的购买欲望。如果光线暗淡，商店会显得沉闷压抑，而光线过强，又会使消费者感到眩晕，影响售货员视力并导致其精神紧张，易出差错。因此现代商场都非常重视合理运用照明设备、营造明快轻松的购物环境。商场的人工照明分为基本照明、特殊照明和装饰照明。

① 基本照明。基本照明是为保证消费者能够清楚地观看、辨认方位与商品而设置的照明系统。目前，商场多采用吊灯、吸顶灯和壁灯的组合，来创造一个整洁、宁静、光线适宜的购物环境。基本照明除了给消费者提供辨认商品的照明之外，不同的灯光强度也能影响卖场的购物气氛。基本照明若比较强，消费者的情绪容易被调动起来。美国麦当劳或肯德基连锁店，其基本照明都很充足，人们进入营业环境里会立即产生一种兴奋的感觉。基本照明若比较弱，人不容易兴奋，可能让人产生平缓安静的感觉，也可能产生压抑感，同时容易使商品的颜色看起来发旧。所以销售古董一类商品的场所可以把照明设计暗一些。

② 特殊照明。特殊照明是为了突出部分商品的特性、特质而布置的照明，其主要目的是显现商品的个性，以便更好地吸引消费者的注意，激发消费者的购物兴趣。例如，在出售珠宝饰品的位置，采用集束灯光照射，显示产品的晶莹耀眼、名贵华丽。在出售时装的位置，可以采用底灯和背景灯，显示产品的轮廓线条。特殊照明可以调节消费者的情绪，影响购物气氛。例如，在营业环境中，暖色调能够刺激消费者的兴奋情绪，消费行为容易进行，而冷色调能够抑制消费者的兴奋情绪，不利于消费行为的进行。在食品店、餐厅、饭店客房等营业场所，一般尽量采用橘红色、橙黄色、黄色、淡红色、橘黄色等一类暖色调的灯光照明，有利于使消费者产生家庭般温暖的感觉。一些酒吧、咖啡厅的照明设计，需要将暖色调与冷色调结合起来使用。在冷饮店，一般采用白色光源作为照明，很少使用暖色调光源。

③ 装饰照明。装饰照明在整个商店的商品陈列中起重要作用，它可以把商店内部装饰

打扮得琳琅满目、丰富多彩,给消费者以舒适愉快的感觉。但对于装饰照明的灯光来说,对比不能太强烈,刺眼的灯光最好少用,彩色灯和闪烁灯也不能滥用,否则令人眼花缭乱、紧张烦躁,不仅影响消费者的情绪,而且会对销售人员心理产生不利影响。

(2) 色彩设计与消费心理

色彩对于商店的环境布局和形象塑造影响很大,为使营业场所的色调达到优美、和谐的视觉效果,必须对商店各个部位如地面、天花板、墙壁、柱面、货架、柜台、楼梯、窗户、门以及售货员的服装设计相应的色彩。

① 色彩设计与消费者心理。

第一,影响消费者的心情。不同的色彩及色彩组合会使人们产生不同的心理感受。例如,以红色为基调,给人一种热烈、温暖的心理感受,使人产生强烈的心理刺激;以绿色为基调,给人充满活力的感觉;以黄色为基调,给人以柔和明快之感,使人充满希望;以紫色为基调,会给人以庄严、高贵、典雅的心理感觉,使人产生敬畏感;黑色给人沉重、压抑的心理感受,一般在商场不单独使用,但与其他颜色适当搭配,也会产生一定的视觉冲击力;蓝色使人联想到辽阔的海洋、广阔的天空,给人一种深邃、开阔的心理感受,销售旅游商品时采用效果较好。

第二,刺激消费者的购买欲望。商店的色彩设计可以刺激消费者的购买欲望。在炎热的夏季,商店以蓝、紫等冷色调为主,消费者心理上有凉爽、舒适的感受。采用本季度的流行色布置销售女士用品的场所,能够刺激消费者的购买欲望,增加销售额。色彩对儿童有强烈的刺激作用,儿童对红、粉、橙色敏感,销售儿童用品时采用这些颜色,效果更佳。

第三,弥补视觉形象。使用色彩还可以改变消费者的视觉形象,弥补营业场所的缺陷。例如,将天花板涂成浅蓝色,给人一种高大的感觉,将营业场所的墙壁两端的颜色涂得渐渐浅下去,给人一种辽阔的感觉。一段时间变换一次商店的色彩,使消费者感到新奇,吸引消费者的注意。

② 运用色彩的注意事项。

第一,色彩要与商品本身的色彩相配合。目前,市场销售的商品包装也注意色彩的运用,这就要求商店内货架、柜台、陈列用具为商品销售提供色彩上的配合与支持,起到衬托商品、吸引消费者的作用。例如,销售化妆品、时装、玩具等应用淡雅、浅色调的陈列用具,以免喧宾夺主,掩盖商品的美丽色彩。销售电器、珠宝首饰、工艺品等可配用色彩浓艳、对比强烈的色调来显示其艺术效果。

第二,色彩要与楼层、部位结合,创造出不同的气氛。如商场的入口处人流量多,应以暖色装饰,形成热烈的迎宾气氛。此外,也可以用冷色调装饰,缓解消费者紧张、忙乱的心理。地下营业厅沉闷、阴暗,易使人产生压抑的心理感受,用浅色调装饰地面、天花板可以给人带来赏心悦目的清新感受。

第三,色彩要在统一中求变化。商店为确定统一的视觉形象,应定出标准色,用于统一的视觉识别,显示企业特性。但是在运用中,在商店的不同楼层、不同位置,又要求有所变化,形成不同的风格,使消费者依靠色调的变化来识别楼层和商品品味,唤起新鲜感,减少视觉与心理的疲劳。

【案例讨论9-4】

> A品牌餐厅几乎成为全国儿童的乐园,店内窗明几净,餐桌椅色彩鲜艳,灯光柔和,儿童游戏区气氛热烈。店内POP广告和儿童音乐吸引儿童,那里有好吃的,更有好玩的,还可以举办生日庆祝活动,金黄色的A标志和笑容可掬的儿童形象大使,成为欢乐和美味的象征。
> （资料来源：http://3y.uu456.com/bp-c0d1eccf7f1922791688e8e4-1.html.）
> 【讨论】 请分析A品牌餐厅是怎样成功地营造出独具特色的消费环境的?
> 【讨论记录】

3. 商品陈列与消费心理

陈列是"不说话的售货员",它的主要任务是向消费者提供商品的各种信息,它以商品本身为主体,利用各种商品固有的形状、体积、色彩、式样、性能,通过陈列艺术造型,向消费者展示商品的特点,增强商品的感染力,加深消费者对商品的了解。合理有效的商品陈列既可以激发消费者选购商品的欲望,又能增加消费者对商店的好感,同时还能减少销售人员的工作量,缩短交易的过程,促进商品的销售。

(1) 商品陈列心理

商品陈列是商场内部设计的核心内容,也是直接激发消费者产生购物行为的重要因素。商品陈列的基本要求是贴近消费者心理,方便消费者购买,形成购物"时点激励"。

① 便于消费者挑选。依据商品的类别、款式、品牌、性质等因素进行分类陈列,不要将不同类别的商品堆放在一起,如不要将洗衣粉和食品放在一起,以免引起消费者的反感。根据商品的形状、质地、外包装等特性的不同分别采用平铺、叠放、堆放、挂置、悬吊等不同的展示方式,以达到最佳的展示效果。

② 商品正面朝向消费者。尽量把商品摆正,让消费者容易观察商品。左右摆放的时候,需要以消费者的眼睛为中心进行陈列,商品正面可以放在与消费者眼睛直接相对的位置,方便消费者看到商品的正面,具有吸引消费者眼球的效果。陈列商品的正面必须全部面向通道一侧,每层陈列商品的高度与上段货架隔板必须留有一个手指的距离,每种商品之间的距离一般为2~3 mm。标签与商品对应摆放,即做到一货一签。

③ 商品显而易见。商品的陈列要达到消费者一眼就能看到并看清商品的目的,需要注意陈列的高度、位置、商品与消费者之间的距离以及商品陈列的方式等。尽可能地让消费者看到更多商品,只有看到更多,才能购买更多。但是这并不意味需把所有的商品都陈列在商店的黄金区域,而是可以以此为基线陈列。新品种必须陈列在最显眼的位置,同时配置新商品的促销牌。

④ 消费者伸手可取。商品陈列不仅要方便消费者看到，而且还要保证消费者伸手可取，这是刺激消费者购买的关键环节。除了一些易受损失、易碎或者极其昂贵的商品之外，应尽量采用这种方式，在保证取出方便的同时，也要保证方便放回。

⑤ 陈列商品应丰满。消费者在购买商品的时候，总是希望能够"货比三家"，而且只有通过在众多商品中进行仔细的挑选，才能产生成就感。根据这种心理要求，商品陈列应合理利用空间，尽可能展示更多的商品品种，但不应造成拥挤、杂乱无章的视觉效果。可以将同类商品的不同款式、规格、花色的品种全部展示出来，以扩大可供消费者选择的范围，同时也给消费者留下商品种类齐全、丰富的好印象，从而提高商店的商品周转率。

⑥ 必须确保商品陈列的安全性。外包装有摆放标志的商品必须按照标志要求摆放，体积大、重量大的商品应摆放在下面。货架层板必须摆放平稳、固定，层板上摆放的商品不得超重。商品展示不得超出货架，以防消费者碰撞，不得随意拿取或更换用于保护商品的护栏。

(2) 商品陈列的方法

① 醒目陈列法。醒目陈列法是指使商品陈列醒目，便于消费者看到商品的陈列方法，也是商品陈列的第一要求。

【知识小卡片 9-1】

醒目陈列法注意事项

1. 位置

当消费者进店之后，就会不由自主地环视陈列的商品，而商品摆放位置的高低会直接影响消费者的注意和感受程度。因而商品陈列位置是否最佳取决于其是否醒目。一般来说，商品陈列的最佳位置是与眼睛成近似水平的陈列位，从消费者的眼睛以下到胸部以上的陈列位是陈列商品的最佳位置，商店必须充分利用这一黄金区域，防止不必要的空间浪费。

2. 量感

数量少而体积小的商品一般不会引起消费者的注意，必须使体积小和形状固定的商品成群排列，集小为大以造成声势。有时可以利用错觉造成商品丰富的感觉，如水果店，在斜着置放的平柜之后，放一面大镜子，商品看起来就丰富多彩了。

3. 色彩和照明

很多商品和包装都具有各种丰富的色彩，这对吸引消费者注意力是一个有利的条件。要研究色彩配合，使商品陈列给消费者留下赏心悦目的好印象。对灯光的要求是光源隐蔽、色彩柔和，避免过于鲜艳、复杂的色光，尽可能地反映出商品的本来面貌，给人良好的心理印象。例如，食品橱窗的广告，用橙黄色之类的暖色更能增强消费者的食欲。

> **4. 分清主次**
> 商品的陈列不仅要追求美观,而且要有强有弱、有主有次。要将畅销的、受欢迎的、包装或者造型优美的商品作为陈列的重点,放在货架的黄金位置,以吸引消费者,再在周围摆放一些相关的商品,不仅能够扩大消费者的观察范围,而且能够增加商店的销售额。
> (资料来源:http://baike.baidu.com/view/11787736.htm。)

② 开放陈列法。消费者需要对商品进行接触,满足其感官和心理的需要后,才会自主购买。在商品的陈列中,应该方便消费者自由接触、选择、试穿、品尝商品,减少消费者的心理疑虑,降低购买风险,加强购买决心。在许多情况下,消费者最关心的并非是商品价格,而是其内在的品质。例如,用大型图片展示一袋正在倒出的可可豆,这样的效果显然没有展示消费者品尝可可豆的情景好,因为消费者最关心的是可可豆的味道,而不是它的形状。

③ 季节陈列法。节假日前期,各大商场总会有相关节假日促销商品被陈列于卖场最显著的位置。这种集中陈列一方面可以渲染卖场的节日气氛;另一方面可以刺激消费者的购买欲望,因为一般季节性商品都属于冲动性消费商品,在最醒目的位置陈列容易引起消费者注意,会大大增加商品的销售量。

④ 组合陈列法。具有互补性的关联商品可以搭配陈列在一起。关联商品的组合陈列可以有效地刺激消费者的购买欲望,形成连锁消费。在卖场陈列促销品时,可以将一些相互关联的商品一起陈列,比如球衣和球鞋、球拍和球、微波炉和微波器皿等。

⑤ 突出重点陈列法。在同一类商品中也许有几件较有特色的商品,为了突出展示这些商品,可使用梯形展台,梯形展台能较好地满足这方面的需要。梯形展台上分多层陈列大小不同的盘子,背面用色彩相配的图案作底衬,并配以聚光灯照明,起到非常鲜明的效果。

4. 其他因素与消费心理

(1) 音效与消费心理

音效是营造商场气氛的一项有效途径,它也影响着消费者的情绪和营业员的工作态度。音乐运用适当,可以达到以下效果:第一,吸引消费者对商品的注意,如电视、音响的播放;第二,指导消费者选购商品,商场通过向消费者播放商品展销、优惠出售信息,可引导消费者选购;第三,营造特殊氛围,促进商品销售。在不同的时间段,商场定时播放不同的背景音乐,不仅给消费者以轻松、愉快的感受,还会刺激消费者的购物兴趣。例如,刚开始营业的早晨播放欢快的迎宾乐曲,临打烊时,播放轻缓的送别曲;在气候变化时,播放音乐提示,为消费者提供服务。同时,对于噪声,应选择旋律轻柔舒缓的背景音乐缓解。

(2) 气味与消费心理

气味可以促进销售或阻碍销售。大多数消费者对于气味质量要求也很高,不正常的气味会给消费者带来不愉快的感受,从而影响商场的社会声誉。尤其是新装修的油漆味和卫生间的异气味最令消费者反感。社会心理学家的实验表明:消费者在烤饼干的气味里多花钱改变一下口味的可能性是在没有该气味的环境里的两倍。因此购物场所里如果有令人愉悦的香味(如销售化妆品、珠宝、时装处有淡雅的香味)会吸引消费者长时间停留,增加销售机会。日用品处清新的水果香味以及销售食品处诱人的烘烤味,都会增强消费者的购物舒适感并强化其购买欲望。

(3) 通风调温与消费心理

商场内消费者流量大,空气易污浊,为了保证空气清新,应注意通风设施建设。商场的温度对消费者和商品保管都有影响,商场也应考虑空调设施的建设。冬季应使温度达到暖和而不燥热,夏季应达到凉爽而不骤冷,否则会对消费者和售货人员产生不利影响:冬季暖气太足,温度高,消费者从外面进店都穿着厚厚的棉衣、羽绒服等,在商场内待不了几分钟就会感到燥热难耐,急于离店;夏季空调冷气太强,消费者从炎热的街上进入商场,会受到冷风刺激,感到不适应,抵抗力弱的消费者还会伤风感冒。

(4) 清洁卫生与消费心理

商场是公共场所,人来人往,环境卫生不好,地面布满灰尘、纸屑,就很难留住消费者。购物环境卫生包括营业场所卫生、商品卫生、营业员个人卫生等。保持清洁、窗明柜净、商品整洁,为消费者创造一个整洁的购买环境,是文明经商的要求。在营业现场,每天的卫生工作要定人定时,经常打扫,将废旧包装物及时清理收回,陈列用具、展示的商品要每天擦拭,营业员着装要整洁。

【训练项目 9-1】

【训练目的】 了解影响消费者心理的消费环境的组成因素。

【训练内容】 调查你所在地附近的一家大型超市或商场,根据实际情况,填写下表。

表 9-1 商场内外部环境调查表

调查项目	好	一般	不好	优化建议
商场位置				
交通设施				
商标明显程度				
店门的舒适度				
橱窗设计				
店内整体感觉				
色彩与灯光的搭配				
店内陈列				
店内气味				
店内喧哗程度				
店内温度				

模块二 销售服务与消费心理

项目一 销售服务的内涵

1. 销售服务的概念和类型

(1) 销售服务的概念

销售服务是指产品在流通过程中,企业为保证产品的正确使用及最大限度地满足消费者需要而进行的各种服务性工作,是伴随着商品流通而进行的,是商品经济的产物。在商品经济初期,生产者为了实现商品交换,在市场上向使用者进行商品功能宣传,这是销售服务的原始形态。随着商品经济的发展,商品质量和服务形式的竞争加剧,使得越来越多的企业和消费者都十分重视销售服务,不少企业建成了强大的销售服务队伍和服务网点。

(2) 销售服务的类型

销售服务按照不同的标准可以分成不同的种类:按照服务的时间分类,可分为售前服务、售中服务和售后服务三类;按照服务的性质分类,可分为技术性服务和非技术性服务两类;按照服务的形式分类,可分为定点服务、巡回服务、收费服务和免费服务四类;按照服务对象分类,可分为对批发企业提供的服务、对零售企业提供的服务和对用户、消费者直接提供的服务三类。

【知识小卡片 9-2】

> **技术性服务和非技术性服务**
>
> 销售服务按性质划分,可划为技术性服务和非技术性服务两大类。技术性服务是指企业为消费者提供的与产品技术和效用有关的服务,如技术咨询、技术培训、安装调试等销售服务活动。这种服务需要由有专门知识的技术人员负责进行。非技术性服务是指企业为消费者提供的与产品效用无关的服务,如送货上门、分期付款、代理仓储等销售服务活动。
>
> (资料来源:http://baike.baidu.com/view/11787645.htm.)

2. 销售服务的功能与原则

在发达的商品交换过程中,服务贯穿于商品流通的全过程。现代的消费不仅要求能买到商品,而且要求能更快、更好地买到商品,并能顺利使用。

(1) 销售服务的功能

① 销售服务是参与竞争的重要手段。现代工商企业之间,各种经济形式之间的竞争异

常激烈和复杂,适者生存的道理人人皆知。竞争不能依靠对商品货源和价格的垄断,不能单纯依靠政策的保护,也不能单纯依靠商品质量的保护。以优质服务取胜是现代营销策略的基本思想,这种在非价格竞争中以优质服务为主要竞争手段赢得市场和消费者的方式意义深远。

② 销售服务是实现企业经济效益的重要支撑。企业服务工作的好坏不仅直接影响企业的经营成果和发展,同时也影响作为社会经济组织的企业应负的社会责任的履行,关系到企业的信誉。做好销售服务工作,可以赢得消费者的好感,提高企业声誉,扩大产品的市场份额。

③ 销售服务是扩大产品销售、实现销售目标的重要途径。工商企业通过开展各种销售服务活动,为消费者创造购买产品的条件。若消费者对企业销售的产品感到满意,会购买企业的产品,从而促进产品销售,实现销售目标。

(2) 销售服务的原则

① 一视同仁的原则。所谓服务一视同仁,就是对每一个消费者都热情接待,不管他们的身份地位如何。通常情况下,受热情接待的人心情舒畅,以后还愿意来;受歧视的人感到失落,不会再来。不管消费者是谁都应平等相待,不能以貌取人。

② 符合意愿的原则。服务的核心就是提供符合消费者愿望的帮助。服务再好,如果不符合消费者的愿望,也就没有价值。泰国、澳大利亚、中国香港等国家或地区的一些零售商店,不论你在店里买不买商品,得到的礼遇一般都是高档的,售货员会不厌其烦地介绍、展示商品,每个柜台都有商店的包装纸和手纸,消费者可以随便取用,有的店还奉送小商品。

③ 周到细致的原则。不论消费者年龄、职业、收入如何,周到细致的服务都是他们所愿意享受的。周到细致的服务关键在于对消费者体贴入微,它体现在销售人员的诚意上,体现在推销员或营业员的动作和态度上。周到细致、设身处地为消费者着想的态度会让消费者感到愉悦,为企业稳定消费者源、创造效益做出贡献。

【案例讨论9-5】

占地3500平方米的北京东方康乐园是国内首家以沐浴为主的综合性娱乐场所,开业7年来在北京小有名气。为了使康乐园健康发展,并且提高服务水平,员工们深入探究消费者的心理,发现:"花钱买罪受",人们打0分;"花钱买温饱",打60分;"花钱买健康",打80分;只有"花钱买高兴",人们才会打100分。他们仔细分析了娱乐业的定位,认识到:"稻香村"生产好糕点,"同仁堂"生产好药品,"万家乐"生产好电器,而像康乐园这样的娱乐企业就应该生产好心情。为人们提供好心情不是一件简单的事,东方康乐园为此开发出了一些与众不同的项目。例如,专家设诊、免费幽默鸡尾酒、有奖小吉尼斯纪录等,都是能让人开心、益心益智的项目。该企业还实行透明收费,每项服务都明码标价,多年来不收服务费、不收小费,让消费者花钱花得明白、舒心。另外,一般娱乐场所最让人不放心的就是色情服务。东方康乐园的按摩室都是大房间,7年来几乎成为有关管理部门的免检单位。健康经营换来的是消费者的信任、开心、舒心、放心,这样,康乐园就自然能为消费者提供好心情了。

(资料来源:http://cache.baiducontent.com/.)

【讨论】 东方康乐园为什么会取得成功？
【讨论记录】

项目二　销售服务的心理策略

1. 售前服务心理策略

(1) 售前服务的含义

售前服务是指产品从生产领域进入流通领域但还未与消费者见面时提供的各种服务，也就是通过精心研究消费者心理，在消费者接触商品之前提供一系列服务，如进行勘察、设计、示范、造型、咨询、培训等服务工作，激发其购买欲望。开展售前服务，可以使消费者购买目标由模糊到明确，使潜在消费者变成现实消费者。

【知识小卡片9-3】

售前服务的意义

1. 售前服务是企业经营策略与经营决策之一

如果没有售前服务，企业就会相对缺乏消费者信息，造成市场信息不完全，企业的经营决策也就不理想，甚至走上相左的路线。通过售前服务，我们可以了解消费者和竞争对手的情况，从而设计出符合消费者的产品，可以制定出适当的促销策略，选样就会有事半功倍的效果。

2. 售前服务是决定产品销售与企业效益的最基本因素

现在的市场是买方市场，产品供大于求，消费者有充分的选择余地。如果企业的售前服务没有做好，消费者根本就不会理会你的产品；如果没有好的售前服务及高质量的产品，消费者在使用产品时就会麻烦不断，再好的售后服务也不能从根本上解决问题，从而导致人们不会购买该产品。总之，一切问题都应该尽可能在产品销售之前解决。因此优质的售前服务是产品销售的前提和基础，是提高企业经济效益的关键。

3. 加强售前服务可以扩大产品销路，提高企业的竞争能力

企业通过开展售前服务，加强双方的了解。为消费者创造购买产品的条件，消费者也就信任该企业及产品，从而也就愿意购买。赢得消费者的支持，赢得市场，也就提高了企业的竞争能力。

(资料来源：http://baike.baidu.com/view/1452146.htm#3.)

(2) 售前服务的心理策略

与售前服务的影响因素相对应,售前服务主要有以下心理策略:

① 文化策略。历史上,不同的社会形态都有与其相适应的社会文化,并随着社会物质生产的发展而不断发展。正确的文化策略就是要根据不同地区、不同类型、不同层次的文化对消费者进行有针对性的文化营销。

② 流行策略。流行具有一种特别的性质——从众性,特别适合用作促销策略。例如,随着家用电脑的日益普及,越来越多的消费者加入到这一行列中来,商家也着实大大赚了一笔。

③ 家庭策略。在市场销售活动中,消费者的购买活动一般是以家庭为单位进行的。但是,购买决策的制定,通常由家庭中的某一个或某几个成员来完成。虽然有时一件商品从需求到购买、使用,往往会受到很多家庭成员的影响,但每个成员在其中所起的作用不同。可见,家庭策略最重要的是找准"主攻方向",对家庭中最具决定力的成员进行有针对性的营销并得到其认可,从而获得整个家庭的认可,这是家庭策略的精髓所在。

④ 广告策略。如今,广告已经渗透到人类社会生活的各个角落。随着广告业的不断发展,广告的形式越来越多,应用越来越广泛,作用也越来越大。

2. 售中服务的心理策略

(1) 售中服务的含义

售中服务又称为销售服务,是指商品交易过程中,直接和间接为销售活动提供的各种服务。其主要内容有介绍商品、充当参谋、付货与结算,其核心是为消费者提供方便和实在的物质服务,让消费者体会到占有商品的愉悦。优秀的售中服务不但可以增强消费者的购买欲望,还可以有效地消除消费者与营业员之间的隔阂,使买卖双方之间形成一种相互信任的气氛。

(2) 售中服务的心理策略

① 价格策略。价格策略是众多厂商最为重视,也是最有效的营销手段之一。价格策略并非一味强调低价,高价促销也是方法之一,并逐渐成为国际国内市场上较为流行的定价策略。随着产品日益向高附加值方向发展以及国际贸易日益扩大,低价产品虽然容易打开市场,但也容易受到各国反倾销投诉,以致影响企业利润。而且,消费者收入水平提高后,其购买心理也会发生较大变化,"不怕价格高,但求产品好"已成为一种较为主要的购买倾向,尤其是家电商品,价格已不再是消费者考虑的第一要素了。

② 柜台服务策略。柜台服务的内容非常广泛,包括营业员的仪表、言语、举止以及态度等很多方面。在销售过程中,柜台服务的好坏往往直接影响到消费者的最终决定。因此柜台服务是各大商家非常重视的一个环节。营业员可遵循以下服务策略:

第一,微笑应答,使消费者获得良好的第一印象。心理学认为,客观事物给人的第一印象至关重要。除了仪表以外,微笑是征服消费者最有效的心理武器,推销员以诚挚善意的微笑、清晰的语言向消费者打第一个招呼的瞬间,就会给消费者留下一种亲切的印象。

第二,要针对消费者的心理进行询问和回答。把握好消费者的心理,有针对性地询问和回答消费者提出的问题,是有效服务的重要方式。在这方面,应做到掌握询问和回答的时机和技巧,询问和回答要简明扼要,不要过多地去解释有关问题,要抓住重点。

第三,观察消费者的心理变化,伺机接待消费者。营业员向消费者打招呼后,消费者一般会讲:"我先看看。"营业员在回答"您先看"后,应注意等待抓住与消费者搭话的时机。

③ 包装策略。包装作为商品的附属物,其作用已不仅仅是保护商品,更重要的是美化商品、诱导消费。商品包装要获得广大消费者的认同和喜欢,不仅需要结合化学和物理学等科学原理进行设计,还必须结合心理学、美学、市场营销学等基本知识进行设计安排。特别要充分利用包装的外观形象,满足消费者对包装及其内容的心理要求。消费者的性别和年龄不同,对商品包装的观念也会不同。随着市场细分化的发展,按消费者性别、年龄进行包装设计越来越重要,成为拓展市场的重要手段之一。

【案例讨论 9-6】

> 北京王府井百货大楼最近亮出新招,把南京羽绒厂的充绒"车间"搬进了商场。这个现场充绒"车间"有 15 平方米,透过全封闭铝合金玻璃窗,三位工人称绒、充绒、缝纫的一举一动,消费者一目了然。含绒量有 50%、70%、90% 三种,重量可多可少,高密度仿绒布袋有 7 种颜色和图案可供选择,"车间"外围满了消费者。有的人说:"这家厂真会做生意!"也有的人说:"生意就该这么做!"实践证明,羽绒服的日销售额比原来增加了 6 倍。
>
> (资料来源:http://wenku.baidu.com/.)
>
> **【讨论】** 从消费者心理学的角度分析该羽绒服销售额剧增的原因。
>
> **【讨论记录】** _____

3. 售后服务的心理策略

(1) 售后服务的含义

售后服务就是在商品到达消费者手里、进入消费领域后继续提供的各项服务工作。主要有咨询服务、免费送货、免费安装、维修及其培训等。

售后服务是商品真正发挥效用必不可少的服务工作,是企业生产功能的延伸,良好的售后服务是企业信誉的表现和保障。企业依靠诚实的售后服务,树立消费者对商品的安全感和对企业的信任感,不仅可以巩固已争取到的消费者,促使他们继续购买,同时还可以通过这些消费者的间接宣传,争取更多的新消费者,开拓新市场。售后服务既是促销的手段,又是无声的广告宣传,在产品种类繁多且产品更新换代不断加快的时代,售后服务是影响消费心理的重要因素。

(2) 售后服务的心理策略

① 网络服务策略。许多世界知名企业在进行本土化战略经营时,把建立服务网络当作在中国市场站稳的重要工作。例如,飞利浦公司先后在北京、上海、苏州建立技术服务中心,

在全国 400 多个城市设置 500 个特约维修站。以技术中心为枢纽组成的服务网络,可以为全国用户提供技术服务、售后服务。同时,在 22 个城市开通 24 小时服务热线,还开通免费服务电话。服务站提供的服务包括免费安装调试和保修期内上门服务业务。优良的售后服务受到消费者欢迎,创造了良好的销售业绩。

② 特殊服务和创新服务策略。随着互联网的飞速发展,国内不少大公司已将售后服务搬上了互联网。许多知名厂商纷纷在各自的公司网站上加入售后服务项目。海信集团率先在家电业推出了自己的服务品牌——天天服务系统,这个系统超越传统的维修服务,把服务理念当作贯穿企业经营全过程的理念。

③ 巨额赔偿策略。"缺一罚十"、"假一罚百"等广告语大家非常熟悉,这是商家做出的保证消费者售后利益的承诺,是典型的巨额赔偿策略。随着市场经济的发展,消费者的维权意识的日益加强,单纯的承诺已无法打动消费者的心,只有实实在在的赔偿才能让消费者放心购买。

④ 完善传统的售后服务方式。根据消费者的要求和新形势的发展,企业应当改变传统的售后服务方式。传统的售后服务主要有送货服务、"三包"服务、安装服务、包装服务、提供知识性指导及产品咨询服务等,在此基础上要经常与消费者保持联系,了解其对服务的态度。

项目三 销售人员素质的培养

1. 帮助销售人员树立正确的信念

信念是主体对某种思想、某项事业坚信无疑的看法,是人们赖以从事某项活动的精神支柱,一种正确信念的确立,对人们抉择主导欲求影响重大。人的信念是在实际生活与工作实践中,以逐渐积累的方式形成的,其中外界因素起到潜移默化的重要作用。因此在引导销售人员抉择主导欲求的工作中,应注意运用宣传教育和社会团体的影响力,帮助销售人员确信自己从事的工作是崇高的事业,这种信念的确立,将会对销售人员的心理活动产生深远的影响,成为主导欲求的思想基础。

2. 帮助销售人员激发积极的专业兴趣

兴趣能强烈地吸引人们去追求某些可能使自己获得满足的事物,它不仅是人们的一种心理现象,也是人们从事某项活动的一种特殊的内部驱使力。因此培养与激发销售人员积极的专业兴趣,对引导他们抉择正确的主导欲求有着重要的意义。具体应做到:一方面,努力提高他们的专业知识和理论水平,激发其产生浓厚的专业兴趣;另一方面,使他们明确工作的任务与要求,并有意识地在各阶段增添新的任务,提出更高标准的要求,确保其专业兴趣的稳定性。

3. 帮助销售人员获得生活与工作条件满足感

在一般情况下,人的低层次欲求的满足,可以激发其对高层次欲求的追求。因此要引导销售人员抉择高层次的主导欲求,在现有的条件下,应尽可能地满足其低层次欲求,以刺激其高层次欲求的产生。满足销售人员低层次欲求,一般可以采取物质上的合理满足和精神上的心理满足互为补偿、同时兼顾的方法。同时,还应该因势利导,指导他们根据社会条件和个人条件去正确看待这些欲求的满足水平,并努力为他们产生高层次欲求创造条件。

4. 帮助销售人员增强其自我意识能力

自我意识就是人脑对个体所拥有的周围关系及其所处的社会地位的一种反应。它是在社会交往活动中逐步形成和发展起来的,许多时候,它是个体自觉进行或偶尔发生的。但是,外力的推动与激发对其发展方向、成熟程度和稳固程度无疑也存在巨大的影响。由于销售人员工作具特殊性,所以应注意从个体品德方面提高自我意识。具体应做好以下三方面的工作:第一,建立正确的社会评论和集体舆论机制,以提高销售人员对职业道德的认识,促进是非观念和名誉心理的健康发展;第二,发挥良好品德面貌的榜样力量,帮助销售人员树立理想和愿望,促进其觉悟程度的提高;第三,利用情感对主体活动的影响力,帮助销售人员培养品德情感,发挥品德情感的能动作用。此外,法制教育与行政维持对提高自我意识来说也是一种必不可少的强化手段,特别是及时、正确地进行奖励和惩罚,对销售人员心理活动的定向控制效果十分明显。

5. 改善客观环境,为形成舒畅的心境创造条件

心境是一种比较微妙但能在较长时间内影响主体的言行和心理的情绪状态。在销售活动中,有了某种心境的销售人员,其情绪可以由原来引起情绪的事物迁移到同类甚至毫无关系的其他事物上去,形成某种态度倾向,并在较长时间中在工作上表露出某种情绪色彩,直接影响工作态度和工作效果。因此在培养或矫正销售人员心理品质的工作中,要熟悉销售人员的心理背景,有的放矢改善客观环境,为形成舒畅的心境创造良好条件,以控制某些不利于品质修养的心境的蔓延扩散。发挥良好心境对品质修养的积极作用是一种极为重要的方法。

形成销售人员心境的心理背景相当复杂,它可以是销售活动中的销售环境、工作条件和工作气氛,也可以是个人的生活理想、生活状况和生理状况,甚至可以是季节气候的变化和意外事件的刺激。结合销售人员的工作特点与心理趋向,创造良好舒畅的心境,一般应采取以下措施:

(1) 美化销售环境

美化销售环境对营业员来说尤其重要。优美洁净的营业环境,不仅是营业员生理上的需要,而且也是心理上的需要。大力美化营业环境,努力提高营业环境的舒适度,使营业员在工作中能获得美的、愉快的享受,保持精神振奋的状态,将会有助于陶冶营业员良好的心境。

(2) 提高设备水平

改善销售设施和操作工具,不仅能使销售人员摆脱繁琐、粗重的体力劳动,而且能够使他们提高工作效率和服务质量。符合销售人员生理特点和心理要求的工具设备,可以使销售人员增强对本职工作的信心、兴趣和爱好,对激发销售人员的工作热情和职业自豪感具有

明显的作用,并有利于积极心境的形成和稳定。

(3) 搞好组织工作

合理组织销售人员的工作,不但能充分发挥销售人员的工作能力,还能使他们心情舒畅,精力充沛,齐心协力,在工作中保持饱满的积极情绪。组织销售人员工作,应尽可能根据销售人员的兴趣、需要、性格等心理特点,科学合理地安排工作岗位。同时,还要根据企业的类型、规模、服务对象等特点,合理安排销售地点和销售时间,保证销售人员体力和精神的恢复,并且让他们有时间安排家务或学习。采用科学的工作组织方法,将会有效地发挥人的组织效应,有利于销售人员积极心境的培养。

(4) 协调成员关系

销售人员之间的关系及销售人员与领导者的关系是否健康、融洽、友爱,对销售人员的心理影响相当大。作为企业的领导者,一方面,要加强个人修养,以正直、干练、宽容来赢得销售人员的好感,并乐于协助他们做好工作;另一方面,要注意调剂销售人员之间的利益关系和心理冲突,促进他们之间相互了解、相互尊重和相互帮助,营造和谐欢乐的工作气氛,使每个成员都感受到集体的温暖,由此为整个集体创造亲密无间的成员关系,有力地影响销售人员的心境。

(5) 改善生活条件

销售人员的物质生活与精神生活的满足程度,对他们能否保持良好的心境极为重要。作为企业领导,要十分关心他们的生活状况,关心他们的政治进步和文化生活,及时帮助他们解决生活中的实际困难,解除后顾之忧。物质生活与精神生活的适度满足,可以使销售人员实际体验到自己的社会地位,品尝到工作与生活的乐趣,从而转化为良好的精神力量,这样有助于销售人员形成舒畅的心境。

综上所述,培养或矫正销售人员的心理品质的各种方法,都建立在考察人的心理特征和个人行为心理特征的基础上,根据销售人员的工作特点及其心理活动规律,科学地把销售任务与销售人员的心理需求结合起来,从而发挥销售人员的主观能动性,以达到心理工作的预期目标。

【知识小卡片 9-4】

优秀销售人员必备的心理素质

销售是一项特殊的工作,特殊之处在于销售人员每天都会遇到各种各样的情况,面对各种各样的压力和挑战。一个优秀的销售人员必须具备以下六项素质:

1. 销售人员要时时刻刻顶住压力

销售人员如果遇到困难就退缩、逃避将永远不会有进步、不会有提升。

2. 销售人员要有坚定的信念

销售人员一定要坚信这样一个信念:没有解决不了的问题,但事情不会总在出现问题的那个层面上得到解决。

3. 销售人员要善于改变

一定要有承受改变的心理素质,改变就有可能,不改变就只会在等待中消亡。一旦行动起来,在推进中可以不断进行优化、调整,没有完美的方案,只有适合的、更好的方案。与其做一个所谓"完美"的方案再行动,不如先制订一个适合的、相对完善的方案先执行,先试点,再做调整、总结和评估。

4. 销售人员要善于自我控制

销售人员必须培养积极心态,以使自己的生命按照自己的意思发展,没有了积极的心态就无法成就大事。记住,自己的心态是自己而且是只有自己唯一能完全掌握的东西,练习控制自己的心态,并且积极导引它。

5. 销售人员要耐得住寂寞

销售人员要培养专注能力,就一定要耐得住寂寞。若看到别人做这个自己也跟着做,别人去做那个,自己心里也痒痒跟着去试试,这样,永远在别人的后面亦步亦趋,最后成了四不像,没有任何优势可言。

6. 销售人员要抛弃焦虑

对销售人员而言,有点焦虑是在所难免的,但整天遇到困难就挂在脸上,进而影响到团队其他成员,最后大家急得乱了方寸,这样的销售人员将不会有大出息。销售是很锻炼一个人的职业,会全面考验一个人的意志和对事情的应对能力。

(资料来源:http://www.chinaacc.com/.)

【训练项目9-2】

销售人员的培训

【训练目标】 通过培训销售人员,使销售人员掌握应该具备的素质和销售技巧。

【训练操作】 以小组为单位(4~5人),通过所学内容或网上相关知识,对销售人员进行培训。

1. 进行分组,每组挑选一名小组长;

2. 每组成员讨论培训的内容(如销售人员的仪容仪表、职业道德修养、销售技巧等);

3. 小组长分配任务,成员根据自己的培训内容寻找相关知识,并各自制作PPT。

【训练要求】

1. 每个成员上台演示PPT,并根据PPT对销售人员进行培训;

2. 根据小组整体表现与个人表现为每个成员评估打分。

课后练习

一、选择题

1. 店址选择首先要考虑的问题是（　　）。
   A. 店面建筑的造型带给消费者的心理感受
   B. 店面风格是否适应消费者的心理愿望
   C. 店外照明与色彩是否顺应消费者的心理
   D. 自然条件如何与人文地理、心理因素相结合

2. 为了突出商品的特质，吸引消费者的注意而设置的店堂和货位上的特殊照明是（　　）。
   A. 自然光照明　　　　　　　　　　B. 商品照明
   C. 装饰照明　　　　　　　　　　　D. 以上都不是

3. 经营者在设计商店内部装饰时，首要研究的就是消费者的（　　）识别。
   A. 听觉　　　B. 视觉　　　C. 触觉　　　D. 知觉

4. 包装策略是一种（　　）策略。
   A. 售前服务　　　　　　　　　　　B. 售中服务
   C. 售后服务　　　　　　　　　　　D. 以上都不是

5. 销售服务的原则不包括（　　）。
   A. 一视同仁　　　　　　　　　　　B. 先来后到
   C. 符合意愿　　　　　　　　　　　D. 周到细致

二、判断题

1. 多卖产品是销售服务的核心理念。（　　）
2. 按照服务性质分类，销售服务可分为对批发企业提供的服务、对零售企业提供的服务和对用户、消费者直接提供的服务。（　　）
3. 从长远看，销售服务会给企业带来成本费用的增加。（　　）
4. 急躁型消费者喜欢喋喋不休地评论别人，并且自吹自擂，爱管闲事。（　　）
5. 消费者进入一家陌生商店时，很容易找到自己所要选购的商品。（　　）

三、名词解释

1. 销售服务。
2. 商圈。
3. 自由式布局。

四、简答题

1. 简述商店选址的基本原则。
2. 简述商品陈列心理。
3. 简述如何培养销售人员的心理质素。

五、案例探讨

皮鞋该不该退换？

某市投资新建了一座大型的综合性服务商场，经营品种齐全，设施完美。商场的新员工

是刚从劳务市场招收的合同工,经理是具有多年实践经验的售货员。开业后,商场内部狠抓经营管理,完善销售服务,取得了初步成效,而附近的另外两家商场的销售却出现了滑坡。

一天,一位老同志来商场要求退换一双皮鞋,原因是大小不合适,有些磨脚。售货员小李认为皮鞋已穿过,不给退换,而且这位老同志也无法提供发票,证明皮鞋是在本商场购买的。老同志坚持说皮鞋是在商场开业时购买的,并有同事作证,而且皮鞋仅穿了一天,没有太多的磨损,商场理应在一周内给予退换。

双方各持己见,发生了争吵。围观的消费者也越来越多。

(资料来源:http://www.bamaol.com/Html/2012101217053010804.shtml.)

【思考与训练】 在这种情况下,争吵发生之后该如何收场呢?

第十章 网络购物的消费心理

内容简介

本章主要描述了网络时代消费者购物行为的新变化,以及为了更好地适应消费者的心理变化而实施的一些新策略。

目标规划

1. 学习目标

知识目标:了解网络时代消费者的心理变化;了解网络购物行为。

重点掌握:网络购物心理策略。

2. 能力训练目标

能够灵活运用各种网络购物的心理策略,最终使消费者实现购买行为。

模块一 网络购物基础知识及消费者的行为

项目一 网络购物基础知识

1. 网络购物的定义

网络购物(网购)就是通过互联网检索商品信息,利用电子订购单发出购物请求,然后填写私人支票账号或信用卡的号码进行支付,厂商通过邮局发货或是通过快递公司送货上门。

2. 网购消费者的构成特点

(1) 大专及以上学历的消费者是网购消费的主力军

大专及以上学历的消费者受过良好的教育,工作比较稳定,接触互联网的机会多,容易接受新事物,有自己的判断力,自信心强。在网络虚拟世界里,他们能够根据商家提供的产品信息做出正确判断,购买决策时间短。

(2) 网购消费者主要集中在机关、事业单位、大中型企业和个体户

机关、事业单位、大中型企业和个体户等消费群体具有稳定收入,社会地位较高,休闲时间充裕的特点,通常利用工作间隙浏览网上商城,收集各种商品的价格信息,进行比对、评判和选择,进而产生购买行为。

(3) 网购消费者的个人收入参差不齐

随着电脑及智能手机的普及,电子产品已成为许多家庭的生活必需品。由于网店没有店面租金,出售的商品比实体店便宜,容易引起低收入消费者的兴趣。网店销售的产品没有区域限制,许多国际品牌随处可见,高收入的消费者足不出户就可以选购心仪的商品。

3. 网购消费者的心理类型及消费的因素

(1) 网购消费者的心理类型

① 追求物美价廉的心理。对于正常商品而言,商品的价格与需求量呈反比,即某商品的价格越高,人们对它的需求量越小;反之,当价格降低时,人们对它的需求量上升。但是,在传统的实体店中,由于店面费、人工费等各种费用导致商品的成本增加,从而使售价较高。网上商家可以减少传统营销中的店铺费用、代理经销费用和人员费用等各种费用,大大降低了商品的成本,为网上商家提供了更为广阔的价格竞争空间,能更好地满足消费者追求物美价廉的心理。

② 追求个性化消费的心理。现代消费者富于想象、渴望变化、喜欢创新、好奇心强,越来越喜欢能体现个性的商品。他们在选购商品时,除了考虑商品的实用价值外,更多考虑商

品能否体现自身价值。产品如何做到多变、创新,并激发消费者的好奇心,这成了产品开发商考虑的首要问题。在网上销售中,许多店铺提供实体店缺乏的特色商品,这类商品的突出特点是"时髦"、"奇特",能够满足消费者追求个性的购买心理。

③ 效仿从众的心理。从心理学的角度讲,人们生活在一定的社会环境中,希望自己的消费行为和所归属的群体基本一致,既不愿突出,也不想落伍,受这种心理支配的消费者构成了后随消费者群体。研究表明,当某种产品的消费率达到40%后,将会产生该消费品的消费热潮。网上商城,如京东、当当、亚马逊等,将会详细记录消费者的购买数据、购买评价、收藏情况、网友讨论等信息,使潜在消费者对产品整体情况一目了然,能够帮助他们做出正确的购买决策。

④ 追求理性消费的心理。根据消费者的性格特征,可以将其分为理性消费者和感性消费者。理性消费者注重对"物"即商品或劳务本身的功能、质量、价格等因素的满足;感性消费者更注重感性满足,如感官的享受、情感的体验、风格的展示、精神的愉悦和个性的张扬等。网上消费者大多是中青年人,具有良好的分析判断力,购买之前往往经过反复思考、比较、精打细算才产生购买行为,对所选购商品的特点、性能和使用方法早已心中有数,较少受外界影响。

⑤ 追求便利性的心理。随着日常生活和工作节奏的加快,人们越来越注重购买商品时的便利程度。传统商品选购过程短则几分钟,长则几小时,再加上往返时间,消耗了消费者大量的时间和精力。电子商务的发展让消费者可以借助互联网获取快捷、方便、有效的产品信息,既可以为消费者提供更广泛的信息来源,又能为他们节省搜集信息的时间成本。消费者不需要到处奔波了解商品的价格、产地、规格、物流和其他消费者的购后体验,只需要在互联网上搜索自己需要的商品,想要了解的信息便会自动出现。

⑥ 躲避干扰的心理。根据马斯洛的需求层次理论,当人们的物质需求得到满足后,就会追求精神层面的需求。购物过程也是如此,对于现在的消费者来说,他们越来越重视精神层面需求的满足,更加强调购物的过程体验,越来越挑剔卖家的服务态度。然而,在实体店铺的销售过程中,有些营业员为了完成自己的销售目标,会采用各种各样的销售技巧去接近消费者,有的营业员不注意自己的语言态度,过分热情或者过分冷淡,这些都让消费者感到不适。电子商务提供轻松自由的购物环境,消费者完全可以根据自己的需求和喜好选择卖家和产品,不会受到销售人员的干扰。

(2) 制约消费者网络消费的心理因素

① 购物环境令人缺乏安全感。网店的建立非常容易,只要在互联网上按照规定的流程注册就可以建立自己的网店。由于网络的虚拟性和信息的不对称性,消费者不能全面、真实地掌握网店的产品信息,致使有些网店为了获取利益,通过网络技术对产品的照片进行修改,及时删除对商品不利的评价,对于消费者的好评,给予一定返现,呈现给消费者虚假的表象和信誉度。有的网店甚至违背商业道德,向消费者出售假冒伪劣产品,这就使消费者在购买产品时对网店和产品产生一种不信任感。另外,由于网上购物的法律机制不健全,当消费者和商家之间发生纠纷时,消费者的权益很难得到维护和保障。

② 个人隐私受到威胁。在网购中,网上商家为了抢夺现有消费者和挖掘潜在消费者,主动去搜寻消费者在网上各种活动的信息,而消费者一旦在网上留下浏览痕迹,加上我们现

在拥有的技术不能保障消费者信息的安全性,个人隐私极易被商家捕捉到,消费者的隐私受到威胁,给他们带来不必要的麻烦。

【案例讨论 10－1】

> 曹小姐在淘宝网的一个商家处购买了一件物品,由于物品存在瑕疵,故给该卖家一个中评,谁知该卖家竟在淘宝网评价系统的解释里将曹小姐的个人信息予以公布,并给予曹小姐一个差评。导致曹小姐在此后的购物过程中经常引起卖家的误解,给生活带来很大的不便。当曹小姐发现后立即与该卖家联系,但该卖家不予理睬。与淘宝网客服人员联系,客服人员总是予以推脱,也不告诉曹小姐该卖家的认证信息。
>
> (资料来源:http://emotion.55bbs.com/wenda/1764862.html.)
>
> 【讨论】 如果你是曹小姐,会怎么处理此事?
>
> 【讨论记录】_____

③ 配送环节的疏忽。目前,我国还缺乏一个高效成熟的社会配送体系,通过物流公司将物品安全及时地送到消费者手上是网络营销的重要环节。从目前的配送体系来看,主要存在配送周期长、效率低和费用高等问题,而且我国仓库周转率低,配送过程中的差错率高,这些因素都会影响消费者网络购物的积极性。

④ 售后服务不健全。现阶段的网络经营者对售后服务不重视,当消费者所购买的商品出现质量问题时,虽然已经向商家反映了情况,但许多商家采取的态度是不理睬,致使消费者的后续服务没有得到保障。

【案例讨论 10－2】

> 广西的消费者唐先生看到"曙光购物网"上所卖的三星 D508 手机,该手机市场报价为 4700 元,而该网站只售 2280 元,于是汇款 4660 元(包括送货费 50 元、基价费 20 元、浮动价 30 元)订购了两部手机,并汇到了工商行账号:9558801408104779×××,刘××收。款汇出后,迟迟收不到货物,唐先生就按照网站上所留的电话 010－51299×××打过去询问,不是没人接,就是找各种理由推托。过了几天,唐先生接到一个自称是送货人员的电话,核实唐先生是否在曙光购物网上订购了手机,并约唐先生到本市移动公司大门口交货,唐先生这才放心。然而不一会儿,唐先生又接到送货人员的电话,问其是否订了四台,唐先生回答只订了两台,送货人员便要求唐先生先与北京方面联系。唐先生联系到北京的曾先生,但是曾先生没有告诉唐先生怎样处理就挂断了电话。这时,唐先生只好到移动公司大门口,再一次拨通了送货人员的电话,送货人回答北京方面要唐先生立刻再汇两部手机款,然后再办理送货。当唐先生要

求面谈时,送货人员百般拒绝,就是不肯露面。无奈之下,唐先生又再次跟曾先生联系,得到的回答是出现网络故障,无法处理,之后,便无人接听。这时唐先生感觉自己已经上当受骗,于是他找到海淀区消费者协会要求帮忙解决问题。

(资料来源:http://anli.lawtime.cn/mfxfzqyf/2008121053652_2.html.)

【讨论】 如果你是消费者协会的工作人员,如何处理此问题?本案例对你网上购物有何启发?

【讨论记录】 _____

_____

_____

4. 网络消费行为的类型

(1) 速度型消费行为

速度型消费行为是指消费者以时间效率为准则,追求省时、高效获取商品的行动倾向。追求速度型消费行为的消费者对省时方便的产品尤其偏爱,如速冻食品。另外,喜欢方便快捷的购物方式,不喜欢复杂的购物过程且购买决策果断,不易受他人影响。

(2) 团购型消费行为

"团购"被称为"集体购物"、"组织购物"、"联盟购物"等,是指聚集买方需求以满足数量折扣的要求而降价的动态定价机制。随着网络购物消费者的不断增加和对某些购物网站的频繁浏览,某些具有相同需求、兴趣偏好的消费者逐渐聚集到一起,使团购方式从单位的集体购物扩展到多个个体的自愿组合。

(3) 能动型消费行为

在网购过程中,消费者通过与生产者直接沟通交流,能够准确无误地表达自己的想法和要求,为厂商或中间商的经营指明方向。有的企业(如戴尔公司)甚至可以根据消费者在网络上提出的需要制作相关产品。

项目二 消费者网络购物的行为

1. 需求诱发

与传统购物模式相同,网上消费者购买过程的起点是需求的诱发。不同的是,在网上购物的消费者中,除了实际消费需求之外,互联网上商家店铺页面中源源不断的低价广告宣传对消费者视觉和听觉方面的双重刺激,会诱发消费者无意识的需求。多媒体技术运用在网络经济中产生了强大的广告宣传效果,声画同步、图文结合、声情并茂的广告,以及各种各样的关于产品的文字表述、图片展示、声音配置的导购信息都是消费者购买行为的直接诱因。

2. 浏览商品、比较选择

网络购物的最大特点就是让消费者可以足不出户就能购买到自己称心如意的商品。消费者只要轻点鼠标，就可以通过互联网浏览购物网站、商家店铺网页上显示的文字、图片等说明性资料，了解自己所需商品的具体信息。面对浩瀚如海的商品信息，有接近一半的消费者习惯于通过站内搜索浏览商品，这样不仅可以在最短的时间内找到自己需要的商品，而且可以对搜索出来的商品进行全方位的对比，消费者可以综合商品质量、价格、配送服务等多方面的因素来决定自己是否购买该商品。因此购物网站内搜索功能的完善与否，会对消费者的购买行为产生不可估量的影响。此外，消费者在选购商品时，还会关注其他信息，比如在很多门户网站的首页上浏览相关的广告和促销信息、通过百度等专门的搜索引擎搜索商品、进入特定网店挑选商品、进入衣服手机等门类下分类浏览和看排行榜推荐商品等。

3. 进行支付

网络购物的另一个便捷的特征就是它改变了传统消费过程中面对面的一手交钱一手交货的交易方式，可以采取多种多样的网上结算方式，如通过汇款支付、使用信用卡（或借记卡）支付、通过网上银行支付，此外还有支付宝、财付通等专业的电子商务支付方式及其他一些手机支付的新方式。从网络购物的消费者群体的总体来看，使用电子支付手段的消费者所占比例达到71.3%，其次是货到付款的方式。

4. 商品购后评价

对于网上购买的商品，消费者试用和体验后，会根据自己的感受进行评价。消费者除了对产品本身有一个评价外，还会对该网上商店进行评价。消费者的购后评价相当重要，网络空间中信息传递的速度与广度无法衡量，消费者好的购后体验若在网上反映，可能会令厂商获益匪浅。假如消费者购后产生不满意感，也会通过网络将它表达出来，在广大网络消费者中产生不良影响，打消很多潜在消费者的购买欲望。

在电子商务环境下，大多数消费者缺乏足够的专业知识，无法对商品进行鉴别和评估，但他们对获取与商品有关的信息的心理需求并未因此消失，反而日益增强。消费者会主动通过各种可能的途径获取与商品有关的信息，在分析比较后产生购买心理与行为。消费者心理受到这种趋势的带动，稳定性降低，在心理转换速度上趋向于与社会同步，在消费行为上则表现为产品生命周期不断缩短。在网络环境下，消费品更新换代速度极快，品种花式层出不穷，产品生命周期缩短，反过来又会促使消费者心理转换速度进一步加快。

【训练项目10-1】

网络购物在大学生中的影响现状研究

【训练目标】 了解目前网络购物在大学生中的影响情况。

【训练内容】 以3~4人为一组，按组为单位开展调查活动，收集一手资料，在此基础上，对数据进行分析，得出调查结论。调查围绕以下内容展开：

1. 网购人数所占比例。
2. 愿意(不愿意)在网上购物的原因。
3. 网上购物的商品的种类。
4. 网上购物商品的金额。
5. 网上购物的频率。

【训练要求】
1. 每个小组撰写出调查分析总结,得出大学生网购情况。
2. 每位成员写出调查体会。
3. 根据小组总结与个人的调查体会为每位成员评估打分。
4. 每位成员的成绩由小组的调查总结分数与个人体会分数综合组成。

模块二 网络购物心理策略

项目一 网店设计心理

1. 网店设计要求

(1) 吸引消费者眼球

心理学研究表明,87%的外界信息是人们通过眼睛获得的,75%~90%的人体活动主要由视觉主导。不论是实体店销售还是网店销售,能否吸引消费者的眼球是企业竞争能力强弱的重要体现。如果能在页面设计时合理安排文字、色彩、图像、声音、排版等,那么企业的产品、品牌、文化理念就会完美地呈现在消费者眼前,让其中某些亮点跳进消费者的视野,使消费者的眼睛为之一亮,从而对消费者造成直观的视觉冲击力。特别是在一些首页海报展示中往往会展示一种生活理念与态度,这种生活理念会引发消费者进行与之相似的联想,当二者产生共鸣时,就会引发消费者的购物冲动。

(2) 激发消费兴趣

在网店的终端销售环节中,消费者往往会凭视觉获得的信息来做出喜欢或不喜欢的判断,最终决定是否购买。色彩鲜明、款式独特、时尚新颖、具有整体性和容易理解的商品形象,往往更易引起消费者的注意进而对其产生兴趣。要想让消费者产生兴趣,不仅要新、奇、特,而且还要清晰地传达网店所要表达的内涵,避免繁琐和怪异的设计。

(3) 激发购买欲望

一个缺少视觉营销的店铺将缺少生机与活力,再好的产品也会显得平淡无奇,而且消费者身在其中也会产生视觉疲劳,缺乏购买的冲动与激情。通过视觉营销,可以将不同品类的产品搭配相关的图像、文字等一系列元素,创造一种生活情调与意境,展现给消费者,这样能够启发、引导消费者的联想与想象,使得网店页面设计理念得到更好的诠释。

(4) 引导时尚消费潮流

消费者需求的变动性决定了需求的可诱导性,如果产品能与消费者的情感产生共鸣,很容易使消费者做出购买决策。企业通过对网店页面精心设计,向消费者传播产品和品牌的形象。同时,也向消费者展示一种生活方式,传递产品在生活中的意义和价值,与消费者产生心理上的共鸣,从而引导时尚消费潮流。

2. 网店设计心理

(1) 简洁明快

消费者主要通过浏览网页了解网上商城的情况,因此网上商城的外部形象非常重要。网上商城的外部形象设计能满足消费者寻新求异的心理,是吸引消费者登录浏览网上商城、产生和形成购买行为的基础。例如,京东商城和当当网的网页简洁明快,信息布局科学合理,各种图片、文字别具吸引力,消费者长时间观看不会感觉到疲劳。而某些网站的网页看起来比较杂乱,尤其文字布局凌乱,图片显示忽大忽小,消费者长时间观看会产生疲劳感。在设计网店时,要注意简化操作流程,不要去考验消费者的耐心,而应该尽量让消费者心情愉悦地进行每一步操作,并快速搜到自己想要的结果。

(2) 风格和布局保持一致

网店的风格和布局应该保持一致。布局意味着在网店中设计导航、留白,摆放产品图片、浏览内容的地方是屏幕中的"真正的财产"。布局设计的一致性能够使消费者在浏览店铺时产生舒服的感觉。一致性体现在文字、图片和样式的特殊效果上,网店中的每个页面的主体文本、超链接,以及标题中使用的字体、样式、颜色等应具整体感。

(3) 特色经营

如果一个网店的内容没有特色,那么它很快会被淹没在互联网的汪洋中,要想网页在用户心目中生根,就要靠特色来吸引人。因此主页的版面设计、编排必须围绕企业的目标消费者群体,而不仅仅是一张绚丽的图片和一般空泛的文字说明。

(4) 信息内容的更新与发展

网页内容的更新包括信息的更新和栏目的调整。信息的时效性很强,需要随时更新,使消费者及时了解和获取企业以及产品的信息。栏目的调整主要指栏目的增减,以使栏目更具特色。内容的发展是指在原有基础上向纵深发展。

(5) 可靠的信息质量保证

质量是企业的生存之本,企业需要特别重视网站上的信息质量。信息不准确所带来的负面效应对企业影响巨大,这要求网店经营者必须制定出一套有效的信息质量考查认证体系。同时,精良、专业的网站设计如同制作精美的印刷品,会大大刺激消费者的购买欲望。

【知识小卡片 10-1】

三只松鼠的 LOGO

① LOGO 以三只松鼠扁平化萌版设定为主体，突出企业动漫化的特征性。

② LOGO 整体呈现三角趋势，图形下边缘有圆润的弧度，象征稳固而和谐的发展。

③ 小美张开双手，寓意拥抱和爱戴企业的每一位主人；小酷紧握拳头，象征企业拥有强大的团队和力量；小贱向上的手势，象征着企业的青春活力和永不止步、勇往直前的态度。

（资料来源：http://wenku.baidu.com/view/f4b94adabe23482fb4da4ce4.html.）

项目二 产品与网络购物心理

1. 努力提供个性化的产品

为每个消费者提供不同的产品，对传统营销来说简直是天方夜谭。但互联网最强大的功能是交互性，除了将产品的性能、特点、品质以及服务内容充分加以显示外，更重要的是比较人性化，可针对个别需求做出一对一的营销服务。所以，企业应充分利用网络一对一的服务和交互式功能，加强与消费者的沟通，进一步了解消费者需求及其变化，提供附加值高的信息，引导消费者在网上参与产品设计，共同创造特色产品，满足个性化的需求，提高消费者的满意度。例如，著名的 LEVIS 公司就利用互联网定做牛仔裤，得到了良好的回报。

2. 增加商品的附加值

由于大部分网购消费者是 35 岁以下的年轻人，追求感性消费、时尚性、品味和精神享受。因此网站应该销售新产品、新款式、非大众化的商品，网站销售的产品应该是名牌。而且，最好在网站上展示与产品相关的历史、文化内涵、名人轶事等知识，以促进产品销售。例如，京东商城对茅台酒的介绍十分详细，茅台酒的由来、发展经历、获奖情况、公司经营状况和产品功效等一应俱全，具有浓厚的文化气息。在介绍保健茶饮同仁堂决明子时，对决明子的功效、古代中医学中的药用说明以及同仁堂的发展由来、名人轶事的介绍都比较详细，让人觉得消费京东商城的产品是一种文化消费。所以，增加商品的附加价值是零售网站应该十分重视的营销策略。

项目三　网络购物服务心理

1. 提高员工素质和服务效率

网络营销要求员工特别是营销和网络管理人员不仅要具有先进的技术知识,还要在市场营销方面有独当一面的能力,不但需要具有收集、整理、分析信息的能力,还要有强烈的服务意识和人际沟通能力。因此企业要注意吸引和培养复合型人才,提高员工的综合素质。

网络营销对企业的组织结构和服务效率也提出了更高的要求。网络的特点要求企业对外界特别是消费者的反应必须迅速及时。为此,企业要同商务认证机构、金融部门和各类物流公司建立良好的合作关系,以保证身份认证、支付结算、物流配送的安全、快捷、方便,还要建立快捷迅速、服务周到的售后服务机制。

【案例讨论 10-3】

1. 第一次交涉

某客户买了某店的核桃,吃时发现里面有虫子,便与客服交涉,以下是对话内容:

客户:亲,我吃完了一包核桃,发现有六个里面有白色的小虫。怎么回事?

旗舰店:确实是不好意思的呢,大人,您方便提供下图片,我帮您看下。

客户:我没有拍照,直接扔了,现在开始吃第二包了。

旗舰店:大人,若您这个有坏的,劳烦大人您到时候提供下图片好吗?我们都是可以给您申请补偿的哦

客户:嗯,我也不在乎几块钱的补偿,只是吃的时候感觉很恶心,有的虫子还在里面爬,如果你不相信的话,第二包的时候我再拍吧。

旗舰店:非常抱歉大人核桃果果没有能够让您满意呢。因为我们的核桃果果在生长的时候都是不喷洒农药的呢,但是核桃里的核在小的时候顶尖部分是连着核桃蒂的,有很多昆虫、蝴蝶等喜欢在那里产卵。卵变小虫后,细小的有的还是极细小的虫会咬穿蒂的表皮进入核内,有的又会在核外,然而绝大多数会进入核内再咬破核进而侵食核桃肉。这些核桃从外面无法看出来的呢,因为在采购果果的时候也是采用抽检的方式的呢,这样的情况我们也是不能完全杜绝的呢,遇到这种问题我们也是感到非常抱歉的呢。

2. 第二次交涉

客户:我今天吃核桃,发现虫子了,特意拍照了。上次有虫子,没有拍照,可能你们认为我是骗你们的。

旗舰店:大人,确实也是很抱歉的呢,不是不相信您,您那边没有提供照片,我们这边很难处理的哈。

客户提供图片,但是旗舰店迟迟没有回应。

客户:那你们现在也没有说法呀,看着虫子在那里爬,嘴巴里咬着核桃,你们不觉得恶心呀,上次说没有照片,不好处理,现在有照片了,你们也没有处理呀。

旗舰店:大人,确实也是很抱歉的呢,没有照片这边确实也是很难处理的呢。

客户:现在有照片,你们怎么处理呢?

旗舰店:大人,确实也是很抱歉的呢,您看这边帮您补偿3元,您核实一下支付宝。

客户:两个都坏了,还有虫子,就3元?那个有虫子的开始没有发现,还吃了一半,现在想想都恶心。

旗舰店:大人,您这边2包一起是有多少坏的呢?

客户:前一包有六个,这包才吃了一半,发现两个,这是我第一次在淘宝上申请赔偿,我真的太气愤了,吃的东西,想想都恶心。

客户:都一个小时了,你们到底怎么处理呀?

旗舰店:大人,您这个订单购买的核桃这边一起帮您补偿5元,麻烦您核实一下支付宝。

客户:如果再发现坏的。还需要联系你们吗?

旗舰店:大人,确实也是很抱歉的呢 您这边剩下的果果有问题的,您这边用照片记录下来,到时候吃完一起联系我们处理的哈。

旗舰店:这次的帮您补偿5元,麻烦您核实一下支付宝。

客户决定以后再也不到该店买东西了,碰到朋友同事就说该店的核桃有虫子。

【讨论】 该淘宝店客服的服务存在什么问题?

【讨论记录】_____

_____

2. 建立企业信誉

信誉是网络营销的前提,尤其是在网络市场并不发达的中国,消费者一般不会在网上购买自己从来没听说过或者质量不可靠的产品。如何确认消费者需求的真实性是网络营销现阶段所面临的难题,最终可归结为信誉问题。另外,在建立企业门户网站的过程中,网站的知名度、服务质量等条件也是一种品牌的营造。产品信誉、企业信誉在进行网络营销过程中是一个长期性的战略性的问题。通常,企业可从以下几个方面树立信誉:

(1) 优质的服务

应随时为消费者提供真正需要、方便、优秀的服务。

(2) 良好的运作

包括向消费者提供最低价位的产品,同时尽量避免给消费者添麻烦。

(3) 不断创新

不仅要求向消费者提供质量最好的产品,而且还要向消费者提供有新意、有特色的产品,为消费者带来更多利益。

3. 消除消费者对网上购物安全性的疑虑

网上购物的安全性包括相关的法律、政策、技术规范以及网络安全。加速商品防伪系统工程的建设,提高网络营销网站的信誉度,是网上交易的关键。为此,政府有关部门第一要加快现行法规的修改步伐,制定相关的电子商务法律,通过法律解决网络营销中发生的各种纠纷;第二要制定相关的电子支付制度、网络营销规约,对其中引起的纠纷做到有章可循,有法可依,有据可查;第三要建立完备的法律体系和权威的认证机构,维护整个网络营销的交易秩序,促使更多的人放心在网上购物。

4. 物流配送快速及时

建立快速的物流配送体系和良好的退换货品机制,是网上交易取得成功的关键因素之一。例如,京东商城建有覆盖全国主要大中城市的自有物流中心,还开设了快速送货的"211限时达"服务,主要城市都可以进行上门退换货服务,真正做到让消费者足不出户无忧购物。像亚马逊、当当网、凡客诚品等销售额排名前几位的零售网站,都有很好的物流配送体系和人性化的退换货机制。所以说,最大限度地方便消费者,网上商城业务才能做大做强。

【训练项目10-2】

了解网络消费者的心理

【训练目标】 能够运用所学知识分析网络购物的消费者心理因素。

【训练内容】 张鸣:在网络里,我买得最多的就是书了。在网上买书最大的好处就是方便,鼠标一点击,不但能够搜到你想要的书,而且,还能够看到书后面读者们对该书的评价。最重要的一点是,通常情况下,网店里书的折扣都比较低,大部分书籍都能够打到7折,甚至更低。当然了,送书上门的服务对我的诱惑也蛮大的。现在,每个月我都要在当当网和亚马逊网买200元左右的书,不过,所买的书大都是大众媒体上宣传的畅销书,可能因为销量的问题,一些高档的好书在网上很难买到。

小A:由于平时工作忙,我几乎没什么时间去商场购物,自从学会网购以后,只要一有空,我都要上淘宝网逛一逛,两年的时间里,我收藏了20余个店铺的网址,几乎每天我都要把这些店铺逛一遍,看看有什么新货。在网络里,我买得最多的是小孩衣服和包,每月花销大概在500元左右。

小B：2005年我就开始在网上买东西了，最早买的是化妆品。记得当时在网上看到一个帖子，发帖人说，她用的面霜是从一拍网上买的，感觉特别好。于是，我找到她说的那个网站也买了一瓶，用后感觉不错，从此一发不可收拾。后来我发现类似的网站挺多的，什么易趣网、淘宝网等。6年的网购经历使我已经习惯了在网络上买东西，大到数千元的电脑、手机，小到几元钱的零食小吃都会在网上买。记得有一次，听朋友说法国某品牌的松露巧克力特别好吃，可中国太原超市又没有卖的，于是，我就到网上买了一袋，确实挺好吃。从此就开始在网上买吃的了，先后买过越南排糖、天山乌梅、碧根果等。

飞飞：我的网购经历差不多快7年了，总体来说网购的感觉挺不错的，但在选择店铺时，还是要注意要选择诚信度高的店铺，那就是看店铺的钻石、星星是多少，诚信度多高，有无交诚信保证金，是不是品牌店，这些是对一个店铺最基本的要求，如果这几方面达到了要求，你可以在网上与他进行交流，从中再了解一些情况，最后确定是否购买。现在网购还是比较规范的，不满意可以退货，还可以投诉，对店铺还可以给予评价。网购店铺都很注意购买者的评价的，不信你可以试一试。更何况，现在，很多网站的支付方式都含货到付款，而且，还可以使用支付宝，很安全的。

（资料来源：http://cyzr668123.blog.sohu.com/163803410.html.）

根据下列消费者对网购亲身体验后的描述，总结出消费者网络购物的心理有哪些。

【训练记录】

同学A：_____
同学B：_____
同学C：_____
同学D：_____
同学E：_____

课后练习

一、选择题

1. 目前，网上商城与传统商城的同等商品的（　　）差异是刺激网购消费者网上购物的重要因素。

    A. 质量　　　　B. 价格　　　　C. 品质　　　　D. 数量

2. 后随消费者往往根据先行消费者的购买人数、评价数量、好评度、网友讨论的信息决定是否购买本款商品，这种消费者具典型的（　　）心理反应。

    A. 个性　　　　B. 服务至上　　　C. 从众　　　　D. 感性

3. 与传统购物模式相同，网上消费者购买过程的起点是（　　）。

A. 需求的诱发 B. 感情 C. 盲目从众 D. 廉价

4. 企业网络营销的基础和"脸面"是(   )

A. 员工 B. 办公室 C. 网站 D. 服务

5. (   )是指消费者购买商品或利用服务的目的在于通过消费而满足某种心理倾向。

A. 理性消费 B. 感性消费 C. 便利性消费 D. 效仿消费

二、判断题

1. 网购消费者既追求个性，又效仿从众，这两者是相互矛盾的。（   ）
2. 网店的员工与消费者不直接接触，所以对销售员没有素质要求。（   ）
3. 目前网络市场十分复杂，国家应尽快制定相关政策。（   ）
4. 物流配送快速及时对网店有重要影响。（   ）
5. 潜在消费者在将来的某一时间有可能转变为现实消费者。（   ）

三、名词解释

1. 网络购物。
2. 速度型消费行为。
3. 团购型消费行为。

四、简答题

1. 简述网购消费者的心理类型。
2. 简述制约消费者网络消费的心理因素。
3. 简述网店设计要求。

五、案例探讨

从"双十一"看当下网购的消费心理

网购的热潮同电子商务的兴起密切相关，随着网络时代的来临，在网上购物已经是很多人的首选。相对于传统购物，网购有着便利、价格低、商品种类丰富等众多优势，这也是当前很多消费者以网购代替传统购物的主要原因。在网购中，各大电商企业所销售的产品趋于同质化，在质量、品牌、服务上并无太大差别，因此对企业来说，最大的竞争力就在于价格上，这也是"电商大战"里商家所惯用的促销手段。而在这种电商之间激烈的市场竞争中，消费者无疑成了最大的受益者，消费者能够以更低的价格购买自己需要的商品，以此也更加促进了网购的繁荣。这种促销活动也会在一些节假日定期集中进行，如"五一"、"十一"、"元旦"、"春节"、"双十一"等，而每每这个时期都是消费者为了获得优惠而集中购物的时期，从而在网购市场上直接表现为购物消费热潮。在这些促销期中，又以"双十一"为最，据统计，"双十一"是我国网购热潮的最高峰，也是网购消费金额最大的时期。

1. "双十一"网购现象简析

"双十一"指的就是每年的11月11日，也就是所谓的"光棍节"，在这一天进行促销的本意是让单身的人在这一天通过购物来满足一些心理需求或者安慰，而商家在这一天进行促销，使消费者能够以更低的价格购买商品，其本身也可算作一种商家对购物者的心理安慰。

但是随着"双十一"的不断演变和发展,这种因素已经逐渐淡化了,而纯粹地演变成了一种商家集中式促销的商业行为。在本质上,"双十一"促销期同"五一"、"十一"等促销期并没有很大区别,而"双十一"之所以会成为商家促销力度最大、网购消费金额最多的时期,其主要原因在于商家的自觉参与行为和消费者对这一商业行为的认同。也就是说,"双十一"之所以能够成为网购消费的高峰时期,与"双十一"这个节日的本身内涵关联并不大,其形成的最主要因素在于商家之间会约定俗成在这一时期进行全年促销力度最大的商业活动,把主要的商品让利优惠行为都放在这一时期,这样一来也就使得购物者会集中在这一时期进行网购,而且也对商家的这种购物优惠产生了一定的认同。

2."双十一"现象反映的网购消费心理

(1) 购物者的消费心理同"光棍节"的关系分析

诚然,"双十一"网购热潮现象的直接起因就是"光棍节",但是由"双十一"引发的网购热潮真的同"光棍节"有这么大的关联吗?显然并非如此,"双十一"购物热潮所带动的消费者并非都是单身,也就是所谓的"光棍",事实上,大多数的购物者都不是单身,并非是为了通过满足"光棍节"购物这一心理需求而获得某种心理安慰。也就是说,在当前的"双十一"购物热潮中,主要的购物参与者是为了购买价格便宜的商品,获得实惠,而不是为了这个节日。在我国的网购中,近乎纯粹为了商品促销而集中进行促销活动的只有"双十一",在这一时期集中进行促销活动已经同这个所谓的"光棍节"内涵并无太大关联,而是仅仅为了提高商品销量和市场占有率而采取的一种集中促销活动。对于消费者而言,在这一时期集中进行购物也并非同"双十一"这一节日有什么关联,而是主要为了获得更低价格的商品。

以此可以看出,"双十一"网购热潮在当前已经同"双十一"本身的节日内涵并无太大关系,而且消费者的主要消费心理也与此节日并无太大关联,这种消费心理更多的是基于一种纯粹的商品交易心理,并未掺杂感情因素,更多的是为了购得实惠的商品。

(2) 消费者对于"双十一"商品优惠促销的认同

"双十一"网购消费热潮的形成同消费者对商家在这一时期集中进行的商品优惠促销活动的认同是有着很大关系的,也就是说,相当一部分的消费者认同这种促销行为,认为这一时期的商品价格是要低于平时的,这也是"双十一"网购热潮兴起的根本原因。应当承认,当前有一些电商在"双十一"期间进行虚假的促销活动,但是也应该承认,在"双十一"这一时期的网购热潮中,商品的优惠降价又是确实存在的,因为商家的降价优惠可以带来销量的大幅提升,从而在销量上弥补商品单价上的损失,在总的盈利上获得提升,或者以此来提高市场占有率。

"双十一"网购热潮形成的关键是消费者对商家的这种降价促销产生认同感,认同自己在购买商品的过程中确实较平时获得了优惠,因此才会在这一时期集中购买自己需要的商品。可以说这种消费心理存在一定的理智性,并非是电商对消费者的误导。但是电商也会抓住这一消费心理,进一步刺激和扩大消费者的这种消费心理。同时这种消费心理也存在一定的盲目性,因为很多消费者都会在这一时期进行集中网购,受到身边人的影响,一些消费者会盲目地进行跟风网购消费,不可否认,盲目地跟风消费也是"双十一"网购热潮中很突出的一个现象。但是,总体而言,消费者对"双十一"的网购促销活动是基于一种认同心理的,也因此才会产生近年的"双十一"网购热潮。这种认同心理的产生同电商的引导和宣传是有很大关系的,而且这种消费心理也是近年来才形成的,可以说同网络和电子商务的发展有着很大关系。事实上,这种消费活动能够极大地拉动我国的内需,特别是在当前经济发展下行的背景下,更能发挥促进我国经济发展的巨大作用。

(资料来源:http://www.niubb.net/article/768871-1/1.)

【思考与训练】

1. "双十一"网购热潮反映了什么样的消费心理?
2. 除了"双十一"这种活动以外,商家还可以通过哪些影响消费者购物心理的方式来促进销售?

参 考 文 献

[1] 张之峰.消费心理学[M].北京:北京理工大学出版社,2010.
[2] 理查德·格里格.心理学与生活[M].16版.北京:人民邮电出版社,2009.
[3] 范明明.消费心理学[M].北京:中国财政经济出版社,2008.
[4] 廖晓中.消费心理分析[M].广州:暨南大学出版社,2009.
[5] 王建.消费心理学[M].北京:中国传媒大学出版社,2010.
[6] Stahlberg M,MaiIa V.购物者营销[M].派力,译.北京:中国商业出版社,2012.
[7] Leboff G.粘性营销[M].派力,译.北京:中国商业出版社,2012.
[8] 里克·德赫尔德,迪克·布拉特.商品就该这样卖[M].石善冲,高记,刘璞,等,译.北京:机械工业出版社,2011.
[9] 克里斯托弗·洛夫洛克,纳亨·沃茨,帕特里夏·周.服务营销精要[M].李中,译.北京:中国人民大学出版社,2011.
[10] 池本克之.非实体店铺营销策略[M].陈静,赵倩,译.北京:中国纺织出版社,2011.